本研究得到了教育部人文社会科学研究一般项目
"汉语个体量词的产生与发展"（11YJA740062）和广东省高等学校人才引进专项资金项目
"汉语个体量词系统的来源与发展研究"〔粤财教（2013）246号〕的资助。

汉语个体量词的产生与发展

岁次乙未之仲秋张运庆题

麻爱民◎著

中国社会科学出版社

图书在版编目(CIP)数据

汉语个体量词的产生与发展/麻爱民著. —北京：中国社会科学出版社，2015.9

ISBN 978 - 7 - 5161 - 6640 - 6

Ⅰ.①汉…　Ⅱ.①麻…　Ⅲ.①汉语—数量词—汉语史—研究
Ⅳ.①H1 - 09②H146.2

中国版本图书馆 CIP 数据核字(2015)第 167011 号

出 版 人	赵剑英
责任编辑	郭晓鸿
特约编辑	王冬梅
责任校对	季　静
责任印制	戴　宽

出　　版	中国社会科学出版社
社　　址	北京鼓楼西大街甲 158 号
邮　　编	100720
网　　址	http://www.csspw.cn
发 行 部	010 - 84083685
门 市 部	010 - 84029450
经　　销	新华书店及其他书店

印　　装	北京君升印刷有限公司
版　　次	2015 年 9 月第 1 版
印　　次	2015 年 9 月第 1 次印刷

开　　本	710×1000　1/16
印　　张	16.75
插　　页	2
字　　数	268 千字
定　　价	58.00 元

凡购买中国社会科学出版社图书，如有质量问题请与本社营销中心联系调换
电话：010 - 84083683

目　录

第一章 绪论

第一节 汉语个体量词发展史研究的重要性及其意义

汉语量词一般分为"名量词"和"动量词"两类。"名量词"通常又分为"个体量词"、"集体量词"、"不定量词"、"度量衡单位量词"和"临时量词",后四者往往是表达中必不可少的,是所有语言所共有的,"个体量词"则体现出一种民族性和地域性,是汉藏语系所独有的语言现象。尽管学界对汉语量词的性质、分类等问题还存在很多分歧,但一致认为在众多的量词次类中"个体量词"是最重要也是最有特点的部分。早在1924年黎锦熙写《新著国语文法》时就明确指出:"量词的种类=国语的特点。"[①] 刘世儒在讨论"陪伴词"时说:"这是汉藏语系所特有的词类,而在印欧语系,作为一种范畴来说则是没有的。"[②] 王力将量词称为"单位词",又分"度量衡单位"和"天然单位"两类,他说:"第二种是东方语言所特有的,特别是汉藏系语言所特有的。"[③] 黎锦熙所说的"量词",刘世儒所说的"陪伴词"和王力所说的"天然单位"都是指"个体量词"。有个体量词的语言主要分布在南亚、东南亚一带,除汉语外,日语、越南语、朝鲜语等外国语使用个体量词,我国的少数民族语言如藏语、壮语、景颇语、彝语等也使用个体量词,但汉语的个体量词数量之多,使用频率

---

① 黎锦熙:《新著国语文法》,商务印书馆1992年版,第81页。
② 刘世儒:《魏晋南北朝量词研究》,中华书局1965年版,第5页。
③ 王力:《汉语史稿》,中华书局1980年版,第234页。

之高，称量范围之广，名量搭配之复杂，发展历史之长，是其他具有个体量词的语言所不能比拟的，因此我们可以说个体量词是汉语词类中最为重要也是最有特点的部分。基于汉语个体量词的特殊地位，我们认为对汉语个体量词进行多角度、全方位的系统研究是一项重要而有意义的工作。

以往汉语个体量词的研究，确实取得了丰硕的成果，但同时也存在不少问题，主要表现在已有的成果多是专书的、断代的、个案的研究，而历时的、贯通的、系统的研究则十分薄弱。笔者统计了中国期刊网"中国期刊全文数据库"、"中国博士学位论文全文数据库"和"中国优秀硕士学位论文全文数据库"，2005、2006、2007 三年发表的有关汉语量词的文章共计 256 篇，其中从历时角度讨论个体量词的只有 17 篇，仅占总数的 7%，而且多限于个案研究。到目前为止，尚未见到全面的、系统的、贯通性的汉语个体量词发展史研究成果。因而从历时、发展的角度对个体量词发展史进行系统研究是十分必要的。汉语个体量词研究的意义主要表现在以下几个方面：

第一，具有语言类型学意义。近年来，很多学者将是否有"个体量词"作为语言类型学标准，如石毓智认为："根据数量表达的方式，可以把人类语言分成两大类，一是属于单复数的，一是属于量词的。汉语是后一种语言。"[①] 徐丹、傅京起认为："无论是名量词还是动量词，都应该成为类型学研究的一个参数。"他们认为数量结构的位置与动宾语序相关，VO 型语言往往是"数量名"，而 OV 型语言则是"名数量"，而且在同一种语言中，"数词＋量词"在名词词组和动词词组里的语序相反，若数量组合处于名词左侧，相对的数量结构则处于动词的右侧，反之亦然，形成两种互相补足的类型[②]。刘丹青认为："世界上很多语言的数词可以直接限制名词，没有汉语那样的个体量词。至于单位量词，常可根据其形态句法表现而归入名词。汉语和一批亚洲语言具有个体量词，这些语言的单位量词和个体量词具有基本相同的语法特点，共同构成'量词'这

---

① 石毓智：《语法的认知语义基础》，江西教育出版社 2000 年版，第 132 页。
② 徐丹、傅京起：《量词及其类型学考察》，《语言科学》2011 年第 6 期。

个大类，在西方文献中被称为分类词（classifier）。在量词语言和非量词语言之间，是有无量词的词类库藏区别。在量词语言之间，是量词库藏是否显赫的问题，其中汉语普通话大致处于量词语言的中间态。"① 我们认为汉语的个体量词系统经历了从无到有，由少到多的发展过程，结构上经历了"数名"或"名数"到"名数量"再到"数量名"的发展过程，描写这一发展过程的来龙去脉，无疑会给语言类型学研究提供一个典型的历史标本。

第二，是建立系统完整的量词发展史乃至汉语词汇史和语法史的重要组成部分。刘世儒说："汉语量词，历史悠久，材料浩繁，全面地进行研究，这显然不是一人一时所能办到的事。因此，我们应该尽先来做断代史的研究。我以为，只有把量词的各个历史横断面儿都研究好了，汉语的整套的系统的量词史才有可能建立起来，否则没有材料，'游谈无根'，要建立科学的汉语量词发展史那是永远也不会办到的。"② 刘世儒是从断代的角度入手进行研究的，刘世儒以后的学者继承了这一传统，对先秦、两汉、唐代、元代、明代的量词进行断代研究，这都为建立量词发展史奠定了基础。从现有的条件看，我们仍做不到将种类繁多的量词从上至下都描写一遍，建立像刘世儒所说的"整套的系统的量词史"，但先选取量词家族中的一个最为重要、最具特点的小类——"个体量词"，对其进行至上而下的研究，勾勒出汉语个体量词系统发展的脉络，这也可以为将来建立系统完整的量词发展史奠定基础。另外，量词问题既是词汇问题又是语法问题，对于个体量词发展史的系统研究也是将来构建完整汉语词汇史和语法史的重要组成部分。

第三，可以纠正现代汉语、对外汉语教学中的错误观念。现代汉语个体量词是两千多年层层累积而成的，现代汉语的个体量词是"流"不是"源"，要想正确、规范地理解和使用现代汉语个体量词，就不能不重视其发生、发展的规律。事实上，汉语个体量词在其发展演变过程中具有很强的规律性和理据性，把握好这些规律和理据，可以推动我们的教学，起到

---

① 刘丹青：《语言库藏类型学构想》，《当代语言学》2011 年第 4 期。
② 刘世儒：《魏晋南北朝量词研究》，中华书局 1965 年版，第 3 页。

事半功倍的效果，同时可以纠正不正确的认识。比如量词的重叠形式问题，很多学者认为"一A一A"的省略形式是"一AA"。宋玉柱曾对量词重叠的语法功能和语法意义作过总结，认为："'一A一A'有它的繁复形式'一A又一A'，'一AA'有它的省略形式'AA'或'一一'。这样，这一系列语法格式的全貌就应该是：一A又一A——一A一A——一AA——AA（或'一一'）"①。这种观念如果就现代汉语平面来讲并无不可，但若从汉语史的角度看问题则结论刚好相反，汉语史上个体量词的重叠形式是由简到繁的，其发展序列是：从"AA"发展出"一AA"，从"一AA"又进一步发展出"一A一A"，其语法意义也是随着语法形式的复杂而丰富起来的，只有从历史的角度来看问题，才能更深刻地理解现代汉语个体量词各种重叠方式之间的联系，才能更好地把握语法形式和意义之间的复杂关系。（详见5.2）

第四，可以为汉语史分期提供参考。个体量词的产生与发展经历了一个由少到多、由简单到复杂的过程，也就是说，个体量词系统经历了一个由萌芽到发展直至稳定成熟的过程。以各代新出个体量词的数量、使用的频率、居于中心词之前的比例、重叠方式等作为标准，可以较为准确地判断个体量词系统的发展状况和成熟程度，这可以为汉语史断代提供参考。例如，关于近代汉语上限问题是汉语史分期的焦点，可谓众说纷纭，有隋唐说、晚唐五代说、宋代说等不同说法，各位学者从词汇、语法和语音等方面寻找证据，但尚无人提到个体量词，我们从个体量词系统发展角度提出自己的意见，应该说"晚唐五代"比较公允，因为到了晚唐五代时期已经有80%多的现代汉语个体量词产生了；数名之间使用和不使用个体量词的比率基本持平；数量结构置于名词之前远远多于置于名词之后，前置已经成为一种新的规范；通用型个体量词"个"已经可以同"指示代词"（"此"、"这"）和"疑问代词"（"那"）结合。与汉代、六朝时期的个体量词系统相比较，晚唐、五代时期个体量词系统有明显的发展，虽然与现代汉语的个体量词系统还有一定距离，尚不能

---

① 宋玉柱：《关于量词重叠的语法意义》，载《现代汉语语法论集》，天津人民出版社1981年版，第15页。

说完全成熟，但已经比较接近现代汉语量词系统了，体现的正是从中古到现代汉语转型初期的特征。所以，从个体量词发展的角度来看，我们支持将近代汉语的上限定在"晚唐五代"。

第五，可以为工具书的编写和修订提供借鉴和参考。汉语个体量词研究固然离不开大型工具书，要借助大型工具书，反过来我们的系统研究又可以弥补和完善大型工具书的不足，对工具书的编纂和修订提供借鉴和参考。如《汉语大字典》和《汉语大词典》是目前最大、最全也是最具有权威性的汉语工具书，优点很多，但在个体量词编纂方面也存在不少问题。如漏收量词词条，量词词目和义项的分合失度，名、量混同，例证偏晚等问题。（详见 5.3）

第六，可以为"问题文献"提供断代方面的参考。利用汉语史的研究成果可以为"问题文献"在断代方面提供参考，在这方面江蓝生、汪维辉利用有时代特征的"鉴定词"来为"问题文献"断代，这是具有方法论意义的研究。例如《搜神记》，江蓝生认为："八卷本《搜神记》在语言上有很多反映唐五代以后特点的现象，肯定不是晋干宝所作，有可能出自唐五代或北宋人之手，在内容上，它跟敦煌本《搜神记》共同之处甚多，应是出自同一系统。"江蓝生的考证方法是用了十个"鉴定词"，其中有 6 个语法的：1. 副词"还"。2. 疑问副词"莫"。3. 助词"一来，来"。4. 助动词"要"。5. 人称代词"你，某"。6. "儿，儿家"。词汇方面的有 4 个：1. 遮莫。2. 伍伯。3. 关节。4. 心口思惟[①]。后来汪维辉利用时代特征词进一步论定八卷本《搜神记》是"北宋"时期的作品[②]。这种从语言文字的角度来为有争议的语料断代的方法是值得肯定和推广的。个体量词的产生、发展有很强的系统性，从系统研究的角度找到每个个体量词产生的具体时代，并进一步确定每种用法的时代，这同样可以作为断代的重要参考，如《赵飞燕外传》，又作《飞燕外传》、《赵后别传》等，旧题"汉伶玄子于撰"，后代学者关于此书的真伪和成书年代存在着很多分歧，现有如下三种说法：第一，"汉代说"，晚明胡应麟云："《赵飞燕外传》，称河

---

① 江蓝生：《八卷本〈搜神记〉语言的时代》，《中国语文》1987 年第 4 期。

② 汪维辉：《从词汇史看八卷本〈搜神记〉语言的时代》，载《汉语史研究集刊》第 3 辑，巴蜀书社 2000 年版，第 208 页。

东都尉伶玄撰，宋人或谓为伪书，以史无所见也，然文体颇浑朴，不类六朝。"① 后代赞同此说者不乏其人。如王枝忠同意此书为汉代所作之说，他说："书至少当为唐以前人所作，所以，在没有确凿证据推翻旧说之前，仍宜断为两汉之际的伶玄所作说，但是否即出伶玄之手，因作者情况几无所知，则未敢速下断语。"② 第二，"六朝说"，近代学者多持此说，如日本学者盐谷温《中国小说概论》认为文风缛丽，到底不是西汉的作品，大概也是出于六朝③。第三，"唐宋说"，如鲁迅："又有《飞燕外传》一卷，记赵飞燕姊妹故事，题汉河东都尉伶玄子于撰，司马光尝取其'祸水灭火'语入《通鉴》，殆以为真汉人作，然恐是唐宋人所为。"④ 以上说法哪种是正确的呢？从量词入手可以解决这个问题，例如：

> 谨奏上二十六物以贺：金屑组文茵一铺，沈水香莲心椀一面，五色同心大结一盘，鸳鸯万金锦一匹，琉璃屏风一张，枕前不夜珠一枚，含香绿毛狸藉一铺，通香虎皮檀象一座，龙香握鱼二首，独摇宝莲一铺，七出菱花镜一奁，精金弧环四指，若亡绛绡单衣一袭，香文罗手藉三幅，七回光雄肪发泽一盎，紫金被褥香炉一枚，文犀辟毒箸二双，碧玉膏奁一合。

上文所引共出现了 16 个量词，其中的"面"、"幅"、"座"都是"六朝"时期才出现的个体量词，不见于六朝以前。量词"铺"，据刘世儒考察认为："这是比较晚起的量词，大约是到了南北朝的末期才出现。"⑤ 笔者验证刘世儒的说法是可信的。据此笔者认为《赵飞燕外传》成书不会早于南北朝末期，从如此大量地使用个体量词，不要说汉代，就是魏晋南北朝时期也是绝无仅有的，从量词"铺"的用法可知《赵飞燕外传》成书不会早于南北朝末期，很有可能是唐、宋时期的东西，也有可能是经过唐宋人润色过的文献。

---

① 胡应麟：《少室山房笔丛》，中华书局 1958 年版，第 416 页。
② 王枝忠：《汉魏六朝小说史》，浙江古籍出版社 1997 年版，第 43 页。
③ ［日］盐谷温：《中国文学概论》，开明书局 1970 年版。
④ 鲁迅：《中国小说史略》，东方出版社 1996 年版，第 27 页。
⑤ 刘世儒：《魏晋南北朝量词研究》，中华书局 1965 年版，第 133 页。

第二节　汉语个体量词研究现状及其存在问题

汉语个体量词研究自《马氏文通》始已有近百年的历史，其成果是多方面的。在断代研究方面，杨晓敏、黄盛璋、刘世儒、游黎、彭文芳、叶桂郴等的研究，几乎涉及了汉语史的各个阶段。专书研究方面，现有《左传》、《史记》、《齐民要术》等专书量词研究成果约数十种。在利用出土新材料方面，管燮初、沈培、张玉金、马国权、黄载君、王贵元、魏德胜、廖名春、胡继明等利用殷商卜辞、两周金文、战国秦汉简帛、吐鲁番出土的唐代文书等出土文献，取得了不少有价值的研究成果，丰富了汉语个体量词研究。在新理论和新方法的运用方面，如马庆株、邵敬敏运用现代语义学理论对个体量词的动态考察，王绍新、蒋颖对个体量词的虚化以及虚化机制的探讨，石毓智、游顺钊等运用认知语言学理论对个体量词的来源和用法的解释，刘丹青对个体量词所作的类型学分析等，这些研究在理论和方法上都很有建树。当然，汉语个体量词研究在取得多方面成果的同时也存在一些问题，主要表现在以下几个方面。

一　各种研究不平衡

笔者统计了中国期刊网"中国期刊全文数据库"、"中国博士学位论文全文数据库"和"中国优秀硕士学位论文全文数据库"，统计了2005、2006、2007三年发表的量词文章共计256篇。为了说明问题，我们按照"古代汉语"（"古汉"）、"现代汉语"（"现汉"）；"专论"（指专门讨论个体量词的）、"泛论"（指不是专门讨论个体量词而是泛论各种量词的）；"理论"、"描写"；"历时"、"共时"，两两相对分成四组，统计情况如下表：

量词文章分类统计表

类别	古汉	现汉	专论	泛论	理论	描写	历时	共时
数量	57	199	26	230	63	193	17	239
比例	22%	78%	10%	90%	25%	75%	7%	93%

这个统计大致说明了近年来量词研究的基本状况，主要表现为：古代汉语的研究少于现代汉语，专论个体量词的研究少于泛论性研究，理论性阐述研究少于描写性研究，历时描写性研究少于共时描写性研究，从历时角度专论个体量词发展的成果更是少之又少了，而从整个系统发展的角度专论汉语个体量词发展的专著尚未见到。

二　对个体量词的界定不清，经常将名词、集体量词、临时量词、
　　准量词等误认作个体量词

张可任曾经对汉语量词的界定问题提出过批评："现在虽然绝大多数的学者都承认量词的确有它本身固有的特点，是一个独立的词类，但一接触到具体词语的分析，见仁见智的情况还是时有发生。某些作品（如谈论量词修辞功能的文章），常常把许多本来不属于量词的词，只是由于它们和数词连用、处在量词的位置上，便不分青红皂白地统统归之于量词一类。"① 这种批评是切中要害的，我们在个体量词研究中也发现了这种现象，这主要表现在以下几个方面：

第一，将有些"数名"结构中的"名词"看作"量词"。如：李宗澈的博士论文《〈史记〉量词研究》："'种'作为量词是由'种类'义转来的。用于表示种类。"并举《史记·五帝本纪》："轩辕乃修德振兵，治五气，艺五种，抚万民，度四方……"为例②。这里将"种"看作量词是不正确的。《史记》索隐："五种即五谷也。""五种"指的是"五谷"，这显然是名词的用法。又如李宗澈将"面"看作个体量词，他说："《说文》：'颜前也。'它的本义是'脸面'，由此引申，凡作用在平面的都可以用它来做量词。"李文列举《殷本纪》"见野张网四面"③ 等三个类似的例子为证。这里的"四面"是指"四个方向"，也是名词并非量词。

第二，将有些"临时量词"看作"个体量词"。比如，王绍新将

---

① 张可任：《关于汉语量词的界线问题——兼评〈汉语量词词典〉》，《辞书研究》1994 年第 3 期。

② 李宗澈：《〈史记〉量词研究》，博士学位论文，复旦大学，2004 年，第 19 页。

③ 同上书，第 18 页。

"弯"、"钩"、"环"、"轮"看作"个体量词"①。"弯"、"钩"、"环"、"轮"只能与"月"搭配使用，并具有很强的描写性，只限于用数词"一"或者"半"，不能同其他的数词组合，这是"临时量词"的语法特征。有学者将"一泓春水"、"一叶扁舟"、"一线希望"、"一抹夕阳"中的"泓"、"叶"、"线"、"抹"也看作个体量词，这是不恰当的。

第三，将有些"准量词"看作"个体量词"。陈跃描写了《红楼梦》中的个体量词144个，将"岁"、"分"、"更"、"日"、"月"等"准量词"也看作"个体量词"②，这也是不恰当的。因为这些量词更多时候是名词性的，如"一个月"的"月"就是名词，有时进入量词的位置如"一月时间"，这里的"月"是表示"一个月"的时间跨度，是表示实际量的，同个体量词不表量不同。

个体量词是一种封闭的词类，无限度地扩大个体量词的范围的做法既不科学又没有意义。正如马庆株所说："个体义指向数量结构后面的名词。个体量词表示个体单位，不能就量词本身来确定，否则会不适当地扩大个体量词的范围，这样对于描写没有好处。"③

三　语料使用问题

语料真实确凿是研究的前提和重要保证，以往研究在语料的选择、甄别和使用上还存在不少问题。比如有的疏于语料的考订，利用伪书以及年代、版本有争议的语料；有的以孤证立论，缺乏系统的证据链；有的错引文句、误解文意等。这些都影响了结论的可靠性，甚至误断了个体量词产生的年代。（详见 5.6）

第三节　研究内容、范围和步骤

我们的研究范围主要限定在量词最为重要的小类——"个体量词"这

---

① 王绍新：《唐代诗文小说名量词的运用》，载程湘清主编《隋唐五代汉语研究》，山东教育出版社 1992 年版，第 365—366 页。

② 陈跃：《〈红楼梦〉量词研究》，硕士学位论文，贵州大学，2006 年，第 32 页。

③ 马庆株：《数词、量词的语义成分和数量结构的语法功能》，《中国语文》1990 年第 3 期。

一范围内，但采用了比较宽泛的标准，将"部分量词"（一层楼）、"种类量词"（一种意见）纳入其中，但不把"临时量词"（一车西瓜、一弯新月）、"准量词"（一年时间）作为研究对象。

研究内容主要包括通论、系统研究、个案研究和专题研究四部分。通论部分主要讨论个体量词的定义、性质、划分和判断标准等问题。系统研究是本课题的主体，首先确定可以代表汉语个体量词系统的"常用"和"次常用"个体量词，然后采取从上至下（从殷商卜辞到现代汉语）的顺序考定这些个体量词出现的年代，划分出时代层次，再辅之以各历史时期个体量词的使用频率、数量结构前置率、量词重叠、量词词缀化等用法的变化等，来论定个体量词系统的萌芽、发展以至于成熟的时代。个案研究，主要选取常用的个体量词如"只"、"条"、"头"等，对其产生和发展过程进行详细描写，进而发现个体量词发展过程中的特殊规律。专题研究主要是重要问题梳理和规律总结，如：数量结构的发展问题、个体量词词尾化问题、工具书编纂个体量词的疏误问题、个体量词研究中的语料使用问题等。

第二章　个体量词通论

第一节　个体量词的定义和性质

一　个体量词的定义

关于个体量词的界定，有些著作一般只列出个体量词的名目，接着就举实例，并不加以界定，如：吕叔湘《现代汉语八百词》、朱德熙《语法讲义》、黄伯荣、廖序东《现代汉语》等都采用这种办法，现在为数不少的现代汉语教材和著作仍然采用这种只列名目然后举例的方法，学者有意无意地回避，说明界定"个体量词"并不是一件很容易的事。目前为止还没有看到准确、完整的界定。

首先谈谈"个体量词"称谓问题。量词的定名始于 1924 年黎锦熙的《新著国语文法》，不过黎先生并没有划分出"个体量词"小类，其后的学者在给量词划分小类时多不用"个体量词"这个名称，同"个体量词"相当的概念，高名凯称为"范词"，他举了"一条狗"的例子，并认为："这里的'条'字是把'狗'归纳到'条'的范围之中，表明其为'条'类的事物，因此我们就认为此类语词为范词。"[①] 刘世儒称作"陪伴词"，他说："陪伴词就是作用只在陪伴名物，不是核算分量的，这是虚量（或把这种量词叫做'范词'或也叫做'语尾·类别词'）。"[②] 王力称为"天然单位"，

---

① 高名凯：《汉语语法论》（修订本），科学出版社 1957 年版，第 359 页。
② 刘世儒：《魏晋南北朝量词研究》，中华书局 1965 年版，第 5 页。

认为是一种特殊的名词，并将单位词分为"度量衡单位"和"天然单位"二种，从王力所举的例子来看，"天然单位"与"个体量词"大致相当①。太田辰夫将量词分为"计量"和"计数"两类，关于"计数"量词，他说："数事物数量时用的量词种类很多，通常在说量词时立即能想起来的，即狭义的量词就是这一类。"从太田辰夫举的例子看，他说的"计数"量词大致相当于"个体量词"②。而陈望道则称之为"形体单位的量词"③。较早使用"个体量词"这个名称的是丁声树，他在 1961 年的《现代汉语语法讲话》中说："个体量词——名词代表的事物，有的是可以一个一个数的。"④ 1968 年，赵元任的《中国话的文法》也使用了"个体量词"这一名称，认为："单位词或个体量词也称'数词附属语'（numeratives 或 mumer-aryadjuncts），因为除了文言以外，数词不能直接修饰名词（比如文言说：'一马'，不说：'一匹马'），而中间一定得加上单位词，表示名词的形状、种类、或某种性质。"⑤

关于"个体量词"的定义，近年来有学者尝试进行界定，下面选择几种有代表性的开列于下：

杨晓敏："个体量词表示事物的自然个体单位。"⑥

吴福祥："个体量词是计算个体事物的量词，这类量词所称量的事物通常由可数名词来指称。"⑦

向熹："个体量词表示个体事物的单位"，"这些事物是可以一个一个数的"⑧。

范伟："我们认为，所谓个体量词是指计量对象为具体可感的，可以分别数出来的、在人的意识之中呈现为有界事物的量词，所以它的范围不

---

① 王力：《汉语史稿》，中华书局 1980 年版，第 234 页。

② ［日］太田辰夫：《中国语历史文法》，北京大学出版社 1987 年版，第 149 页。

③ 陈望道：《论现代汉语中的单位和单位词》，载《陈望道语文论集》，上海教育出版社 1980 年版，第 531 页。

④ 丁声树：《现代汉语语法讲话》，商务印书馆 1961 年版，第 174 页。

⑤ 赵元任：《中国话的文法》，河北教育出版社 1986 年版，第 295 页。

⑥ 杨晓敏：《先秦量词及其形成与演变》，载《王力先生纪念论文集》，商务印书馆 1990 年版，第 189 页。

⑦ 吴福祥：《敦煌变文口语语法研究》，河南大学出版社 2004 年版，第 48 页。

⑧ 向熹：《简明汉语史》，高等教育出版社 1993 年版，第 44 页。

仅包括大部分语法著作中所讲的'个体量词'，还包括所谓的'临时量词'和'准量词'。"①

杨晓敏用"个体单位"界定"个体量词"难脱循环定义之嫌。吴福祥的界定较杨晓敏的界定前进了一步，指明了量词的称量对象是"可数名词"，不过这还是借鉴西方语言学的概念，汉语语法体系中并无"可数名词"这一称谓，所以未必适合汉语。范伟的界定引入了认知标准，把"在人的意识之中呈现为有界事物"也作为称量对象，具有一定的合理性，可是在具体分类的时候又将"临时量词"和"准量词"归入"个体量词"一类，这就未免太宽泛了。我们认为词的分类一般是语义和语法层面的，如果引入认知上的分类，势必会导致"个体量词"成为一个复杂、开放的系统，这对于语言的描写没有好处，事实上也很少有人采用这种分类。我们认为应当弄清个体量词的本质，也就是先给它定性，然后再用语义和句法的标准把它同其他的小类划清界限。事实上，范伟所谈的"一池子水"的"池子"和"一世纪时间"的"世纪"已经超出了个体量词的范围，因为它们的本质是"表量"的，而个体量词则从不表量。关于这一点，马庆株从量词的语义特征出发，将汉语的量词概括为［＋范围］，并依此将汉语的量词分为［＋范围］和［＋个体］（［－范围］）的二元对立，明确将"个体量词"归入［＋个体］，其他的非个体量词都归入［＋范围］。马先生在谈到"容器量词"（即"临时量词"）时还特意强调："容器量词如'碗、盘子、箱子、柜子'是由名词借来的。当用作名词的时候，它们可以受由个体量词组成的数量结构的修饰，是个体名词；当用作量词的时候

---

①　范伟进一步解释说："这两种量词的次类所计量的对象虽不是事物的个体，但人在认知过程中是把所称量的这部分事物作为一个整体来对待的。这一整体也是占据一定空间和时间的、可数的、有外形边界的个体有界事物，可视为'认知个体'，而与'真实个体'具有同样的认知效果。如'一池子水'，'水'虽然不是可数的事物，但'池子'一词的量化作用使之变成具体可感的有界事物，不是抽象的无色无味的客体'水'，而是'池子'大小所固定下来的水，人们头脑中就有了'一池子水'的形象，而且还会想象出'两池子水''三池子水'的形象。又如'一世纪时间'，'时间'不是个体事物，而是抽象事物，这毋庸置疑。但很明显，'一世纪时间'在人头脑中却是一个有明确起迄点的界限分明的可感事物。'世纪'一词使'时间'具体化了，可类推'两世纪时间'、'三世纪时间'，均具有个体事物的认知特点。所以'池子'、'世纪'之类的临时量词或准量词应视作个体量词。"（参见《现代汉语个体量词语法特点的认知解释》，《南京师范大学文学院学报》2001年第2期。）

就表示范围了，绝对不表示个体单位，作为量词表示的各种单位有边界，有底，很明显都是范围。"① 马先生认为"准量词"也属于［＋范围］量词，这是对的。再从语法特征上看，也不能支持将"临时量词"和"准量词"归入"个体量词"的观点。何杰对"临时量词"句法功能总结了三点：第一，有很强的临时性；第二，大部分临时量词不能重叠使用；第三，临时量词限用数词"一"。关于"准量词"，何杰认为："这类词可以看作量词、名词或序量词的兼类，也可以把这类词看作借用量词。"② 我们赞同何先生的意见，因为它们的语法特征同"个体量词"不同，分为不同的两个小类是没有问题的，没有必要将它们拉到个体量词中来。当然，我们认为"认知"问题的确在汉语"个体量词"的发展中起过作用，如"条"，最先称量典型的条状物如"一条路"，后来可以称量"一条妙计"，"妙计"是抽象的事物，本不可以用"形状型"量词"条"去称量，但将"妙计"认知为"路"（途径）时，就不妨说"一条妙计"了，这是通过实体隐喻的方式引申出的用法，所以，我们认为认知上的界定应该在不突破个体量词本质属性的基础上进行，而不应无限制地扩大范围。

综合各家的观点我们尝试给个体量词下个定义：个体量词是与数词或指示代词组合，用来称量可以一一数出的或者认知上认为可以一一数出的事物，不起实际计量作用，只表达名词所属范畴意义的一种量词。它不包括"集体量词"、"度量衡单位量词"、"临时量词"和"准量词"。

二 个体量词的性质

关于"个体量词"，也有人笼统地称作是"量词"或者是"形体单位词"、"类别词"、"范词"、"陪伴词"等，这种种称呼的不同，实际上反映了学者对个体量词性质的不同认识。

（一）表量说

黎锦熙早在 1924 年《新著国语文法》中说："量词就是表数量的名词，

---

① 马庆株：《数词、量词的语义成分和数量结构的语法功能》，《中国语文》1990 年第 3 期。
② 何杰：《现代汉语量词研究》，民族出版社 2001 年版，第 23 页。

添加在数词之下，用来作所计数的事物之单位。"① 他的学说遭到了陈望道的反对，后来黎锦熙在《论现代汉语中的量词》一文中回答陈先生的问难时又进一步申说，认为量词所表的"量"应作广义理解，是指具有"数量意义的范畴"，"它的正确理解应该是与数量范畴有关系的单位"②。后来仍有很多学者赞同此说，如袁晖："表量是量词的基本特点，如果不表量，量词也就没有存在的必要了。"③ 张帜认为："还有一个不容忽视的词类搭配规律，这就是一个量词往往可以和几个名词搭配，而表示不同的量。具体地说，'条'既可以表示'一条毛巾'、'一条裤子'又可以称说'一条公路'、'一条大河'等。"④ 陈小明赞同"表量说"，他认为："'类别词'（即个体量词）也是表量的，它表示的是一个完整事物的个体量。无论是它的产生还是它的演变，都是因为表量的需要，而绝不是为了'区别'名词。"并举了这样的例子来论证个体量词是表量的。

一节书→一章书→一本书

一片香肠→一截香肠→一根香肠

又对以上例子解释说："以上两组例子中的量词，在表量上自左至右是依次递增的关系。也就是说，不同的'形体'，表示了不同的量。由此可见，所谓的'形体单位'跟'计量单位'之间其实并没有实质性的区别，因为它们都具有表量的性质。"⑤

（二）表形说

陈望道将个体量词称作"形体单位的量词"，并认为计量单位（如"两""斤"）和形体单位（如"根""条"）是两类性质不同的单位，因为形体单位是"在日常点计个别事物或动作的习惯中形成的"，又说："'一

---

① 黎锦熙：《新著国语文法》，商务印书馆 1992 年版，第 84 页。
② 黎锦熙、刘世儒：《论现代汉语中的量词》，商务印书馆 1978 年版。
③ 袁晖：《量词札记》，《安徽师范大学学报》1979 年第 1 期。
④ 张帜：《古汉语量词源流概说》，《锦州师范学院学报》1991 年第 4 期。
⑤ 陈小明：《形体单位·类别词·个体量词》，《广西师范学院学报》2008 年第 1 期。

座桥’、‘一间房子’的‘座’、‘间’，就不是表数量，而是表‘桥’和‘房子’的形体模样，也是表质的。”叶桂郴说：“我们认为汉语的集合量词才能表量，个体量词只表形，不表量。”① “我们认为，汉语早期个体量词和魏晋大量出现的个体量词产生的条件和原因不完全相同。汉语早期个体量词只是表形的初步显现，并且受集合量词的影响，魏晋个体量词主要是表形的需要。因为前者是不自觉、可有可无的，而后者是汉语发展到成熟阶段后所必须的。”② 司徒允昌：“个体量词由于重在表形，不起定量作用……个体量词只是一种‘象征性’的量词，所以即使省略不用，也不影响结构的完整性与表意的明确性。”③

（三）范畴说

刘世儒将“个体量词”称为“陪伴词”，并说：“陪伴词就是作用只在陪伴名物，不是核算分量的，这是虚量（或把这种量词叫做‘范词’或也叫做‘尾语·类别词’）。这是纯然的语法范畴，同实际称量的数量没有关系。例如‘一条鱼’，这‘条’就只在指明‘鱼’的范畴意义（‘条’状范畴），不用它也一样，实际的称量数目都不会因此受到影响。”④

（四）类别说

以下诸家所说的“类词”、“类别词”都是指“个体量词”。赵元任：“个体量词就是类词。”⑤ 日本学者桥本万太郎认为：“类别词是划分名词‘类别’的，或者换句话说，是名词的意义性、语法性分类的标志。”⑥ 陈绂也把个体量词称为“类别词”，认为真正的量词是表量的，而“类别词”这种词“不是真正用来计算事物的数量的”，而是要“分别出所量事物的

---

① 叶桂郴：《六十种曲和明代文献的量词》，博士学位论文，湖南师范大学，2005 年。
② 陈望道：《论现代汉语中的单位和单位词》，载《陈望道语文论集》，上海教育出版社 1980 年版，第 531 页。
③ 司徒允昌：《论汉语个体量词的表达功能》，《汕头大学学报》（人文社会科学版）1991 年第 1 期。
④ 刘世儒：《魏晋南北朝量词研究》，中华书局 1965 年版，第 5 页。
⑤ 赵元任：《汉语口语语法》，商务印书馆 1979 年版，第 263 页。
⑥ ［日］桥本万太郎：《语言地理类型学》，北京大学出版社 1985 年版，第 89—90 页。

类别"。① 洪波认为一般所说的"个体量词"，并非真正的量词，而应该看作是"类别词"，只是国内学术界"一向将类别词与量词混而不分，其实，类别词与量词无论是意义特征还是性质功能都有着根本差别"②。石毓智指出，个体量词是指示一类事物的成员数，主要功用是分类，即给一个认知域确定、划分成员③。

我们认为"表量说"的困难在于：第一，如果个体量词是表量的，即应同计量的量词（集体、度量单位等）是同等性质的，这不能解释为什么同等性质的量词产生时代有先后之别，在甲骨卜辞中为什么不见个体量词的用法而只能见到集体量词和器物量词，为什么先秦时期的计量量词发展得比较完备而个体量词才刚刚萌芽？第二，如果个体量词同"表量的计量单位"没有两样的话，为什么印欧语中只有"集体量词"、"度量单位"等计量量词而没有个体量词？第三，认为个体量词表量，以为不用个体量词就很有可能妨碍人们对它们的计量。这不能说明古汉语中为什么以"数名"和"名数"结构为主的时期照样可以畅通无阻地交流。至于前文张帜认为"一条毛巾"、"一条裤子"、"一条公路"、"一条大河"中的"条"可以表不同量④，但是"一条毛巾"和"二条毛巾"、"三条毛巾"中的"条"是否也表不同的"量"，这显然不能。我们认为以上各例表量的不同不是"条"在起作用，而是名词本身有"量"的差别（如毛巾比裤子小），不能将名词本身的量同量词表量混同起来。前文陈小明所举证的"一节书→一章书→一本书"；"一片香肠→一截香肠→一根香肠"，认为这里的"节"、"章"、"本"和"片"、"截"、"根"是表不同的"量"⑤，这里的量是一种序列的量，不是量词本身表量，离开了这个序列它们所表的"量"就不存在了，这同真正的计量量词表量明显不同，如河——江——海，一个比一个大，是否也表量？这是混同了序列量与量词本身表量的差别。

①　陈绂：《谈汉语陪伴性物量词的由来及其应用原则——兼谈对外汉语教学中的量词教学》，《语言文字应用》1998 年第 4 期。

②　洪波：《汉语类别词起源初探》，载《坚果集——汉台语锥指》，南开大学出版社 1999 年版，第 122 页。

③　石毓智：《论"的"的语法功能的同一性》，《世界汉语教学》2000 年第 1 期。

④　张帜：《古汉语量词源流概说》，《锦州师范学院学报》1991 年第 4 期。

⑤　陈小明：《形体单位·类别词·个体量词》，《广西师范学院学报》2008 年第 1 期。

"表形说"有其合理的一面,因为个体量词中的"形状类"(如"条"、"根"、"颗"、"块")是个体量词的重要组成部分,数量最多,用法也最典型,对于这些成员来说,是恰当的,但这并不能涵盖所有的"个体量词",因为有些个体量词根本就不是"表形"的。如陈望道将"头"、"口"归入"依据事物的模样,设立事物的单位","头"下举"一头牛","口"下举"一口人"、"一口井"为例①,我们认为"一头牛"的"头"和"一口人"的"口"都不是表形的,虽然"头"、"口"有形可言,但它们并不是从"形"得来的用法,而是用事物突出的"部分"去替代"整体"的结果,这是典型的"替代型"量词,而陈望道所举"一口井"的用法才是"形状型"量词的用法。陈先生将二种不同类型的量词混为一谈,这是将"表形说"扩大化的结果。又如称量文章的"篇"、"章",称量"人"的"位"、"名"、"员"等更是无形可说,但没有人不把它们看作个体量词。这样看来,"表形"说就难免有些以偏概全了。另外"表形"也并不是为了"表形"而"表形","表形"只是一种手段,并非问题的实质。从源头上看,个体量词始见于西周时期,最先出现的典型个体量词是"匹"、"乘"、"两(辆)",它们都不能归于"表形"。

我们认为,"范畴说"和"类别说"二者名目不同,其实质并无差异。个体量词的本质是给所称量的名词分类,也可以反过来说正是由于给名词分类才产生了个体量词,把思维、概括的成果付诸语言的时候就形成了一个个的语言范畴(每一个量词代表一种范畴)。个体量词可以按照量词和名词的语义关系分为"形状型"(一条鱼)、"动状型"(一封信)、"替代型"(一头牛)、"凭借型"(一床被)等,这都是从不同角度给名词分类的结果,由于观察的角度不同,就形成了不同的类别,"形状"只是观察角度之一,而不是全部。

进一步追问为什么会产生个体量词?为什么要给名词分类?有人解释是为了"区别同音词";有人认为是受汉语双音化的影响,受节律限制的结果;有人认为是受"数+计量量词+名词"格式类推的结果;有人认为

---

① 陈望道:《论现代汉语中的单位和单位词》,载《陈望道语文论集》,上海教育出版社 1980年版,第 534 页。

受整个语法体系的影响，作为"个体标记"才产生的；有人认为是汉民族思维特性所造就的，等等，我们认为个体量词的产生是适应汉语的特点（分析型）追求语言精密、准确、生动的结果。

综上所述，"个体量词"本身并不参与表量，只表达语法范畴意义，这是个体量词的本质属性。

第二节　个体量词同相关量词的分合

量词词类的划分是非常复杂的，各家的意见也不统一，这主要牵扯到"个体量词"同"集体量词"、"临时量词"的划界问题，也涉及"种类量词"、"部分量词"与"个体量词"的分合问题。

一　"个体量词"与"集体量词"的划分

"个体量词"和"集体量词"是紧密相关的两类量词，在理论和具体研究中将二者完全区分开来并不容易，有的学者因为难以将二者截然分开，于是就笼统地称作"天然单位"量词。在具体描写中，也有学者将两类量词合在一起讨论，如王绍新在研究唐代量词的时候就设立了"个体量词和集体量词"一节，其中的例句并不区分集体量词和个体量词①。个体量词和集体量词是两种不同性质的量词，有必要将二者区分开来。"个体量词"和"集体量词"相同之处在于：都不限制数词的使用；都不能插入"的"；都可以带"可数名词"。不同点在于：个体量词本身不表量（指不含有数的概念）而"集体量词"本身表量。如"一个杯子"、"一对杯子"、"一套杯子"，"个"不表量，"对"表两个，是确定的量，"套"表多个，是不确定的量。因为个体量词不表量，故可省略，"一个杯子"＝"一杯子"，"集体量词"本身表量，故不能省略，省略后意思就变了，"一对杯子"≠"一杯子"，"一套杯子"≠"一杯子"。"个体量词"本身不表量，

---

① 王绍新：《唐代诗文小说名量词的运用》，载程湘清主编《隋唐五代汉语研究》，山东教育出版社 1992 年版，第 343 页。

起表量作用的是它前面的数词，"集体量词"是"数词"＋"量词"同时起作用。如"一个杯子"是"一"在表数量，"个"并不表量，而"一套杯子"是"一"和"套"合起来表量，"套"表多个，"一"表"套数"。用以上的办法大致可以将"集体量词"同"个体量词"分开。

由于客观事物纷繁复杂，人们观察事物的切入点又有所不同，致使"个体量词"与"集体量词"之间也存在纠葛，有时不容易分清。如"行"，表示成行的事物，像"一行大雁"、"一行树"，这里的"行"指的是"多个"个体排列在一起，显然就是集体量词。但说"两行泪"时，"行"是集体量词还是个体量词就难说了。刘世儒说："泪成行就连成一线，组成它的'个体'（如'滴'）就不清楚了。在这里，'行'已经同'个体量词'不容易截然划开了。"① 又如，现代汉语的"束"也是集体量词，如"一束花"指"多枝花"，但当说"一束光"时，这里就同"一道光"相同了，只能理解为个体量词了。又如"副"，"副"主要用为集体量词，如"一副手套"、"一副牌"，前者表示有定数的"两个"，后者表示无定数的"多个"，都参与表量，都不能用一般的个体量词替换，这是典型的集体量词用法。但"一副眼镜"和"一副担架"中的"副"就不同了，"一副眼镜"、"一副担架"不是"两个眼镜"、"两个担架"，这里的"副"并没有参与表量，"副"可以用一般个体量词替换，"一副眼镜"可以说"一架眼镜"、"一个眼镜"，"一副担架"可以说"一架担架"、"一个担架"，这又可以看作个体量词的用法了。为什么典型的集体量词会产生个体量词的用法呢？这同人们的认知有关。如"一副手套"，"手套"虽然相配使用，但却是离散的，左右"手套"之间的对立是外部的对立，说汉语的人将它们认知为两个物体，相应的就是集体量词用法。"一副眼镜"的"副"是着眼于"眼镜"内部有两个镜片的成双相配，两个镜片是通过镜架连成一体的，所以说汉语的人在认知上是将它看作一个整体的，这就是"个体量词"的用法了。这也就是说断定"个体量词"还是"集体量词"还要考虑认知方面的因素。

---

① 刘世儒：《魏晋南北朝量词研究》，中华书局 1965 年版，第 222 页。

二 "个体量词"与"临时量词"的划分

在实际研究中不少学者将"个体量词"同"临时量词"混杂在一起，造成不必要的混乱，这里有必要区分一下。"临时量词"是指有些名词本没有量词的用法，但有时为了表达需要临时进入数量结构起到表量作用，当离开这个语言环境，它的名词性就显现出来了。如"一杯水"、"一屋子人"、"一车西瓜"、"一脸汗"中的"杯"、"屋子"、"车"、"脸"都属于"临时量词"。由于"临时量词"具有临时性和不稳定性，有的学者就将其看作词类活用现象，不作为量词的一个小类。如程荣："文中的'临时量词'（如名量词'一屋子人'）被看作是一种词类活用现象，不作为一个小类，在讲量词词法时进行解释说明。"① 更多的学者如赵元任②、朱德熙③、房玉清④、何杰⑤等都将它们另列入一个小类称作"临时量词"。

我们认为"临时量词"同"个体量词"是本质不相同的两类量词，其差别表现在以下几个方面（参考上表）：

第一，"个体量词"不参与表量，而"临时量词"参与表量。如"一个西瓜"/"一车西瓜"；"一个菜"/"一盘菜"，"个"不表任何的量，"车"表示"一车"所能载的量，"盘"表示"一盘"所能容的量。有学者也把它们叫"容载量词"。

第二，"个体量词"与中心名词的搭配关系是稳定的，一般都具有内在理据性；"临时量词"与其中心名词的关系是临时的，没有内在的理据性，只有临时的、外在的联系。如"一张纸"和"一地纸"，前者是个体量词后者是临时量词，"张"只能同可撑张的"弓"、"弩"、"琴"和可铺张的"纸"、"毡"、"席"等有限的名词搭配，量词"张"同名词之间存在内在理据性，这些称量对象都符合"可张"这一特点，一旦形成称量关系，"量"与"名"的搭配就非常稳定。"一地纸"不同，"地"与"纸"之间

---

① 程荣：《量词及其再分类》，载胡明扬主编《词类问题考察》，北京语言文化大学出版社1996年版，第339页。

② 赵元任：《中国话的文法》，河北教育出版社1986年版，第439页。

③ 朱德熙：《语法讲义》，商务印书馆1982年版，第50页。

④ 房玉清：《现代汉语量词研究》，北京语言文化大学出版社1992年版，第51页。

⑤ 何杰：《现代汉语量词研究》，民族出版社2001年版，第51页。

并不具有内在的联系，只存在临时的外在的依附关系，所以中心词"纸"可以用任何实体名词替换，如"鞋"、"烟头"、"砖"……只要是"地"能载的东西就都可以。"纸"前的"地"也可以替换为"床"、"桌子"、"窗台"……只要是"纸"可以依附的地方都可以。

一　地　纸　　　一　地　纸

（鞋）　　　　　（床）

（烟头）　　　　（桌子）

（砖）　　　　　（窗台）

……　　　　　　……

第三，语法形式存在差别。个体量词与名词中间不能插入"的"，"一张纸"不能说"一张的纸"，而"临时量词"与名词中间则可以插入"的"，可以说"一屋子的人"、"一地的纸"。从重叠上看，个体量词可以重叠，如"一张张纸"、"一条条毛巾"等，而"临时量词"一般不能重叠，不能说"一脸脸汗"、"一屋子屋子人"。个体量词一般可以省略，如"一头牛"可以说成"一牛"，基本不影响交流，但"一脸汗"、"一屋子人"不能说成"一汗"、"一人"，这意思就不同了。"个体量词"所带的名词一般是"可数名词"，"临时量词"既可以带"可数名词"，如"一车西瓜"的"西瓜"，也可带"不可数名词"，如"一杯水"的"水"[①]。

还有像"一弯新月"、"一叶扁舟"、"一抹夕阳"、"一泓春水"等用法中的"弯"、"叶"、"抹"、"泓"一类词，有不少学者将它们也归入"个体量词"，这也是不合适的。这类用法一般限定在文学语言中使用，体现的是对中心词的形态、意趣的一种描摹，具有很强的描写性，而且描摹的对象都是固定的，如"弯"只能用于"月"，"叶"只能用于"扁舟"，"泓"只能用于"春水"等，这更像是一种固定的修辞方法。尤其是这些用法都限制使用数词，如"一叶扁舟"，不能说"二叶扁舟"、"三叶扁舟"……

---

① "临时量词"也有人称"容载"量词，一般借自容器和承载的工具，它们更多的是用来称量那些不能一一数出或者不便一一数出的事物，如"一杯水"、"一头灰"等，当然也可以用于可数名词，如"一屋子人"，只是前一种情况更普遍。

"一泓春水"不能说"二泓春水"、"三泓春水"……可见它们还不够"个体量词"资格,把这类词归入"临时量词"比较合适。

三 "部分量词"和"种类量词"的归属问题

关于"个体量词"同"种类量词"、"部分量词"的分合问题还存在不少分歧。通行的现代汉语教材和相关著作大致有这样四种情况,第一种:"个体量词"、"部分量词"和"种类量词",三者不分,统称"个体量词",简称"全合"。如,胡附将名量词分为:度量衡单位、个体事物单位、集体事物单位①。黄伯荣《现代汉语》专用物量词分为:度量衡单位、个体单位、集体单位、不定单位②。其他,如朱德熙的《语法讲义》、房玉清的《现代汉语》、武占坤的《现代汉语》、袁晖的《现代汉语》、徐青的《现代汉语》等都未分出"部分量词"和"种类量词"。第二种:"个体量词"、"部分量词"、"种类量词"三者各自独立,简称"全分",如程荣《量词及其再分类》将名量词分为:个体量词、集体量词、部分量词、度量词、品类量词("品类量词"相当于"种类量词")③。王珏《现代汉语名词研究》将名量词分为:个体量词、集体量词、度量词、种类量词、部分量词④。第三种:只从"个体量词"分出"部分量词",简称为"只分部分"。如张志公在《现代汉语》中将名量词分为:个体量词、集体量词、部分量词、度量衡量词、容器量词、临时量词⑤。吕叔湘《现代汉语八百词》:个体量词、集体量词、容器量词、临时量词、部分量词、度量量词、自主量词⑥。第四种:只从"个体量词"分出"种类量词",简称"只分种类"。如周一民《现代汉语》将名量词分为:个体量词、集体量词、种类量词、度量词、不定量词、借用量词、准量词⑦。《现代汉语语法信息词典详解》分

---

① 胡附:《数词和量词》,上海教育出版社 1984 年版,第 35 页。

② 黄伯荣、廖序东:《现代汉语(下)》,高等教育出版社 2002 年版,第 21 页。

③ 程荣:《量词及其再分类》,载胡明扬主编《词类问题考察》,北京语言文化大学出版社 1996 年版,第 339 页。

④ 王珏:《现代汉语名词研究》,华东师范大学出版社 2001 年版,第 210 页。

⑤ 张志公:《现代汉语》,人民教育出版社 1982 年版,第 180 页。

⑥ 吕叔湘:《现代汉语八百词》,商务印书馆 1980 年版,第 8 页。

⑦ 周一民、杨润陆:《现代汉语》,北京师范大学出版社 1995 年版,第 241 页。

为：个体量词、度量词、集体量词、种类量词、不定量词、容器量词、成形量词①。之所以造成这种分歧的原因是"个体量词"与"部分量词"和"种类量词"有很多共同之处，但又有细微的差别。为了便于比较，我们设立了几个比较项（见附表）。所设各项中，"表量"与否是最为重要的，只有符合〔一表量〕才能算个体量词，这属于语法意义标准，其他是语法形式标准。"个体量词"同"种类量词"、"部分量词"的相同点是：都不限制数词；数名之间一般都不能加"的"，一般不说"一条的绳子"，也不能说"一段的路"、"一种的事情"；一般都可以重叠，如"一张张纸"、"一段段路"、"（一）种种情况"；它们本身都"不表量"只表达语法范畴意义，这一点尤其重要。它们不同之处在于："个体量词"可以省略，省略后一般不影响表达，而"部分量词"一般不可以省略，省略后意思不同，如"一层楼"不能说"一楼"。"种类量词"后带"可数名词"时一般不能省略，"一种书"不能说"一书"，带抽象名词时有时可以省略，如"这一种情况"可以省作"这一情况"。通过比较不难看出"典型的个体量词"同"部分量词"、"种类量词"之间共同特征多于区别特征，其不同点只在于能否省略，而能否省略与量词的性质无关，只与是否是语言系统默认的量词有关。如

一座楼／一层楼

一条线／一种线

一种情况／一种花

前者可以省略，意思基本不变，后者不可以省略，这是因为前者是无标记的、语言系统默认的量词，省略后仍可以按照默认情况认知；而后者则是有标记的、非语言系统默认的量词，省略后不能按照默认情况认知。但这不能说明"一座楼"的"座"与"一层楼"的"层"，"一条线"的"条"与"一种线"的"种"是不同性质的东西，更不能认为"一种情况"的"种"可以省略就是"个体量词"，而"一种花"的"种"

---

① 俞士汶等：《现代汉语语法信息词典详解》，清华大学出版社 2003 年版，第 60 页。

不能省略就不是"个体量词",这都是同等性质的用法,它们都"不表量",都可以表达语法范畴意义,这一点并无本质的不同。运用原型范畴理论,可以把"个体量词"看作一个"家族",其中的"形状型"(一条线)、"替代型"(一头牛)、"动状型"(一封信)等就是这个"家族"的"典型成员",符合表中设立的"典型个体量词"的所有条件,而"部分量词"和"种类量词"大部分符合表中所设立的条件,只有少数条件不符,与典型成员相比则只能算"非典型成员"。另外,从实际操作来看,"部分量词"限于"节"、"段"、"层","种类量词"限于"种"、"类"、"门"等少数量词,为少数量词分出两个小类也并不经济。在具体研究中,学者也大多将"种类量词"和"部分量词"放到"个体量词"中一起讨论。综上所述,我们倾向于将"部分量词"和"种类量词"归入"个体量词"。

附表 各类量词特征对照表

	限制数词	加"的"	重叠	可省	带可数名词	表量	例句
典型个体	－	－	＋	＋	＋		一条绳子
集体量词	－	－	＋	－	＋	＋	一套杯子
临时量词	±	＋	±	－	±	＋	一脸汗
部分量词	－	－	＋	－	＋	－	一层楼
种类量词	－	－	＋	±	＋	－	一种情况

(注:此表是按照一般情况来说的,量词的情况比较复杂,不能排除个别例外。)

第三节 个体量词的判定

由于个体量词中除了"典型的成员"以外还有些"非典型的成员",如何将它们从动词和名词以及其他相关类别的量词中区分出来是个非常棘手的问题,用单一的标准方法很难解决问题,这就需要从多角度多侧面采用多种方法来判定个体量词。

1. 不能参与表量。"个体量词"的本质是具有分类意义的语法范畴,其本身是表名词所属的单位的,并不表量,而"个体量词"以外的量词如

"集体量词"、"度量衡量词"、"临时量词"、"准量词"等都是表量的①，如一条线/一尺布/一杯水/一年时间，这里只有"条"不表量，只表达"线"是属于"条"这个范畴的，"条"只有语法意义。其他"尺"表示与"十寸"相等的规定的量，"杯"表杯子所容的量，"年"表示"三百六十五天"的时间跨度，都是从不同角度用不同方法表量的。

2. 有自己稳定的称量对象和称量范围。"个体量词"有明确的称量对象和称量范围，这一点在专用的"个体量词"上表现最为充分，如"艘"只用来称"船"，"盏"只用来称"灯"。也有一些是"一对多的"，如"头"可称量"有头的动物"，如"猪"、"牛"、"驴"等，也可称量"头状物"，如"一头蒜"，但不能称量"一头马"和"一头桌子"，前者不合习惯，后者不合理据。"临时量词"、"度量衡量词"就没有自己稳定的称量对象和称量范围，这可以有效地分离出"临时量词"和"度量衡量词"。

3. 不能插入"的"。个体量词与中心词之间不能插入"的"。如："一条线"不能说"一条的线"，但"一杯子水"可以说成"一杯子的水"，"一年时间"可以说成"一年的时间"，这可将"临时量词"、"准量词"同"个体量词"区分开了。还可以区分个体量词与临时量词的兼类，如"一床被"既有"个体量词"用法又有"临时量词"用法，通过能否加"的"将二种用法区分开来。不能加"的"是个体量词用法，能加"的"的，"一床的被"，"床"是"被"的承载体，"一床的被"，是"满床是被"的意思，就属于"临时量词"的用法。

4. 不限制使用数词。"个体量词"不限制使用数词，前面可以出现任何数词，可以是"基数"，如"一头牛"、"两头牛"……也可以用序数，如"第一头牛"、"第二头牛"……这可以区分一部分"临时量词"，因为有的"临时量词"是限制使用数词的，如"一地纸"不能说成"二地纸"、"三地纸"……"一脸汗"不能说成"二脸汗"、"三脸汗"……

5. 能被通用型个体量词"个"直接或间接替换。能被通用型个体量词"个"直接或间接替换的量词都是"个体量词"，这种系联替换的方法可以

---

① 马庆株用［－范围］（［＋个体］）和［＋范围］来区分个体量词和其他各类量词，我们理解马先生的［＋范围］是表量的，而［－范围］（［＋个体］）则是表示个体单位的而本身是不表量的。（参见《数词、量词的语义成分和数量结构的语法功能》，《中国语文》1990年第3期。）

鉴别绝大多数个体量词[①]。

6. 一般能省略。"典型的个体量词"一般可以省略，省略以后意思不变，非个体量词一般不能省略。但这里需要注意的是表"种类"、"层次"、"部分"的个体量词属于个体量词家族的"非典型成员"，一般不能省略。

7. 可以用"一AA"式重叠。个体量词大多都可以用"一AA"方式重叠，"临时量词"、"准量词"则没有这种重叠方式。如：一条线/一条条线（√）；一地纸/一地地纸（×）；一年时间/一年年时间（×）。

8. 有的可以不出现中心词，但一定可以补出中心词。

有些个体量词的前身来自名词或者动词，早期的用法一般是不能同中心词搭配使用，这就不能看作个体量词，只有中心词可以出现的时代才有可能是个体量词。如《汉语大词典》"家"字条下举《庄子·徐无鬼》："舜有羶行，百姓悦之，故三徙成都，至邓之虚而十有万家。"《汉书·张安世传》："上追思贺恩，欲封其冢为恩德侯，置守冢二百家。"这两个例子是不能成立的。因为这两个"家"都还是"家庭"义，"十有万家"、"二百家"后面补不出其他的名词作为中心词，"家"本身就是中心名词，"十有万家"、"二百家"只是"数名"结构。到了宋元时期才有中心词可以介入，如《西湖老人繁胜录》"内有起店数家"，《全元杂剧·汉钟离度脱蓝采和》"这家酒店里推出来"。这才是个体量词用法。

在具体运用中，往往不能只靠一两种判断方法，而需要综合运用各种方法才能准确地断定个体量词。

第四节 现代汉语常用、次常用个体量词的数量

由于个体量词本身的界定不清，同其他类量词的界限划分不清，同名

---

① 马庆株用同义替换法，得出能被个体量词"个"替换的如"把"、"部"、"场"等52个个体量词，而后进一步替换，凡是能替换以上52个量词的也是个体量词，二次替换又得个体量词34个，共得87个个体量词，马先生称采用这种系联的方法"可以得到绝大部个体量词，系联不上的是少数"。我们用这个方法来甄别个体量词同样有效。（参见《数词、量词的语义成分和数量结构的语法功能》，《中国语文》1990年第3期。）

词、动词的原型用法界分不清等问题的存在，加之语体、方言等因素的影响，到现在为止，关于现代汉语个体量词的数量问题尚未有一种权威的统计。研究需要，我们借助现有的材料和研究成果对现代汉语的常用和次常用个体量词的数目进行了初步认定和统计。

一 现代汉语常用个体量词的数量

我们要考察现代汉语个体量词数量就要给现代汉语拟定一个范围，这就要涉及现代汉语的起点问题，关于这个问题，目前学界尚有不同意见。王力[1]、吕叔湘[2]等大部分学者主张是"五四"时期，也是现在的通说，我们暂将"五四"时期作为现代汉语的上限，下限自然是今天的语言。

1959 年中国文字改革委员会研究推广处编《普通话三千常用词表》（文字改革出版社 1959 年版，以下简称《词表》）共收入常用量词 77 个，我们判定其中有个体量词 45 个："把、本、场$_1$、场$_2$、道、滴、顶、朵、份、个、根、驾、间、件、节、棵、颗、口、块、辆、名、面、匹、片、扇、条、头、位、项、张、只、座、枝、种、类、股、段、层、卷、封、处、顿、句、篇、页。"2006 年国家语言文字工作委员会编《普通话水平测试实施纲要》（商务印书馆 2006 年版，以下简称《纲要》）附《普通话水平测试用普通话常见量词、名词搭配表》共收入常用量词 45 个，除去 4 个集体量词，共有个体量词 41 个："把、本、部、场$_1$、场$_2$、道、滴、顶、朵、份、幅、个、根、家、驾、间、件、节、棵、颗、口、块、粒、量、门、名、面、盘、匹、片、扇、所、台、条、头、位、项、张、只、支、座。"我们采取较为宽松的收录原则，只要在这两种材料中出现 1 次就算作常用量词，为了方便起见将"场$_1$"与"场$_2$"合为一个，这样可以得到现代汉语常用个体量词 53 个：把、本、部、场、道、滴、顶、朵、份、幅、个、根、家、驾、间、件、节、棵、颗、口、块、粒、辆、门、名、面、盘、匹、片、扇、所、台、条、头、位、项、张、只、支、座、枝、种、类、股、段、层、卷、封、处、顿、句、篇、页（叶）。

---

[1] 王力：《汉语史稿》，中华书局 1980 年版。
[2] 吕叔湘：《现代汉语八百词》，学林出版社 1985 年版。

关于个体量词的数量，赵元任列举了 51 个个体量词，并说："下面这个量词（指个体量词）一览表虽然不敢说绝对完全，但可以说相当详尽了。"① 赵元任所举的例子中有个别方言词，也有少量的不太常用的个体量词，并且属于举例性质的，并未进行量化统计，但大多数属常用个体量词，而其所举数目 51 个与我们所列 53 个常用量词数量基本相当，可以支持我们将常用个体量词的数量限定在 50 个左右。

二　现代汉语次常用个体量词的数量

除了上面所列的常用个体量词之外，还有一些次常用的个体量词，它们的使用频率没有常用个体量词高，而且有一部分只限于在书面语中使用。我们确定这部分量词的办法是参考《现代汉语语法信息词典详解》②、郭先珍的《现代汉语量词手册》③、吕叔湘的《现代汉语八百词》④ 三部工具书。《现代汉语语法信息词典详解》是由北京大学计算语言研究所与北京大学中文系合作推出的一部利用计算机对汉语词汇分类描写的词典，其中收词七万三千多个，这些词来源于《信息处理五千词表》、《现代汉语词典》、《汉语词汇的统计与分析》等八部辞书，其收词标准是不收方言色彩、文言色彩、专业色彩浓厚的词，有些不常用的词也不收。这部词典将量词分成七个子类，分别是"个体量词"、"集体量词"、"度量词"、"容器量词"、"种类量词"、"成形量词"、"不定量词"，其中与我们考察相关的是"个体量词"、"成形量词"、"种类量词"三类。个体量词 65 个：班、册、出、点、栋、封、幅、副、杆、个、根、挂、户、回₁、回₂、辑、集、级、剂、家、架、间、件、节、届、具、句、卷、棵、颗、口、块、粒、辆、列、轮、码、枚、门、面、名、盘、匹、篇、片、起、身、首、艘、所、台、条、挺、通、头、位、项、页、盏、张、枝、支、只、尊、座。成形量词 21 个：把、层、串、道、滴、段、堆、股、挂、行、角、卷、

　　① 赵元任：《中国话的文法》，载《中国学术经典·赵元任卷》，河北教育出版社 1986 年版，第 439 页。

　　② 俞士汶等：《现代汉语语法信息词典详解》，清华大学出版社 2003 年版。

　　③ 郭先珍：《现代汉语量词手册》，中国和平出版社 1987 年版。

　　④ 吕叔湘：《现代汉语八百词》，商务印书馆 1980 年版。

块、捆、派、匹、片、圈、摊、团、线。种类量词6个：等、级、类、门、样、种。按照传统分法"种类量词"、"成形量词"一般是归入"个体量词"，去除三类中重复的，可以得到80个左右的个体量词。郭先珍的《现代汉语量词手册》正文部分共收各类量词500多个，去除临时量词如"手"（一手泥）、"脸"（一脸麻子）；去除方言量词如"客"（一客饭）、"棒"（一棒玉米）；去除古代常用、现代汉语基本死去的量词，去除其他类偶尔有用为个体量词用法的，如：集体量词"束"，常说"一束花"，这就是典型的集体量词的用法，"花"不是单个，而是离散的多个，但说"一束光"时，这里的"光"是整体的、非离散的，"一束光"的"束"可以用个体量词"道"替换，说成是"一道光"，这就应看作是个体量词的用法。尽管如此，由于"束"作为集体量词是其主要用法，而个体量词用法只是有条件的、偶尔使用的，所以我们也不把它们作为研究对象。这样，可以看作个体量词的有100个左右。吕叔湘的《现代汉语八百词》附录《名词、量词配合表》大致有个体量词110个左右。我们比较三种材料，除去上面53个常用量词，剩下的如果在以上三种材料中的两种中出现就算作次常用个体量词，然后我们又将这些个体量词输入北大语料库现代汉语分库加以验证，主要看其出现的频次、各种文献的覆盖情况等，这样我们又确定了52个次常用个体量词：笔、编、柄、册、乘、出、床、等、点、栋、堵、发、番、方、房、服、杆、竿、管、级、剂、截、局、具、列、领、缕、码、枚、起、首、艘、贴、挺（梃）、团、丸、尾、味、眼、样、员、则、盏、章、阵、帧、重、株、炷、幢、宗、尊。

据《词表》前言中编者的介绍，三千常用词在当时书报中的覆盖率为70%—80%，据此我们推测53个常用个体量词对于现代汉语的覆盖率应该可以达到80%以上，再加上52个次常用的个体量词，估计可以达到95%以上。也就是说，这105个个体量词基本可以代表现代汉语个体量词系统。

这105个个体量词，就现代汉语来说它们是处在同一个平面上的，但从汉语史的角度来看，它们是经历了两千多年累积的结果，可以分出不同的时代层次，对这105个个体量词的产生与发展的考察可以帮助我们了解汉语个体量词系统萌芽、发展和成熟的全过程。

第二章 个体量词通论

附表 现代汉语常用、次常用个体量词表

类 别	数量（个）	量词
常用个体量词	53	把、本、部、层、场、处、道、滴、顶、段、顿、朵、份、封、幅、个、根、股、果（颗）、家、架、间、件、节、句、卷、棵、口、块、类、粒、辆（两）、门、面、名、盘、匹、片、篇、扇、所、台、条、头、位、项、页（叶）、张、支、枝、只、种、座。
次常用个体量词	52	笔、编、柄、册、乘、出、床、等、点、栋、堵、发、番、方、房、服、杆、竿、管、级、剂、截、局、具、列、领、缕、码、枚、起、首、艘、贴、梃（挺）、团、丸、尾、味、眼、样、员、则、盏、章、阵、帧、重、株、炷、幢、宗、尊。

• 31 •

第三章　个体量词产生与发展的系统研究

第一节　先秦
——个体量词系统的萌芽期

先秦时期是汉语个体量词的萌芽期，个体量词的数量、使用频次、称量范围都很有限，但从殷商时期到西周直至春秋战国时期，个体量词系统还是体现了从无到有、从少到多的发展趋势，以下按"殷商"、"西周"、"春秋战国"三个时段加以描写。

一　殷商时期的量词

(一) 殷商时期量词研究概况

个体量词是整个量词系统的一个重要组成部分，要探索个体量词是否产生于殷商时期就应该对这个时期的量词系统作一个比较全面的考察，在此基础上才能清楚个体量词的发生情况。关于殷商时期的量词研究，以往学者作了不少工作，但各家所列量词数目不等。如：陈梦家列举了 5 个：朋、丙、卣、斗、人[1]。管燮初列举了 6 个：朋、卣、丰（玉之形，非丰收之丰）、丿、䀅、㲋[2]。黄载君列举 8 个：升、卣、朋、彳、丿、人、丙、丰[3]。

----

① 陈梦家：《殷墟卜辞综述》，科学出版社 1988 年版，第 94 页。
② 管燮初：《殷墟甲骨刻辞的语法研究》，中国社会科学院出版社 1953 年版，第 34—35 页。
③ 黄载君：《从甲文、金文量词的应用，考察汉语量词的起源与发展》，《中国语文》1964 年第 6 期。

张玉金列举了 9 个：卣、升、丙、朋、屯（纯）、）、骨、人、羌①。李曦列举了 10 个：人、丙、卣、升、朋、屯、）、奠、祟、羌②。杨逢彬称作"单位词"，列举了 6 个：朋、卣、丙、升、屯、〈③。综合各家意见，其中）就是"屯"字，凸就是"骨"字，〈与）当为一字之异体，故将它们合并为一，再去掉各家所重复的，共得 12 个量词：卣、升、朋、屯、）、丰、丙、人、羌、骨、奠、祟。下面我们根据用法的不同将其分为三组来讨论：第一组"拷贝量词"，有人、羌、骨、奠、祟；第二组"器物量词"和"集体量词"，有卣、升、屯、朋。第三组疑似个体量词的，有）、丰、丙。

（二）关于"拷贝量词"

所谓"拷贝量词"是指殷商卜辞和西周金文中出现的一种"N1＋数＋N2"的格式，它又可以细分为两种：一种是 N1、N2 为同一个名词，如"人十人"、"羌百羌"、"骨十骨"；另一种是 N1、N2 为不同名词，这种形式卜辞仅见"羌×人"的用法。关于 N2 的称呼贝罗贝引述 Hashimoto, m. 称作"回应量词"，而贝罗贝本人则称作"相应量词"④，杨焕典将这种量词称作"反响量词"⑤，李宇明称作"拷贝量词"⑥，为了叙述方便暂时称作"拷贝量词"。关于"拷贝量词"的性质，学术界历来争议很大，焦点是 N2 是名词还是量词的问题。大致有三种意见：一是名词说，如王力认为："原始的天然单位表示方法是在数词后面再加同样的一个名词。"⑦ 贝罗贝："我认为 N1 及 N2 位置的词如果被解释为名词——而不是'相应量词'——会比较恰当。"⑧ 潘允中将这类用法归入"以名词复用代替量词的，数在名中"。⑨ 二是量词说，陈梦家《殷墟卜辞综述》认为"'羌百

---

① 张玉金：《甲骨文语法学》，学林出版社 2001 年版，第 19—20 页。
② 李曦：《殷墟卜辞语法》，陕西师范大学出版社 2004 年版，第 273 页。
③ 杨逢彬：《殷墟甲骨刻辞词类研究》，花城出版社 2003 年版，第 172—177 页。
④ 以上称谓参见［法］贝罗贝《上古、中古汉语量词的历史发展》，《语言学论丛》1998 年第 21 辑。
⑤ 杨焕典：《纳西语中的数量词》，《民族语文》1983 年第 4 期。
⑥ 李宇明：《拷贝型量词及其在汉藏语系量词发展中的地位》，《中国语文》2000 年第 1 期。
⑦ 王力：《汉语史稿》，中华书局 1980 年版，第 236 页。
⑧ ［法］贝罗贝：《上古、中古汉语量词的历史发展》，《语言学论丛》1998 年第 21 辑。
⑨ 潘允中：《汉语语法史概要》，中州书画社 1982 年版，第 111 页。

羌'、'人十又六人'之例，单位词与数词前的名词是同名的。"① 同书 94 页又说："单位词即所谓量词。"黄载君认为："第一个人是名词，而数词后加'人'字就只能属于量词。"② 李宇明认为"羌十人"的"人"是通用量词。③ 三是词性不定说，如管燮初说："中心语是数词两端的两个人字，后面一个人字的词性已介乎名词和量词之间。"④ 李若晖列举甲骨文中的 7 个词，其中包括"人"，认为词性不定是殷代量词的特点⑤。以上各家研究大多停留在一种主观判断之上，并未展开详尽的论证，也有个别学者虽有所论证，但仅限于对"N1＋数＋N2"结构进行孤立的分析，未能从更宏观的角度进行考察，所以很难得出令人信服的结论。我们的研究全面考察了拷贝量词出现的语言环境，将其放到更宏观的句子结构中，紧密围绕语义表达来分析句子结构，避免断章取义和停留在显性意义上的简单分析，立足于用语言事实来论证，避免主观臆测和空泛之论，通过比较分析我们认为甲骨卜辞中的所谓"拷贝量词"也即 N2 都是名词性质，而非量词。

所谓"拷贝量词"这种语言现象在甲骨卜辞中有所运用，到了西周文献中尚有少量用法，西周以后文献中绝迹，让我们先从甲骨文的考察开始。甲骨文能进入"N1＋数＋N2"这个格式充当 N2 的有"人、羌、骨、奠、祟"，但由于"奠"、"祟"都是动词的用法，与个体量词的产生没有关系，所以暂不讨论，我们重点就"人"、"羌"、"骨"的用法作考察，就此我们全面检索了《殷墟甲骨刻辞类纂》⑥，试举几个有代表性的例子：

（1）甲辰，乞骨十骨。（合集 35211）

（2）丙卜翌甲寅酌于大甲羌百羌。（合集 32042）

（3）……昔甲辰，方征于𢽳，俘人十又五人，五日戊申，方亦征，俘人十又六人，六月在……（合集 137 反）

---

① 陈梦家：《殷墟卜辞综述》，中华书局 1988 年版，第 111 页。

② 黄载君：《从甲文、金文量词的应用，考察汉语量词的起源与发展》，《中国语文》1964 年第 6 期。

③ 李宇明：《拷贝型量词及其在汉藏语系量词发展中的地位》，《中国语文》2000 年第 1 期。

④ 管燮初：《殷墟甲骨刻辞的语法研究》，中国社会科学院出版社 1953 年版，第 34—35 页。

⑤ 李若晖：《殷代量词初探》，《古汉语研究》2000 年第 2 期。

⑥ 所收材料包括《甲骨文合集》、《小屯南地甲骨》、《英国所藏甲骨集》、《怀特氏等所藏甲骨文集》1915 片。

（4）……小臣墙比伐危美人二十人四……人五百七十[illegible]百……车二丙盾百八十三函五十矢……（合集 36481 正）

（5）癸卯宜于义京，羌三人，卯十牛，吉。（合集 390）

（6）[illegible]伐羌三人，卯牢，无尤。（合集 22569）

（7）……执羌十人……（合集 494）

按照后代语言习惯，很容易将以上句子中的“N1＋数＋N2”看作结构紧密且相对独立的语言单位，并且同后代产生的“名＋数＋量”结构相对应，将“N2”也相应地看作量词，其实“N1＋数＋N2”的结构并不紧凑，“N1＋数＋N2”二者并不在同一语法层面上，下面看我们进行分析和证明。

我们把考察范围扩大一下，就会发现“N1＋数＋N2”前面有的有动词有的没有动词，这就又可以分成两类：

结构 1：V＋N1＋数＋N2　　如“伐羌十人”

结构 2：非 V＋N1＋数＋N2　简作：N1＋数＋N2　如“羌十人”

《殷墟甲骨刻辞类纂》中，属于结构 1 的有 6 例，“V＋骨×骨”1 例，如例（1）；“V＋人×人”3 例，如例（3）；“V＋羌×人”2 例，如例（6）（7）；属于结构 2 的 23 例，其中“羌×羌”1 例，如例（2），“羌×人”22 例，如例（5）；总体上看结构 2 占多数。

下面我们先谈谈结构 1，在结构 1“V＋N1＋数＋N2”中，所有“N1＋数＋N2”前都出现动词谓语。例如“乞骨十骨”、“俘人十又六人”，当学者只就“N1＋数＋N2”结构本身讨论其性质，大多将“数＋N2”看作是“N1”后置修饰语，也有学者不认同这种观点，如太田臣夫就将“N1＋数＋N2”看作“复体词句”，涉及拷贝量词时，太田辰夫认为：“另一种是放在名词后面，把‘数词＋量词’像述语那样用，但仍然应该认为是复体词句。”[①] 太田先生的这些观点具有启发性，认为将“‘数词＋量词’像述语那样用”是对的，但局限在“N1＋数＋N2”本身仍然认为是复体词句就

① 关于“复体词句”，太田辰夫阐述道：“由两个以上的体词构成，缺乏述语的句子叫复体词句，实际上多为两个体词构成的，也可以叫‘两体词句’。”（参见［日］太田辰夫《中国语历史文法》，北京大学出版社 1987 年版。）

值得商榷了。下面让我们从更大的结构"V＋N1＋数＋N2"来讨论,"V＋N1＋数＋N2"在具体的语境中表达了怎样的意思,各成分间的语义关系如何,这将关系到"N1＋数＋N2"句法结构的切分和结构关系的认定。我们以"俘人十又六人"为例略作分析,"俘人十又六人"如何切分,大概有两种,一种是"俘/人十又六人",另一种是"俘人/十又六人",我们认为后者的切分更为合理,从表达上看,在战争胜利后清理战利品时,关注的焦点应该先是俘获了什么,然后是俘获了多少,从后者的切分看,是符合语境的,"俘人"回答俘获了什么,俘获了"人",也就是动作的对象,"十又六人"回答数量多少,显然这种切分方式更加符合语言临摹性原则,当然这只是理论上的猜测,还不能成为确定的结论,我们还需要从语言事实中寻找证据,证明这种切分的合理性。语言事实证明"N1＋数＋N2"结构并不紧密,有时在"N1"和"数＋N2"之间可以插入其他成分。如西周金文:

（8）a 其舍田三田。（裘卫盉）

b 易（赐）田于敖五十田,于早五十田。（敔簋）

例（8）a 与（8）b 对比,"舍"与"赐"都是动词,用法相同,意思相近,例（8）a 是典型结构 1,例（8）b 则在"赐田"与"五十田"之间插入介词结构"于敖",引入动作的接受者,可见"N1＋数＋N2"是比较松散的,可以支持我们将"N1"同"数词＋N2"分开。"易（赐）田于敖五十田"只能切分为"易（赐）田于敖/五十田",绝对不能切分为"易（赐）/田于敖五十田",这可以反证"其舍田三田"也应当切分为"其舍田/三田",所以"V＋N1＋数＋N2"应切分为"V＋N1/＋数＋N2"。那么,"V＋N1/＋数＋N2"的结构关系又将如何确定呢?我们认为"V＋N1"是动宾结构（VP）作谓语,"数＋N2"则是 VP 所带的宾语。动宾结构（VP）作谓语在语法功能上等同于光杆动词（V）。还以"俘人十又六人"为例,"俘人"（VP）是动宾结构作谓语,带数名结构"十又六人"作宾语。"俘人"（VP）的语法功能、作用等同于"俘"（V）。例如,《左传·宣公二年》:"宋师败绩,囚华元,获乐吕及甲车四百六十乘,俘二百五十人,馘百人。"比较"俘人十又六人"与"俘二百五十人","俘人"和"俘"所承载的信息量固然不同,但在句法结构中二者的功能无别,都是谓语。西周晚期金文卯簋盖："易（赐）女（汝）马十匹，牛十，易（赐）于亡一田，易（赐）于𡩋一田，易（赐）于队一田……"对比上例（8）b，谓语是"赐田"，在卯簋盖中谓语一律作"赐"，可证"赐田"的功能等同于"赐"，这样"V＋N1"即 VP 从功能上看等同于 V，从某种意义上说，可以将"V＋数＋N2"看作"V＋N1＋数＋N2"简化的格式。从历时的角度看，从"俘人×人"到"俘×人"，从"赐田×田"到"赐×田"二者也存在历时替换关系，前者在商、周时期还有用例，但春秋以后就很少能看到，逐渐为后者所取代。其中的原因可能是 N1、N2 相同时导致语义上重复，根据语言使用经济性原则，N1 作为冗余的部分被删除。就像"V＋数＋N2"中的 N2 没有人将其看作量词只能看作名词一样，"V＋N1／＋数＋N2"中的 N2 也不能看作量词，而应看作名词。"V＋N1＋数＋N2"中，"V＋N1"组成合成谓语，再带宾语"数＋N2"，这样看 N1 和 N2 并不在同一个语法层面上，所以也就很难说这是什么"相应量词"、"拷贝量词"。

现在我们再看看结构 2，结构 2 主要来自"羌×人"，而"羌×羌"仅 1 例，我们将二者合在一起考察，记作"羌×人（羌）"。关于"羌×人（羌）"大多数学者都认为第一个"羌"是名词，黄载君试图将第一个"羌"解为动词，举"御于河羌三十人"为例，他说："上举例子中固然有可能把'人'解释为名词，'羌'为动词，但甲文中还出现'俘人十㞢（又）六人'（菁 6），第一个人是名词，而数词后加'人'字就只能属于量词。"看来黄载君还是认识到了"羌"可以解释为动词，但由于"俘人十又六人"不好解释才放弃此说的①。我们认为"羌×人（羌）"中的第一个"羌"是名词活用为动词。"羌"在卜辞中有名、动两种用法，从例（2）我们还不能完全断定"羌百羌"的第一个"羌"一定是动词，但从例（5）中就可以得出结论，"癸卯宜于义京，羌三人，卯十牛，吉"。这是一条典型的祭祀卜辞，"宜"是个祭祀动词，祭祀地点是"义京"，用牲情况是"羌三人"、"卯三牛"。"卯"，王国维认为是用牲之名，《甲骨文字诂

---

① 参见黄载君《从甲文、金文量词的应用，考察汉语量词的起源与发展》，《中国语文》1964 年第 6 期。

林》编者按认为"刘"就是"卯"的孳乳字，读为"刘"，"刘，杀也"①。从句法看位置上"羌"与"卯"相应，"羌"，解为动词，是"杀羌"、"伐羌"之意，二者结构相同，句式严整，语气通畅。下面再举几个例子比较一下：

（9）甲寅卜，贞，翌乙卯，𣪊十牛，羌十人。用。（合集 339）

（10）丙申贞，酎彳伐大丁，羌五、岁五……（屯 739）

（11）……卯三羌……不。（合集 403）

（12）丙子贞丁丑侑父丁伐三十羌、岁三牢。兹用。（合集 32054）

（13）唯兹用十人又五，王受祐。（合集 27023）

（14）卯一牛，羌其三羌，六。（合集 739）

（15）伐其七十羌。（屯 2792）。

例（9）"𣪊"，饶宗颐（1959：280）读"击"，②"𣪊十牛"，即"击十牛"，与"羌十人"对举。例（10）"岁"同"刿"，"割也"，这里"羌五、岁（刿）五"并列，"羌"不解作动词不能通其义。在"羌×人（羌）"结构中，第一个"羌"的位置上有时也用"卯"、"伐"、"用"等动词，如例（11）至例（13），这也可以说明这里的"羌"同"卯"、"伐"、"用"等是相同性质的词，更能说明问题的是例（14）与（15），如"羌其三羌"、"伐其七十羌"，结构完全相同，足以说明"羌"也同"伐"一样用为动词。需要说明的是，卜辞中有"伐（用）羌×人（羌）"，这里的"伐"后的"羌"的确是名词，但不能证明结构 2 中的"羌×人（羌）"的第一个"羌"仍是名词而不是活用作动词，正因为结构 2 的前面不出现动词，"羌"才得以活用为动词，这只能说明"羌"有名、动两性，而且可以反证"羌"意义正等于"伐羌"、"用羌"。退一步讲，这里的"羌×人（羌）"中的第一个"羌"即使不是用为动词，也要认为"羌×人（羌）"的前面省略了"伐"、"卯"、"用"等表示杀伐意义的动词，这是卜辞的意义所限定的，这里的"羌×人（羌）"都不是表示存在，即"有多少羌、有多少人"的意思，而一定是"杀伐多少羌多少人"用来祭祀的意思，如果是省

略了动词，结构 2 就是结构 1 的省略式，同结构 1 一样，结构 2 中的 N2 也还是不能认为是量词，只能是名词。也就是说无论第一个"羌"是名词用为动词，还是前面省略了动词，后面的"数＋N2"结构都是动词或动词结构的宾语，N2 都只能是名词，而不是量词。

我们之所以认为 N2 是名词而非量词还有其他理由：第一，后代的名数量和数量名结构可以用在句子开头，作主语或主题，而"N1＋数＋N2"结构从来不出现在句子开头，不出现在主语或主题的位置，说明"N1＋数＋N2"还不是真正的名数量结构，也就是说 N2 尚不是量词；第二，以上结构中的 N2，为"羌"、"骨"、"田"、"牛"、"羊"等，后代从未出现过量词的用法，而单独将同类的"人"看作个体量词将无法作出合理的解释；第三，这种所谓的拷贝量词仅仅出现在殷商和西周时间，西周以后此类用法便消失了，说明这种用法具有明显的过渡性，与后代量词性质不同。

（三）器物量词和集体量词

关于"卣"、"升"、"朋"、"屯"，一般将"卣"看作器物量词这是没有疑义的。对"升"的看法则存在分歧，多数学者认为是度量单位量词，郭锡良[①]、张玉金[②]等看作器物量词，沈培认为甲骨文中不存在量词"升"，赞同陈梦家的意见，认为是"表示祭祀的场所"[③]。沈培的意见值得商榷，原卜辞作："其登新鬯二𢎨一卣于□"（合集 30973），关于𢎨有多种释法，王国维释"勺"，认为是挹鬯之勺。于省吾释为"必"，读为"鈚"，认为是一种容器。杨树达释为"升"[④]。诸位前辈虽然各自有自己的释法，但无不认为这里是指一种容器，这无疑是对的，而沈培根据陈梦家的说法，认为是"祭祀的场所"，在此处实在难以解释得通。𢎨字从字形上看释"升"较优，我们同意杨树达的意见释为"升"。那么，"升"到底是度量衡量词还是器物量词呢？我们认为是后者。从量词的发展看，度量衡单位量词在

①　郭锡良：《从单位名词到量词》，载《汉语史论集》，商务印书馆 2005 年版，第 34 页。
②　张玉金：《甲骨文语法学》，学林出版社 2001 年版，第 19 页。
③　沈培：《殷墟甲骨卜辞语序研究》，文津出版社 1991 年版。
④　于省吾主编：《甲骨文字诂林》，中华书局 1996 年版，第 3235—3241 页。

西周时期才产生，在秦汉时期逐渐多起来，并且度量单位量词都是成套使用的。如果甲骨文中出现了度量单位的量词，那么在数以万片的卜辞中不应只有"升"一个，何况诸家所举的例子也仅上述一例而已，所以"升"还是看作"器物量词"较好。

"朋"是专门用来称"贝"的，西周金文也常见，据王国维考证"古者五贝一系，二系一朋"①，此说可从。这样看来，"朋"则应理解为集体量词，这从古文字字形上也可以反映出来。"ᨏ"，当释"屯"，也应是集体量词，详见下文。

总之，"卣"、"升"是器物量词，"朋"、"屯"是集体量词。

（四）疑似个体量词

关于甲骨卜辞中是否有个体量词？各家的说法不一，王力、郭锡良、贝罗贝等持否定态度，也有学者持肯定态度，如黄载君、管燮初、李曦等。问题主要集中在〉、丰、丙三个词上，下面分别辨析：

〉

"〈"、"〉"、"ᨏ"在卜辞中配合使用。例如：

（1）古示十ᨏ又一〉。（合集 17581）

（2）古示十ᨏ又一〈。（合集 17579）

（3）ꜣ示四ᨏ又一卢……（合集 17628）

（4）ꜣ示四ᨏ又一卢亘。（合集 15734）

（5）妇良示十屯……六卢。（合集 17528）

黄载君认为"〈"、"〉"为个体量词，他说："从字形上看，'ᨏ'是像〈和〉合在一起，下端用物以束之，所以ᨏ必然是合二〈而成一对，其字很可能就是'对'字，至少用法和'对'一样是无可疑的。"又说："〉和卢都是表ᨏ的零余之数，但最多不过一，而ᨏ正是像合二〈〉而为一ᨏ。郭沫若院长早就根据这一点推定ᨏ必合二骨为一包，'〈'或'卢'都是它的一半，所以只能表示个体单位。"② 黄先生释ᨏ为"对"，仅仅是一家之说，

---

① 王国维：《观堂集林》，中华书局 1959 年版，第 160 页。

② 黄载君：《从甲文、金文量词的应用，考察汉语量词的起源与发展》，《中国语文》1964 年第 6 期。

连他本人都不自信，因为释"对"从字形上讲不通，古文字学界通行的看法是释"屯"①，但我们认为这里当读"纯"，《战国策·秦策》"锦绣千纯"，注："纯，束也。"一屯就是一纯也就是一束，这样"屯"就应该看作是集体量词。关于〉，黄先生认为〉是表示彡的"零余之数，但最多不过一"，进而肯定"只能是个体量词"，这是值得商榷的，从上面例（1）和例（2）比较可以知道"〈"、"〉"只是方向不同，一般认为是一个字的不同写法，这个争议不大。将例（1）（2）同例（3）（4）放在一起比较，可以知道"〈"、"〉"可以与"凸"互相替换，可知"〈"、"〉"与"凸"同指一种东西。凸诸家释"骨"没有疑义，"〈"、"〉"也应指"骨"，曾毅公说："凸，象卜骨正视形，〈象侧视之形。"② 是很有道理的，"十彡又一〉"的意思是十屯（纯）零一骨（是十束零一骨的意思）。"〈"、"〉"应当看作"骨"字的别写，"骨"始终用为名词，从未产生量词用法。有的学者举上面的例证认为"〉"为量词，认为"〉"后面省略了名词，此说可商，因为"〈"、"〉"后面从未出现过名词，也补不出什么名词，谈不上省略的问题，之所以后面没有，也补不出名词，这恰好证明"〈"、"〉"本身就是名词，而不是什么量词。

丰

丰，在甲骨文中有如下用法：

（6）庚午贞：秋大雋于帝五丰臣。（合集 34148）

（7）贞：其宁秋于帝五丰臣，于日告。（屯 930）

（8）其鼎用三丰犬羊□。（合集 30997）

关于"丰"的释读尚未形成统一意见，罗振玉、吴大澂释为"玉"，认为三玉为"丰"。郭沫若释为"芈"，读作"介"，用法同《泰誓》"一介臣"的"介"③。黄载君认为是称量"玉"的个体量词④。比较有影响的是郭沫若释"芈"读"介"说，但并不能令人信服。按：《说文》："芈，艸蔡也，

---

① 于省吾主编：《甲骨文字诂林》，中华书局 1996 年版，第 3313—3322 页。

② 同上书，第 3318 页。

③ 以上各家观点参见于省吾主编《甲骨文字诂林》，中华书局 1996 年版，第 3283 页。

④ 黄载君：《从甲文、金文量词的应用，考察汉语量词的起源与发展》，《中国语文》1964 年第 6 期。

像草生之散乱也，读若介。"于省吾驳许慎之说，认为"丯"从甲骨文的
𢆶、𢆶讹变而来，三个横向笔画都斜而弯曲，像用刀契符之形，为"契"
之本字，后来讹变为小篆之"丯"，三横虽不弯曲却仍作斜笔，但甲骨文
的"丰"，三横平直显然与小篆之"丯"作三斜笔不同，"丰"不当释
"丯"。退一步说，即使释"丯"是正确的，"丯"可以读为"介"，文献中
也有"一介臣"的说法，可是"一介臣"的"介"，仍然不能看作量词，
关于"一介臣"的用法，刘世儒认为"在甲骨文中，'陪伴词'这样前附
是不可能的"，"（介）还是认成形容词为是"①。我们比较认同刘世儒的观
点，"一介臣"的用法虽然见于先秦文献，但没有"二介臣"、"三介
臣"……的说法，"数词"只限于"一"，从这也能证明甲骨卜辞中所谓
"五介臣"的说法难以成立。黄载君认为"丰"是称量"玉"的个体量词，
这也值得商榷。黄文举出三条理由，简述如下：第一，认为"'珏'既表
两玉相合，'丰'只是它的一半，所以只能有一玉"；第二，认为金文乙亥
簋中"玉十丰"与守宫尊（按："尊"当是"盘"之误）之"𡧊朋"数量相
等，"𡧊是玉的一种"，"𡧊朋也是十玉"，就是玉五珏，由此推导出"丰"
为一玉；第三，玉在古代虽配备成对价值更高，但单用的更多，举卜辞
"王其又母戊一璧（璧），此受又（粹380）"，《穆天子传》"乃赐奔戎佩玉
一只"为证②，以上观点均难成立。关于第一点，认为"珏"为双玉，"丰"
为半珏，就是一玉。笔者认为即使黄文的论证不误也不能作出"丰"为个
体量词的判断，正如"珏"为"双玉"，词义中包含数的概念，但仍要看
作名词而不能看作量词一样，表示"一玉"的"丰"也同样要看作名词而
不能看作量词，更何况"丰"中并不包含数的概念。关于第二点，"玉十
丰"如何能等于"𡧊朋"？西周金文中"朋"是"贝"的专用量词，未见用
来称量玉类，将"𡧊"解释为一种"玉"是不恰当的，这里的"𡧊"当读
"赉"。"赉"，《说文》"赐也，从贝来声"。《周书》曰"赉尔矩鬯"。"𡧊
朋"，即赐贝一朋，西周金文习见。关于第三点，认为古代玉单用多于成
对使用也不符合事实，而且所举的两个例子均有问题。如"王其又母戊一

---

① 刘世儒：《魏晋南北朝量词研究》，中华书局1965年版，第86页。
② 黄载君：《从甲文、金文量词的应用，考察汉语量词的起源与发展》，《中国语文》1964年
第6期。

璧（璧），此受又（粹 380）"，此条出于《甲骨文合集》（27040），卜辞"一"下一字，作⿰妾卩，左从"妾"，右从"卩"，虽不能确释，但也不可能是"璧"字，更无法读为"璧"。所举的另一个例子是《穆天子传》中的"佩玉一隻"，"隻"则是"雙"字省写，同篇又有"载玉万隻"，《绎史》引作"载玉万雙"、《类说》引作"载玉万毂"，清代学者陈逢衡《穆天子传补正》认为："万隻之隻即古省雙字。"所以《穆天子传》"乃赐奔戎佩玉一隻"应作"乃赐奔戎佩玉一雙"。除去这两个有问题的例证，其结论就不攻自破了。综上所述，"丰"不可能是称量"玉"的个体量词。我们认为"丰"释"玉"是对的，但"玉"在卜辞一般写作"王"，三横不出头，而"丰"则是三横出头，这应是"玉"的异体，三横像玉片之状，竖笔像穿玉之绳，出头与否本无差别。在卜辞中有一个字作⿰丰 又作⿰王，用为地名，都从"玉"，一个作"丰"、一个作"王"，可见，中间竖笔穿过三横与否为同字，所以"丰"就是玉字的异体，卜辞中全部用为名词而不是什么个体量词，"玉"在后代也从未出现过任何量词用法，可资为证。

丙

"丙"在卜辞中有这样的用法：

（9）……癸未……方于……係……马二十丙又……一月在鼻卜。（合集 1098）

（10）……马五十丙……（合集 17459）

（11）……宁延马二丙辛巳雨以雹。（合集 21777）

（12）……小臣墙比伐危美人二十人四……人五百七十⿰百……车二丙盾百八十三函五十矢……（合集 36481 正）

《合集》中"丙"共 4 见，称量"马"3 见，称量"车"1 见。关于"丙"，大概有四种观点。第一，认为是"集体量词"，如王力认为："在殷墟卜辞中……还没有天然单位如'匹''张'等。"认为"丙"为集体量词，"若干马为丙"[①]。第二，认为无论称量"马"还是称量"车"都是个体量词，如黄载君认为车没有用集体量词的必要，"至少'车若干丙'必为表个体单位的量词"。又引例（9），认为："这是记俘获敌方的马匹，而

---

① 王力：《汉语史稿》，中华书局 1980 年版，第 236 页。

且'丙'还有零余之数，战争俘获本无一定，不可能成双或成驷，所以此处计马单位之'丙'也应该是表个体单位的量词。"① 第三，认为称量"马"是集体量词，而称量"车"则是个体量词。如张玉金："车一丙"就是车一辆，"马一丙"就是马两匹②。第四，认为是名词。贝罗贝："我认为'丙'应该是单位词（换句话说是一个名词），而不是量词。王力（1958）对'丙'的解释，即'若干马为丙'，不一定正确。大概 Djamouri（1988：85）的解释更合适：'一套有两匹马的车'。"③

第四种观点认为"丙"是名词，即"一套有两匹马的车"，这种观点虽然不失为一种解释，但无从证明，暂存不论。第二种观点认为无论称量"车"还是称量"马"都是个体量词，这种用法值得商榷，至少称量"马"的用法一定不是个体量词而是集体量词，例（9）"马二十丙又……"，"又"后面为残辞，一定是"马二十丙"的余数，这可以反证"丙"所表示的是大于一的单位——集体单位，不然怎么会有余数？所以，"丙"不可能是个体量词，此处称量"马"时应看作集体量词，这是确定无疑的。第三种观点将称量"马"和称量"车"的用法分开，认为称量"马一丙"就是"马两匹"，这是将"丙"看作集体量词，这是正确的，但是不是两匹还有待考定。而认为"车一丙"就是车一辆，这是把"丙"称量"车"当作个体量词理解了，这个意见看似很有道理，但仔细分析却仍有可疑之处，"丙"用来称"车"在卜辞中只见到 1 例（见上文例（12）），属于孤证，况且"车"前尚有残词，是否可以将"车"与"二丙"逗断在一起也是问题。加之，后世文献中也从未看到"丙"用为量词的例证，所以，这个例子当存疑为是，不宜当作个体量词的确证使用。

综合起来看，我们认为〉、丰不是个体量词而是名词，"丙"称"马"应是集体量词的用法，称"车"时才可能是个体量词的用法，但都找不到切实的证据，仅仅是一种推测，而且在卜辞中只见到 1 例，即上文例（4），这是个孤证，况且"车"前尚有残词，加上西周金文中"丙"作为量词也

---

① 黄载君：《从甲文、金文量词的应用，考察汉语量词的起源与发展》，《中国语文》1964 年第 6 期。

② 张玉金：《甲骨文语法学》，学林出版社 2001 年版，第 19 页。

③ ［法］贝罗贝：《上古、中古汉语量词的历史发展》，《语言学论丛》1998 年第 21 辑。

未见用例①，所以这个例子也不宜用为个体量词的确切证据来使用。

（五）小结

殷商时期是量词系统的萌芽期，能看到的量词只有两个器物量词"卣"、"升"，两个集体量词"朋"、"屯"。"丙"称量"马"时，是集体量词用法，"丙"称量"车"时，只有一个例子可供参证，加之这种用法也未在其后的西周文献中出现，是否是个体量词实难确定，所以至少从系统的角度来看，殷商时期个体量词尚未萌芽。

二 西周时期的个体量词②

（一）西周时期个体量词研究概况

关于西周时期的个体量词，黄载君认为两周金文中（主要是西周）有个体量词 13 个：人、夫、殳、匹、两、乘、枚、邑、田、铃、簋、镈、西③。赵鹏认为西周金文中有个体量词 14 个：乘、匹、两₁、两₂、钣、人、夫、伯、牛、羊、骍、职、封、叙④。马国权认为两周金文（主要是西周

---

① 黄载君在《从甲文、金文量词的应用，考察汉语量词的起源与发展》中引证一例，出自薛尚功《历代钟鼎彝器款识法帖》卷十之麦鼎（原题"季娟鼎"），摹文作"赐马丙"，释文作"赐马两"，摹文与释文有出路，不知孰是孰非，黄文所据是薛尚功的摹本，其中错讹、误摹不少，以此立论恐难令人信服，在西周金文中"马"多称"匹"，未见称"丙"的例子。我们怀疑薛氏将"两"误摹作"丙"，金文半个"两"就是"丙"可能原器不清或有残缺，只摹半边而致。

② 西周语料说明：出土材料主要用西周铜器铭文，采用华东师大中国文字与应用中心编《金文引得》（殷商西周卷）（广西教育出版社出版，2001年版），其中收录2001年以前公布和发表的铜器铭文5700多篇，其中只有少量是殷商时期的，多数是西周铜器，我们使用这部分资料时剔除了殷商部分，重要的例句核对铭文拓片。传世文献我们主要是采用《尚书》、《逸周书》、《诗经》、《周易》中部分属于西周的材料。《尚书》用28篇今文尚书，剔除25篇伪古文尚书。《逸周书》是一部"真赝相杂"的著作，其中很多出自春秋乃至秦汉人之手，但也有真正的西周文献，我们从杨宽的意见，将《世俘》、《商誓》、《皇门》、《尝麦》、《祭公》、《芮良夫》、《度邑》、《克殷》、《作雒》等9篇作为西周语料。《诗经》公认的西周文献有《周颂》《大雅》和《小雅》，其中《小雅》大部分是西周的，也可能存在少量春秋初期的作品，这里忽略不计暂将《小雅》全部也看作西周的材料。剔除《国风》和《鲁颂》、《商颂》等春秋时代的文献。《周易》我们采用卦辞、爻辞部分，剔出解释卦、爻辞的"十翼"部分。

③ 黄载君：《从甲文、金文量词的应用，考察汉语量词的起源与发展》，《中国语文》1964年第6期。

④ 赵鹏：《西周金文量词析论》，《北方论丛》2006年第2期。

的材料）共有个体量词 6 个：匹、两、乘、车、卣、铃①。达正岳认为
《尚书》中共有个体量词 8 个：人、匹、夫、介、品、言、语、重。② 诸家
所列的个体量词数量差别很大，主要是认定标准不同。以下这些用法都不
能看作个体量词，如"夫"、"伯"、"牛"、"羊"，它们出现在所谓"拷贝
量词"中，应是名词性质的，充其量也只能算是临时借用的量词。"车"、
"铃"、"簋"、"铃"、"錞"、"殳"、"言"、"语"等虽与数词组合但仍是名
词性。再如《尚书》中"一介臣"，"介"应视为形容词。"人"的词性是
名词还是量词一直是学界争论的问题，至今也没能很好地解决，至少在殷
商时期，"人"还是个名词。黄载君所举"枚"的例子是东周银器上的例
子，西周时期尚无用例。达正岳所举的"重"，见于《尚书·顾命》："越
玉五重陈宝、赤刀、大训、弘璧、琬琰在西序。"关于这句话异解很多，
伪孔传认为是指下文的"弘璧"、"琬琰"、"大玉"、"夷玉"、"天球"五种
玉。周秉钧认为："五重，五层也。"③ 王国维："重者非一玉之谓。"认为
是指两玉相配④。从上下文意来看，王国维的解释是对的，这里的"重"
不宜看作个体量词。关于"品"，本义为众多，《说文》："众庶也。"由此
引申出"物品"、"品类"义，如：保卣："乙卯，王命保及殷东国五侯，征
兄六品，蔑历保。"的"品"，虽与数词组合，但词义还相当实在，指的是
"物品"，还是名词性的。如：邢侯簋："赐臣三品：州人、重人、庸人。"
"赐臣三品"，后面列举"州人、重人、庸人"，可证"品"已经不是指具
体的事物，有了"种类"、"类别"的意思，具体指下面说的三种人（或三
个种族）。这种抽象的"种类"意义前面出现中心词的时候，就产生了量
词的用法。例如《尚书·禹贡》："厥贡惟金三品。""金三品"，孔传：
"金、银、铜也。"正义曰："'金'既总名，而云'三品'，黄金以下惟有
白银与铜耳，故为'金、银、铜也'。"可见"金三品"就是"金三种"。
尹姞鼎："先君蔑尹姞历，易（赐）玉五品、马三匹。""玉五品"也是指
"玉五种"，同"马三匹"连言，"匹"为量词无疑，"品"也应为量词。需

---

① 马国权：《两周铜器铭文数量词量词初探》，《古文字研究》1979 年第 1 辑，第 132 页。
② 达正岳：《上古汉语数量词研究》，硕士学位论文，西北师范大学，2004 年，第 36 页。
③ 周秉钧：《尚书易解》，岳麓书社 1982 年版，第 279 页。
④ 王国维：《观堂集林·陈宝说》，中华书局 1959 年版，第 67 页。

要说明的是"品"为表种类意义的量词，同一般的形状类个体量词不同，它的词汇意义一直很强。这种用法在中古时期逐渐被"种"、"件"等个体量词所取代，至于称量"官级"的用法，是随着曹魏时期"九品中正制"的推行而发展起来的，在六朝及以后盛行，但随着封建王朝的覆灭，"几品官"的说法也未能进入现代汉语。

我们认为西周时期真正的个体量词只有四个，它们是："两（辆）"、"匹"、"乘"、"品"，其中"品"未能保留到现代汉语。

（二）西周时期产生并保留到现代汉语的常用个体量词

两（辆）

两，在先秦时期有三种量词用法：一种是集体量词用法，如《诗经·齐风·南山》"葛屦五两"，是指鞋五双。一种是度量单位量词，如：九年卫鼎"舍矩姜帛三两"。"帛三两"，就是"帛三匹"。《说文》："匹，四丈也。"另一种是个体量词用法，称量"车"，后代作"辆"。例如：

（1）俘车卅两。（小盂鼎）

（2）武王戎车三百两。（《尚书·牧誓》）

"两"，作为个体量词之所以称"车"，以往学者如刘世儒[1]、潘允中[2]等都认为因车有两轮，故称"两"。后来据于省吾考证，"两"，像古代车上套马颈的双轭，而非两轮，因为车有双轭，故称"两"，此说可从[3]。汉代以前一般作"两"，后代多作"辆"。

匹

"匹"作为个体量词主要用于称量"马"。例如：

（1）用贲尔秬鬯一卣、彤弓一、彤矢百、卢弓一、卢矢百、马四匹。（《尚书·文侯之命》）

（2）赐贝卅朋马四匹。（𪹠簋）

（3）懋父赏御正马匹自王。（御正卫簋）

西周时期"匹"只能用来称量"马"，常用"名数量"格式，例（3）"马

---

① 刘世儒：《魏晋南北朝量词研究》，中华书局 1965 年版，第 5 页。

② 潘允中：《汉语语法史概要》，中州书画社 1982 年版，第 112 页。

③ 于省吾：《释"两"》，《古文字研究》1983 年第 10 辑，第 1—9 页。

匹"是"马一匹"的省略,其中数词限于"一",还不是量词词缀构形法。^① 到了汉代,称量范围有所扩大,可称"橐他"(即骆驼)、"驴"、"牛"等。例如:

(4) 以食长罗侯坖尉史官橐他一匹……(《疏勒河流域出土汉简》535)

(5) 驿骑驴一匹。(《敦煌汉简》MC.849)

(6) 牛一匹名黑。(凤凰山8号汉墓竹简86)

不过,称量"牛"、"驴"的用法并未保留到现代汉语,现代汉语主要用来称量"马",偶尔称量"骆驼"。

关于个体量词"匹"的来源,说法不一。段玉裁认为马牝牡相伴,合之谓匹,离之也称匹。段注:"凡言匹敌、匹耦者,皆于二端成两取意。凡言匹夫、匹妇于一两成匹取意,两而成匹,判合之理也,虽其半亦得云匹也。马称匹者,亦以一牝一牡离之而云匹,犹人言匹夫也。"蒋绍愚认为:"段玉裁的解释不一定完全恰当,但他说两个成对的叫匹,一对中的一个也叫匹,则是对的,这也是词义从不同的角度引申。"^② 董为光从词义相对待的关系中证明"一对称匹,其中之一也称匹",^③ 并认为马之所以称"匹"同"牝牡成匹"无关,而是因为古代驾车通常是"两服两骖",一般不单用,当单用时,"单个的离辕待驾之马可称为匹马"^④。这些说法中,董为光的说法较为合理,可以信从。

(三)西周时期产生并保留到现代汉语的次常用个体量词

乘

可以称量"车"、"马",称"马"是集体量词的用法,"一乘"为"四马",称"车"才是个体量词用法。例如:

---

① 西周金文中还有"匹马",如曶鼎"用匹马束丝",有的学者将"匹"看作个体量词,是值得商榷的。"匹马"不能看作是"一匹马"的省略,"匹马"与"束丝"对言,"匹"言其少,带有形容词色彩。

② 蒋绍愚:《从"反训"看古汉语词汇的研究》,载《汉语词汇语法史论文集》,商务印书馆2000年版,第123页。

③ 董为光:《量词义语义源流三则》,《中国语文》2003年第5期。

④ 早在六朝时期刘勰《文心雕龙·指瑕》就指出:"原夫古之正名,车两而马匹,匹两称目,以并耦为用。盖车贰佐乘,马俪骖服,服乘不只,故名号必双,名号一正,则虽单为匹矣。匹夫匹妇,亦配义矣。"刘勰很好地论述了"匹"本是指成双的事物,由于"服乘不只"故有"虽单为匹"的说法。

（1）公车千乘。（《诗经·鲁颂·閟宫》）

（2）龙旂十乘。（《诗经·商颂·玄鸟》）①

（3）俘戎车百乘一十又七乘。（多友鼎）

（4）俘车马五乘、大车二、羊百。（师同簋）

"乘"的来源，一般学者认为是从动词"乘车"义引申来的；另一种说法则认为是从"四马曰乘"引申而来，由一乘车所用的马数引申为称量四匹马所拉的车。我们认为后者的可能性更大，从西周金文的用法看，"乘"的称量对象多为"戎车"，而且西周金文中赏赐"马"时，最常见的是"四匹"，正是"一乘"的数量，所以很有可能在西周时期，只有四匹马所拉的车才称"乘"。

后代"乘"的称量范围也仅限于"车"、"舆"、"舟"、"船"、"轿"等可乘之物，不过称量"车"、"舆"的用法后代逐渐为"辆（两）"取代，称量"舟"、"船"的用法逐渐为"只"、"艘"取代，只有称量"轿"的用法延续下来。例如：

（5）贾蓉只得命人赶到关厢里雇了一乘小轿子，薛蟠坐了，一齐进城。（《红楼梦》第四十七回）

（6）妈坐了一乘红轿。（老舍《月牙儿》）

现在的语言中，"轿子"作为一种交通工具已经很少有人使用了，所以，连带个体量词"乘"的用法也很少见到，成了濒于消亡的量词。

三 春秋战国时期的个体量词②

（一）春秋战国时期个体量词研究概况

这个时期的量词研究成果很多，传世文献中，《左传》的量词最为丰

---

① "龙旂十乘"，王先谦《诗三家义集疏》引魏源说："明谓先代之后尚备车服乐器以祀其先王也。"由此看来这里的"乘"应该还是称量"车"的，确切地说应是指有旌旗的车，而不是称量"旂"的。

② 春秋战国时期所用语料说明：传世文献主要用《左传》、《国语》、《论语》、《周礼》、《仪礼》、《礼记》、《孟子》、《韩非子》、《荀子》等。关于出土材料主要用战国简帛，尤其是陪葬的遣册中量词比较丰富，而且这些遣册一般同墓葬的年代相同，时代比较明确，而且都是所谓的"同时材料"。楚简的材料主要用了"长台关"、"曾侯乙"、"包山"、"郭店"、"上搏1—6"、"新蔡"、"望山"、"五里牌"、"仰天湖"等九种战国楚简牍材料；秦简主要用《睡虎地秦墓竹简》。

富，关于《左传》个体量词的研究，杨晓敏认为有 7 个：人、乘、两、匹、品、张、编①。何乐士认为有 12 个：人、匹、乘、两、个、品、张、扎、言、章、编、枚②。出土文献中最为典型的材料是《睡虎地秦墓竹简》，曾仲珊则列举了 7 个：人、木、所、匹、乘、两（辆）、给③。吉仕梅认为有 13 个：口、所、合、封、匹、给、木、具、两、乘、人、等、级④。王建民则认为有 9 个：两₁、木、人、合、两₂、口、所、匹、封⑤。其他研究如李明晓考察了楚简中的量词，认为战国楚简有个体量词 19 个：倍、人、夫、两₁、两₂、乘、条、就、称、贞、真、儋、环、䯒、璧、元、匹、桨座（墙座）、铚⑥。杨晓敏考察了整个先秦汉语的量词，总结各家说法，认为常用个体量词有 24 个：人、乘、两、匹、夫、白、口、个、品、领、张、编、枚、本、脡、胏、只、丙、篇、重、层、等、级、侔⑦。

各家研究成果为我们的研究提供了很多方便和启发，但此类研究也存在着一些问题，有些还不是量词，如"夫"、"木"、"所"、"璧"、"环"等还是名词。"具"是集体量词，称量成套的东西，汉以后才发展出个体量词的用法。"层"的量词用法在这个时期并未成熟，"张"见于《左传》，先秦仅见一例，属于孤证，存在其他的解释（详见 3.2.1"张"）。"䯒（条）"、"儋"、"䯒"、"䯒"、"桨座（墙座）"、"铚"出现在战国简牍中，这些文字音形义尚未考定，利用声转、通假为说，皆难以确信。

排除这些不是个体量词的例子，我们认为春秋、战国时期新产个体量词有 12 个：个、枚、领、篇、章、等、级、封、重、挺（脡）、本、真。除了"真"没能流传到现代汉语⑧，其他 11 个都不同程度地保留到现代汉

---

① 杨晓敏：《〈左传〉中的量词》，《中国语言学报》1988 年第 3 期。

② 何乐士：《〈左传〉的数量词》，载《古汉语研究论文集》，商务印书馆 2000 年版，第 332 页。

③ 曾仲珊：《〈睡虎地秦墓竹简〉中的数词和量词》，《求索》1981 年第 2 期。

④ 吉仕梅：《〈睡虎地秦墓竹简〉量词考察》，《乐山师专学报》1996 年第 3 期。

⑤ 王建民：《〈睡虎地秦墓竹简量词〉研究》，《康定民族师范高等专科学校学报》2001 年第 3 期。

⑥ 李明晓：《战国楚简语法研究》，博士学位论文，中山大学，2006 年，第 189 页。

⑦ 杨晓敏：《先秦量词及其形成与演变》，载《王力先生纪念论文集》，商务印书馆 1990 年版，第 189 页。

⑧ "真"用来称量"甲"，《曾侯乙墓》124："一真吴甲"。因其没能流传下来，只列其目以备考，不作描写，此类未流传到现代汉语的用法下文都采用这一处理方法。

语，其中常用的 4 个：本、封、个、篇，次常用的 7 个：等、级、领、枚、挺、章、重。

（二）春秋战国时期新出并保留到现代汉语的常用个体量词

本

《说文》："本，木下曰本。"本义就是"根"，由本义引申出称量"有根的植物"，这类用法比较早，始见于战国晚期《荀子》一书。例如：

（1）今是土之生五谷也，人善治之，则亩数盆，一岁而再获之，然后瓜桃枣李，一本数以盆鼓。（《荀子·富国》）

杨倞《荀子》注："一本，一株也。"不过战国晚期应是萌芽期，这样的例子罕见，距离这个时代不远的汉代就比较多见了。例如：

（2）药用利庐一本、亭磨二分、付子一分、早荚一分……（《武威医简》71）

在称量有根的植物这个意义上，"本"与"根"存在着历时替换关系，"根"是六朝时期出现的，汉代未见用"根"者，六朝以后"根"逐渐占据优势取代"本"。现代汉语称量"书"的用法则另有来源，是由本义引申出"有所本"、"有所参照"义，再引申出称量"书"的用法，"一本书"的用法是从六朝时期开始的[1]，现代汉语"本"成为称量"书"的专用量词。

封

《字汇·寸部》："封，缄也。"量词的用法就是由动词"封缄"义引申而来的。秦汉时期人们通信用竹简，为了保密就用绳索将书简捆扎起来，在绳结儿处用泥丸封缄并加盖印章，就是所谓的"封检"。在汉简中，一般常常出现"一事一封"、"一事二封"、"一事集封"的情况。"一事一封"就是一个信件加一个封检，"集封"就是一个信件加盖多个封检。《汉书·平帝纪》描述了"集封"的情况，"有期会累封两端，端各两封，凡四封也，乘置驰传五封也，两端各一，中央一也"。这个例子说的是一封信（一事）加盖了五个封检（五封）。虽然信件可一事多封，但

---

① 详细例证可参考刘世儒《魏晋南北朝量词研究》，中华书局 1965 年版，第 96 页。

以"一事一封"为主，只有特殊情况才"一事二封"、"一事集封"，由"一事一封"就很自然引申出个体量词的用法。最早的用例见于《睡虎地秦墓竹简》：

（1）令吏徒将传及恒书一封诣令史。（《睡虎地秦墓竹简·封诊式》）

吉仕梅[①]、王建民[②]、魏德胜[③]等都曾征引此例作为证据，可以信从。先秦时期这种用法仅见此例，说明只是萌芽阶段，但在后来的汉代简牍中用例则有所增加。例如：

（2）凡书廿三封合檄一。（《居延新简》E. P. T51：416A）

（3）合檄二封，其一封□弘□诣府，一封□□□诣□。（《居延新简》E. P. T59：391）

（4）朱公不得已而遣长子，为一封书遗故所善庄生。（《史记·越王勾践世家》）

（5）书数百封，亲疏各有意。（《汉书·游侠传》）

例（2）"凡书廿三封合檄一"由"凡"可知这是在统计总数，统计的对象是"书"、"檄"，"书廿三封"不可能是一封信加盖"廿三"个封检，这只能是"廿三封"书信。例（5）"书数百封"，不可能是一封信加盖了一百个封检，这只能是个体量词的用法。例（3）"合檄二封，其一封□弘□诣府，一封□□□诣□"，如果只看"合檄二封"，这里的"封"似乎可以两解，可以解作量词，"二封"相对于今天的两封信，也可以将"封"解作"封检"，是"一封合檄加盖二个封检"，只有一封信，但从"其一封□弘□诣府，一封□□□诣□"可以分别寄到两个地方，说明这是两封信，不是一封加盖了两个封检的信，必是个体量词无疑。

个（箇、個）

《说文》："箇竹枚也。"《史记·货殖列传》："竹竿万个"，《索隐》："箇，个古今字。"《集韵·箇韵》："箇，或作个，通作個。"古代在记录量词用法上"个"、"箇"、"個"无别，今统一作"个"。

① 吉仕梅：《〈睡虎地秦墓竹简〉量词考察》，《乐山师专学报》1996 年第 3 期。

② 王建民：《〈睡虎地秦墓竹简〉量词研究》，《康定民族师范高等专科学校学报》2001 年第 3 期。

③ 魏德胜：《〈睡虎地秦墓竹简〉语法研究》，首都师范大学出版社 2000 年版，第 121 页。

　　关于个体量词"个"的来源，学者多认为来源于本义"竹枚"，可是"个"最早用于称量"竹竿"的用法见于《史记》"竹竿万个"①，而"个"的个体量词用法在先秦时期就产生了，而且称量范围相当广泛，这个事实说明个体量词"个"的用法不太可能是从称量"竹竿"义开始并由此扩展开的。我们认为个体量词"个"的用法是从计量事物的"标准"、"单位"义发展来的。《周礼·冬官·匠人》："庙门容大扃七个，闱门容小扃参个，路门不容乘车之五个，应门二彻参个。"② 句子的意思是说：庙门有七个"大扃"的宽度，闱门有三个"小扃"的宽度，路门不足五乘车的宽度，应门（正门）有二个车辙的宽度。这段是用"大扃"、"小扃"、"乘车"、"车辙"等不同参照物作为标准去计量物体的长度，参照物可以不同，但有一个参照物的长度就可以看作"一个"，所以"个"中含有"标准"、"单位"义，正是这种抽象意义的存在，使得"个"在进入"名数"或"数名"结构之初就不仅限于称量一种事物。例如：

　　（1）操十二石之弩，负服矢五十个，置戈其上。（《荀子·议兵》）

　　（2）故天下诸侯罢马以为币，缕綦以为奉，鹿皮四个。（《国语·齐语》）

　　（3）君亦不使一个，辱在寡人。（《春秋左传·昭公二十八年》）

　　（4）……二惠竞爽，犹可，又弱一个焉，姜其危哉！（《春秋左传·昭公三年》）

　　（5）程曰：八寸竹一个为尺五寸简三百六十六。今欲以此竹为尺六寸简，简当几何？（《张家山汉墓竹简·算数书·程竹》）

　　（6）程曰：一日伐竹六十个，一日为卢唐十五，一竹为三卢唐。欲令一人自伐竹，因为卢唐，一日为几何？（《张家山汉墓竹简·算数书·卢唐》）

　　关于例（1），贝罗贝认为"在这个例句里，'个'也可以有完整的词义'竹竿'"③。我们认为单从这个句子不能排除这种可能，但从"个"的

---

　　① 金福芬、陈国华认为："'个'《说文》释义为'竹'。在周秦时期，'个'只能用于数竹，渐渐扩大到记数所有的竹制品。"这种说法是想当然的，同语言事实不符。（参见《汉语量词的语法化》，《清华大学学报》2002年第1期。）

　　② "扃"是穿鼎二耳的横木，"大扃"是三尺，"小扃"是二尺，"乘车"的宽度是六尺六寸，"彻"同"辙"，"二彻"就是两辙之间的宽度，古辙宽八尺。

　　③ ［法］贝罗贝：《上古、中古汉语量词的历史发展》，《语言学论丛》1998年第21辑。

系统发展来看，在这个时期个体量词虽处在萌芽阶段，但"个"已经有了可观的用量，称量范围也较广泛，所以，再看作名词显然就不合适了。退一步，若说"矢五十个"有"竹竿"义，还勉强说得过去，例（2）《国语》中的"鹿皮四个"的"个"就不可能说有"竹竿"义了，韦昭注："个，枚也"，这已经不以称量细长物为限了，例（3）（4）可以用来称量"人"。杨伯峻："一个谓使者，一个又见于襄八年传，一个人也。"① 例（5）（6）出自《张家山汉墓竹简·算术书》，据整理者认为："《算术书》有的算题要早于西汉，是战国晚期或更早时形成的。"② "个"从一开始就具有"通用量词"的特点，之所以这样，可能同"个"来源于"单位"、"标准"的词义有关，"一个"原始的意思可能就是"一单位"、"一标准"，因为一般事物都可用这种笼统的"单位"和"标准"来称说，所以"个"从一开始产生就不仅限于称量一种事物，而是可以称量多种多样的事物。另一个通用型个体量词"枚"也来源于计量单位和标准，二者发展途径十分相似，可以互相印证。

篇

《说文》："篇，书也。"段注："书，箸也，箸于简牍者也，亦谓之篇，古曰篇，汉人亦曰卷。"朱骏声《说文通训定声》："篇，谓书于简策可编者也。"我们认为"篇"与"编"是同源词，古代书册用细绳将竹简编连在一起，一般按照内容将相对独立的部分编在一起就成"一篇"。"篇"是称量文章、书籍的单位。例如：

（1）昔正考父校商之名颂十二篇于周太师。（《国语·鲁语下》）

（2）昔者周公旦朝读书百篇。（《墨子·贵义》）

"篇"的用法始见于春秋战国，西周时期还没有用例③。作为量词"篇"既可以称首尾完整的诗文，也可以指整部著作中的一部分，古今用

---

① 杨伯峻：《春秋左传注》，中华书局1981年版，第1491页。

② 张家山二四七号汉墓竹简整理小组：《张家山汉墓竹简》，文物出版社2001年版，第249页。

③ 杨晓敏引用例句"伊尹作《太甲》三篇"，标记出处为《尚书·商书》，这样的话，个体量词"篇"的产生时代就要推到西周时期了，其实不然，这是《尚书》序中的文字，后来的编者将序文分成数段列于各篇前，很容易被误认为原文。关于《尚书》序，自司马迁以来的学者大都认为是孔子所作，应是春秋时期的文献。（参见《先秦量词及其形成与演变》，载《王力先生纪念论文集》，商务印书馆1990年版，第191页。）

法皆不出此范围。

（三）春秋战国时期新出并保留到现代汉语的次常用个体量词

等

《说文》："等，齐简也。"就是使竹简齐整之义。段注："凡物齐之，则高下历历可见，故曰等级。"这又引申为"等级"义，用为量词表示等级的单位。

（1）土阶三等。（《吕氏春秋·恃君览·召类》）

（2）小夫死，以上至大夫，其官级一等。（《商君书·境内》）

（3）使大夫告庆之礼，降于卿礼一等。（《春秋左氏传·成公二年》）

例（1）称量"台阶"，例（2）称量"官级"，例（3）称量"礼"。

级

《说文》："级，丝次第也。"由丝的优劣等差引申出"等级"义，春秋时期仅限于称"爵位"。例如：

（1）能得甲首一者，赏爵一级。（《商君书·境内》）

（2）乃益爵二级。（《韩非子·外储说上》）

（3）欲归爵二级以免亲父母为隶臣妾者一人。（《睡虎地秦墓竹简·秦律十八种》155）

汉代和六朝时期有所发展：

（4）秦败我，斩首八万级。（《史记·赵世家》）

（5）击右贤王，获首虏万五千级。（《史记·平准书》）

（6）今遣使者送金浮图三级，经一部，宝台一区，庶望玄鉴，照朕意焉。（《姚兴·遗僧朗书》见《全晋文》卷一百五十三）

例（4）用来称量"首级"，这是从"爵位"的用法转来的，《正字通·丝部》："级，首级，秦人斩人首多者进爵一级，因谓之首级。"例（5）是用来称量"首虏"，"首虏"分别指斩首和俘虏的人数，"俘虏"单用是不能称"级"的，这是受了"首"的影响才这样说的。例（6）称量"浮图（佛塔）"，这是称量有层级可言的实物，后代称量"有层级的实物"多用"层"，现代汉语中还有称量"台阶"等少量用法存在。另外，现代汉语还存在"一级士兵"、"一级战斗英雄"、"一级工资"等用法。

领

"领"的本义是"脖子",《说文》"项也",《诗经·卫风·硕人》:"肤如凝脂,领如蝤蛴"用的就是本义,由"脖子"义,相关引申为"衣领",《释名·释衣服》:"领,颈也,以壅颈也。亦言总领衣体为端首也。"《荀子·劝学》"若挈裘领"之"领"就是指衣领。所谓"提纲挈领",衣领是衣服的重要组成部分,用事物最为重要的部分去代替整个事物,就产生了个体量词的用法,这与"口"、"头"、"尾"等的来源相同,都是以部分代整体的"替代型"量词。在这个时代可以称量衣服、铠甲。例如:

(1) 衣裘三领,足以覆恶。(《墨子·节葬》)

(2) 太古薄葬,棺厚三寸,衣衾三领,葬田不妨田,故不掘也。(《荀子·正论》)

(3) 不用一领甲,不苦一士民。(《韩非子·初见秦》)

先秦时代只限于称量"有领"的衣物,汉代、六朝时期不以有领为限可以称量"被"、"裳"、"绢"、"席"等。例如:

(4) 高都里朱君衣绮被一领、襌衣二领、襌裳一领、素绢一领、绿袷一领、绫袍一领、红袍二领、复裳二领、襌襦二领、青袍二领、绿被一领、□襦一领、红襦一领、小缋三领、绵袍三领…… (江苏扬州胥浦 101 号汉墓竹简,见《散见简牍合辑》1096)

(5) 意取坐席一领空卷之。(《高僧传·译经》)

而在现代汉语中则有所萎缩,只用来称量"席子"。例如:

(6) 赵玉林媳妇赵大嫂子,送来一领炕席。(周立波《暴风骤雨》)

(7) 她坐在床上,一张高柱木床,并没挂帐子,铺一领草席。(张爱玲《连环套》)

枚

关于个体量词"枚"的产生年代现在还存在争议,诸位学者所用的材料基本相同,大家都引证《墨子·备城门》中的用例,认为最早。例如:

(1) 二步置连梃、长斧、长椎各一物,枪二十枚,周置二步中。……二步积石,石重中钧以上者五百枚。……二步积苣,大一围,长丈,二十枚。……五步积狗尸五百枚,狗尸长三尺。……十步积搏,人二围以上,长八尺者二十枚。(《墨子·备城门》)

但对于《墨子·备城门》这则材料时代的认定却存在很多分歧，王力将《墨子·备城门》及以后诸篇列为汉代文献，认为：“《墨子·备城门》以下诸篇非墨子所作，当系后人所伪托。”① 张万起同意王力的观点，但怀疑“枚”可能起源于西汉初期或者更早②。1972 年，山东临沂银雀山西汉墓葬出土了与《墨子·备城门》以下诸篇相关的文献，整理题为《守法守令十三篇》，墓葬的年代为西汉武帝时期。《守法守令十三篇》作为“后时材料”，其产生的时代一定早于汉武帝时期。据李学勤、秦彦仕、张国艳等一批学者论定《墨子·备城门》以下诸篇是战国时期的文献，这些意见是比较可信的③。另外在《左传》、《仰天湖楚简》和黄载君所举证的“东周银器”以及张家山汉简中都有用例可以作为证据：

（2）一枚韦之赿。（《仰天湖楚简》）

（3）中舍四枚。（东周银器《聚英》31）

（4）淬莞席丽其絮，长半寸者六枚。（《张家山汉墓竹简·奏谳书》167—168）

（5）有随发长二寸以上到尺者六枚。君复置炙前，令人道后扇，发蜇入炙中者二枚。（《张家山汉墓竹简·奏谳书》171—172）

（6）六月癸卯……婢債所有尺半荆券一枚，其齿类賈人券。（《张家山汉墓竹简·奏谳书》202）

例（2）（3），转引自黄载君④，例（4）（5）（6）见于《张家山汉墓竹简·奏谳书》，其中例（4）（5）前面有“御史书以二十七年二月”，整理者：“二十七年，秦始皇二十七年（公元前二二〇年）。”例（6）前面有“六月癸卯”，整理者：“六月癸卯，由篇尾‘六年八月丙子朔’可知，属秦王政六年（公元前二四一年）。”⑤ 这都应看作汉代以前的语料。

---

① 王力：《汉语语法史》，商务印书馆 1989 年版，第 27 页。

② 张万起：《量词“枚”的产生及其历史演变》，《中国语文》1998 年第 3 期。

③ 以上各位学者意见详参张国艳《假设连词“节”“即”使用情况研究——兼考〈墨子·备城门〉以下诸篇的成书时代》，《广西社会科学》2007 年第 1 期。

④ 例（2）黄载君引饶宗颐：“坟通枚……一枚殆即一枚。”（参见黄载君《从甲文、金文量词的应用考察，汉语量词的起源与发展》，《中国语文》1964 年第 6 期。）

⑤ 张家山二四七号汉墓竹简整理小组编：《张家山汉墓竹简（二四七号墓）》，文物出版社 2001 年版，第 223—229 页。

从系统表现来看，在紧随其后的西汉早期的《马王堆一号汉墓》遣策中，发现"枚"的用法已经非常活跃了，在西汉中、晚期的简牍中进一步"泛化"，几乎成了一个无所不能的通用型量词。我们考察了西汉中、晚期的简牍，"枚"可以称量"盘"、"杯"、"梳篦"、"锸"、"鞍"、"笔"等日常用具；可以称量"衣"、"布"、"帧"、"缯缇"、"带"、"巾"、"面衣"等衣物或丝织品；可以称量"矢"、"刀"、"斤"、"斧"、"剑"、"镞"、"王瓜"等兵器；可以称量"木"、"树"、"梗"、"枸"、"竹"、"棱"、"柱"、"简"、"券"、"札"、"板"、"辕"等植物及木制物体；可以称量"络"、"绳"、"索"、"编"、"弦"等细长而柔软的线状物；甚至可以称量"狗"、"鱼"、"虫"、"鸡"等动物。我们认为这种"泛化"是需要一个时间过程的，不太可能在西汉时期就突然爆发，变得如此强势，综合地看，"枚"的个体量词用法在先秦时期就已经产生了。

关于个体量词"枚"的来源，王力认为："'枚'字的本义是树干，引申为单位词，树一棵为一'枚'。"不过正如王力所说："但是，现存的古书中，没有树一棵为一枚的例子。"[①] 不但如此，其产生之初也不以称量"树干"类的细长之物为限，《墨子·备城门》中可以称"石"，石属于"块状物"，这说明"枚"在产生伊始就不限于一种"范畴"了，一开始就具有了通用量词潜质。这些都说明"枚"的来源不太可能是从称量"树"、"树干"开始扩展到其他事物的。刘世儒认为"枚"的量词用法是从本义"树干"引申出"计数的工具"——"筹码"，由"计数的工具"再引申出个体量词的用法，这个说法是有道理的。"枚"为"计数的工具"，如《书·大禹谟》"枚卜功臣"，孔疏："今人数物云一枚、两枚，则枚是筹之名也。"《周礼·冬官·轮人》也有类似的用法："十分寸之一谓之枚，部尊一枚，弓凿广四枚，凿上二枚，凿下四枚，凿深二寸有半，下直二枚，凿端一枚。"有的学者认为这里的"枚"是度量衡单位量词[②]，这是值得商榷的。"枚"如果用为度量衡单位量词为什么后世没有延续下来？度量衡单位往往是成系列的，一旦形成怎么会轻易消失？孙诒让《周礼正义》：

---

① 王力：《汉语语法史》，商务印书馆1989年版，第27页。

② 叶桂郴将这个例子看作度量衡单位量词。（参见《六十种曲和明代文献的量词》，博士学位论文，湖南师范大学，2005，第42页。）

“此枚即十釐之分，不云分而言枚者，经文它言分者，并取算术差分为义，此为实度，虑其淆掍。”孙诒让的解释说明了用“分”和用“枚”的差别，一种是“算术差分”，一种是“实度”，“实度”应是“用实物来度量”的意思，这说明“枚”还是指实物——计量的工具。这种“计量工具”很容易抽象出“单位”、“标准”义，正是因为原有的抽象的“单位”、“标准”义可以不受称量对象外形等方面的限制，才使得“枚”有可能成为通用型量词。“枚”的来源与“个”十分相似，可以互相参证，这也可以解释“个”和“枚”可以成为通用型量词而其他的量词不能的原因。

挺（脡、梃）

“挺”有“直”的意思，用为量词称量“直而长的条状物”，作为个体量词的用法早在先秦时期就有了。例如：

（1）荐脯五挺，横祭于其上。（《仪礼·乡饮酒礼》）

（2）其实栗不择，脯四脡，奠席在馔北。（《仪礼·士丧礼》）

（3）篚在西，馔笾豆，脯四脡，有乾肉。（《仪礼·士虞礼》）

例（3）郑玄注“古文‘脡’为‘挺’”，说明“挺”为“脡”的古文，二字通用。“挺”、“脡”有“直”义①，以上用法中“脡（挺）”进入“数名”和“名数”结构，已经从“直”义引申出了称量直而长的条状物的量词用法。以“脯四脡”为例，“脯”，《说文》“干肉也”，可以分析为［＋干肉］，“脡”为“干肉条”，可以分析为［＋干肉］［＋条状］，但当“脡”进入“数名”或“名数”结构时“脯”的［干肉］义素与“挺”［＋干肉］义素因重复而形成羡余，遵循经济原则，就会有一个义素被自动消解，受到消解的不可能是中心名词“脯”，只能是进入量词位置的“脡”，这样失去了［＋干肉］的“脡”只有一个义素［＋条状］，这正是量词所必备的义素。如果还将“脡”看作名词，“脯四脡”就要解释为“干肉四（条）干肉”，这显然是行不通的。在此后不久的西汉早期，“挺”的用法进一步得到发展。例如：

① 例（1）郑玄注：“挺犹膱也。”胡正翚正义：“挺、膱皆有直义。”《公羊传·昭公二十五年》：“高子执箪食，与四脡脯。”何休注：“曲曰朐，申曰脡。”

（4）独□长支（枝）者二廷（梃），黄芩（芩）二梃，甘草□廷（梃）……（《马王堆汉墓帛书（4）·五十二病方》17）

（5）以其汁煮胶一廷（梃）半为汁一参……（《马王堆汉墓帛书（4）·五十二病方》168）

这都是称量植物的，因为植物的枝干一般也是"直而长"的，这类用法后代逐渐为"根"、"条"等所取代，现代汉语仅保留"一挺机枪"的用法。记录这个量词的字形较多，可以用"廷"、"挺"、"脡"、"梃"，这不过是一个量词的不同书写形式而已，作为量词只有一个。

章

《说文》："乐竟为一章。"用来表示音乐的单位，一曲完了为一章，《诗》也是配有乐曲的，故而也可称章。例如：

（1）文子赋《采薇》之四章。（《左传·文公十三年》）

（2）而为赋《绿衣》之三章。（《国语·鲁语下》）

后代由诗及文，也可称"章"，例如：

（3）与男子和奸丧旁，致之不孝、劈（敖）悍之律二章……（《张家山汉墓竹简·奏谳书》187—188）

（4）允与立入，为献帝诵孝经一章。（《东观汉纪·王允传》）

（5）后感伤乱离，追怀悲愤，作诗二章。（《后汉书·列女传·董祀妻》）

（6）并报偈一章曰：……（《高僧传》卷六）

近代汉语中，"章"可以进入"数量名"结构，这更可以确定"章"的量词身份，例如：

（7）吾昨过蓬莱玉楼，因有一章诗曰：……（《太平广记·柳归舜》卷十八）

（8）挥毫便扫千章曲，一字不须更。（杨泽民《少年游》）

（9）潜赋一章词曰：……（《莺莺传》）

现代汉语也只限于称量"乐曲"、"文章"等，例如：

（10）用白马驮着一幅佛像和四十二章佛经，经过西域，回到了洛阳。（《中华上下五千年·东汉》）

重

《玉篇》："重，叠也。"《广韵·钟韵》："重，复也，叠也。"由"重叠"义，引申出量词用法，称量累层的事物，如：

（1）天子之席五重，诸侯之席三重，大夫再重。（《礼记·礼器》）

（2）君子贱野而羞瘠，故天子棺椁七重。（《荀子·礼论》）

（3）去麻服葛，葛带三重。（《礼记·间传》）

（4）杀十人，十重不义。（《墨子·非攻》）

例（1）称"席"，例（2）称"棺椁"，例（3）称"葛带"，这些都是具体的事物，例（4）"十重不义"用于称量抽象的事物。称量具体的事物时相当于"层"，后来被"层"取代。称量抽象事物的用法大致相当于"种"，现代汉语书面语中还有所保留，如"双重含义"、"一重障碍"、"多重负担"等，这样的用法一般是不用"种"来替代的。

（四）小结

关于个体量词最早出现的时代，黄载君[①]、管燮初[②]、李曦[③]等认为甲骨文中就有个体量词，但证据明显不足，难以确信。贝罗贝否定先秦有个体量词的用法，认为"真正的量词要到汉代早期才出现"[④]。他将先秦时期出现的个体量词都作了其他的解释，如认为"'两'很可能不是量词，因为它仍然有完整的词义：'由两匹马拉的车'"，认为"匹"还是"匹配"的意思，等等。贝罗贝的这些解释值得商榷。我们认为注重系统研究，这本身没有问题，但如果太执着于所构拟系统，而硬要将一些早期萌芽的语言现象寻求它解，就不能得出客观的结论。郭锡良在数量结构中认定个体量词，认为只有出现在"数量名"结构中的才是量词，在"名数量"结构中的就不认为是量词，并否认先秦时期个体量词可以进入"数量名"结构，将"个体量词"的产生推到魏晋时期[⑤]。郭先生的观点值得商榷，第一，汉语中有"马三匹"和"三匹马"的说法，但我们很难说"三匹马"的"匹"就是量词，而"马三匹"的"匹"不是量词。第二，"个体量词"

---

① 黄载君：《从甲文、金文量词的应用，考察汉语量词的起源与发展》，《中国语文》1964 年第 6 期。

② 管燮初：《殷墟甲骨刻辞的语法研究》，中国社会科学院出版社 1953 年版，第 34—35 页。

③ 李曦：《殷墟卜辞语法》，陕西师范大学出版社 2004 年版。

④ ［法］贝罗贝：《上古、中古汉语量词的历史发展》，《语言学论丛》1998 年第 21 辑。

⑤ 郭锡良：《从单位名词到量词》，载《汉语史论集》，商务印书馆 2005 年版，第 34—38 页。

可以进入"数量名"结构不是在魏晋时期也不是在汉代，早在先秦时期就可以进入"数量名"结构了。客观分析，个体量词在西周时期已经产生了，春秋战国时期又有了一些新的发展，但整体看，还是处于比较稚嫩的萌芽期。这主要表现在以下几个方面：

1. 个体量词数量少。殷商时期量词系统尚处于萌芽阶段，只有少量的器物量词和集体量词，少数"拷贝量词"要看作名词，最多也只能看作临时量词，只有"丙"称"车"疑似个体量词用法，但也仅是一个难以确信的孤证。可以说在殷商时期个体量词作为一个系统尚未形成。到了西周时期产生了"匹"、"乘"、"两（辆）"、"品"四个个体量词，除了"品"之外，其他三个都不同程度地保留到现代汉语，约占总数（105个）的3%。春秋战国时期新出了"个"、"枚"、"领"、"篇"、"章"、"等"、"级"、"重"、"封"、"本"、"脡"、"真"12个个体量词，除了"真"未能流传下来，其他11个都不同程度地保留到现代汉语，约占总数（105）的10%。总体看，先秦汉语共出现16个个体量词，有14个流传到现代汉语，约占总数（105）的13%（详见5.1）。

2. 使用的频次不高。我们统计了西周金文①、《诗经》、《尚书》、《左传》、《国语》、《墨子》、《荀子》、《睡虎地秦墓竹简》八种材料，个体量词出现的频次为：乘（69）、匹（32）、章（23）、两（辆）（15）、枚（10）、领（7）、重（6）、等（5）、个（5）、篇（5）、级（2）、层（1）。除了"乘"、"匹"、"章"、"两（辆）"较为常用，其余还很少见。

3. 称量范围不广。这个时期个体量词的称量范围仅限于"车马"、"衣服"、"文章"等事物，很多事物还不习惯用个体量词，通用型量词"枚"和"个"，虽然比其他量词的称量范围要广，但是同汉代的用法比较起来还很有限。

4. 搭配简单。先秦时期个体量词与名词的搭配还比较简单，"一量多名"和"一名多量"现象还比较少见，如"匹"限于称"马"，"领"限于称"衣服"，"章"、"篇"限于称"诗文"等。只有"车"可以用"两

---

① 华东师大中国文字与应用中心编：《金文引得》（殷商西周卷），广西教育出版社出版2001年版。

（辆）"、"乘"来称量，看上去像是"一名多量"，但实际上可能还是有差别的，"乘"可能还是特指四匹马所拉的车，而"两（辆）"当无此限制，这可能也是后代"两（辆）"取代"乘"的原因。

5. 虚化程度不高。先秦时期个体量词同原来的"名词"（少数动词）界限还不明显，其词汇意义还有所残留，"陪伴"性还不强[①]。这个时期的个体量词大多还是"种类量词"和"部分量词"，如"品"、"等"、"级"、"篇"、"章"、"重"、"层"等，它们属于个体量词家族中的非典型成员，其名词性还很强，摇摆于名、量之间。

6. 数量结构，以不用个体量词为常，以后置为常。从先秦时期的数量表达法来看，"数名"和"名数"之间不用个体量词的情况远远多于使用个体量词的情况，数量结构置于中心词之后的，远远多于置于中心词之前的。我们统计了《左传》、《孟子》、《韩非子》三部著作，不用个体量词的情况约占 88%，使用个体量词的情况约占 12%，数量结构后置的约占 96%，前置的约占 4%。

综合上述情况，我们认为汉语个体量词系统在西周时期已经萌芽了，并不像有些学者说的早到殷商时期或者晚到汉魏六朝。先秦时期个体量词虽然已经萌芽了，但其数量还不多，典型的更少，名词性还很强，使用频次有限，数名之间还不习惯使用个体量词，结构以后置为主，未见重叠用例等，这些都可以说明个体量词尚处在刚刚起步的萌芽期。

第二节 两汉、魏晋南北朝、隋唐五代
——个体量词系统的发展期

个体量词萌芽于先秦，两汉、魏晋南北朝和隋唐五代时期是个体量词的重要发展阶段，截至隋唐五代，无论从个体量词的数量、使用频次、语法特

---

① 刘世儒："陪伴词就是作用只在陪伴名物，不是核算分量的，这是虚量（或把这种量词叫做'范词'或也叫做'语尾·类别词'）。这是纯然的语法范畴，同实际称量的数量没有关系。例如'一条鱼'，这'条'就只在指明'鱼'的范畴意义（条状范畴），不用它也一样，实际的称量数目都不会受到影响。"（《魏晋南北朝量词研究》，中华书局 1965 年版，第 5 页。）

征等方面都趋于成熟了，但真正的成熟期还是在宋元时期，所以，我们将两汉、魏晋南北朝、隋唐五代看作个体量词系统发展的重要阶段。

一 两汉时期的个体量词①

（一）两汉时期个体量词研究概述

上承先秦，两汉时期的个体量词有了明显的发展，关于两汉时期量词的研究，黄盛璋的《两汉时代的量词》列举了各类量词 50 多个②，其中包括不少个体量词，材料丰富，考证翔实，较好地描写了汉代量词发展的基本情况，为汉代量词的断代研究提供了很好的参考，但限于历史条件，文章发表之后出土简牍材料没能收入其中，现在看来是一个缺憾。叶晓庆的《略论两汉时期的量词研究》是一篇通论性的文章，该文对汉代量词研究进行总结，其中列举了两汉时期个体量词 42 个③。专书研究方面，马芳认为《淮南子》中有个体量词 11 个④，李宗澈认为《史记》中有个体量词 47 个⑤，方琴认为《史记》中有个体量词 38 个⑥。在出土文献方面，陈练军认为居延汉简中有个体量词 35 个⑦，尹湾汉墓简牍中有个体量词 9 个⑧。

① 材料说明：传世文献主要用《史记》、《汉书》、《淮南子》、《论衡》等，由于两汉时期可靠的材料不多，故而补充了东汉所译佛经三十种，其中安世高译 18 部：《长阿含十报法经》、《佛说人本欲生经》、《一切流摄守因经》、《四谛经》、《是法非法经》、《佛说八正道经》、《转法轮》、《五阴譬喻经》、《佛说七处三观经》、《佛说九横经》、《普法义经》、《漏分布经》、《本相猗致经》、《阴持入经》、《佛说法受尘经》、《禅行法想经》、《道地经》、《大安般守意经》。支娄迦谶译 9 部：《阿閦佛国经》、《道行般若经》、《般舟三昧经》（两种）、《文殊师利问菩萨署经》、《佛说遗日摩尼宝经》、《佛说伅真陀罗所问如来三昧经》、《佛说阿闍世王经》、《大佛说内藏百宝经》。竺大力、康孟详译 1 部：《修行本起经》。昙果、康孟详译 1 部：《中本起经》。支曜译 1 部：《佛说成具光明定意经》。出土文献主要用居延汉简、居延新简、凤凰山汉简、萧家草场汉简、马王堆一号汉墓遗策、马王堆帛书之五十二病方、敦煌汉简、尹湾汉简、武威医简、悬泉汉简等十几种汉简，其中陪葬的遣策量词丰富、时代确定，是难得的好材料，马王堆汉墓出土的医书、武威医简中量词也很有特色，有些用法是其他材料里所见不到的。

② 黄盛璋：《两汉时代的量词》，《中国语文》1961 年第 8 期。

③ 叶晓庆：《略论两汉量词的研究》，硕士学位论文，吉林大学，2007 年。

④ 马芳：《〈淮南子〉中的量词》，《临沂师范学院学报》2002 年第 4 期。

⑤ 李宗澈：《〈史记〉量词研究》，博士学位论文，复旦大学，2004 年。

⑥ 方琴：《〈史记〉量词用法探析》，《嘉应学院学报》2005 年第 4 期。

⑦ 陈练军：《居延汉简量词研究》，硕士学位论文，西南师范大学，2003 年。

⑧ 陈练军：《〈尹湾汉墓简牍〉中的量词》，《周口师范学院学报》2003 年第 3 期。

武晓丽认为张家山汉简二年律令中有个体量词 10 个[①]。其他，有徐正考对汉代铜器铭文量词的研究[②]，张丽君对马王堆汉墓帛书五十二病方量词的研究[③]，魏德胜对敦煌汉简量词的研究[④]，陈近朱对居延新简量词的研究[⑤]，张俊之对秦汉简帛方剂文献量词的研究[⑥]，等等。这些研究成果为我们的研究提供了很好的参考。

总结各家的说法，根据我们的鉴定标准，两汉时期共新生个体量词 25 个，除了"区"、"事"、"合" 3 个没有保留到现代汉语[⑦]，其余 22 个都不同程度地流传到现代汉语，其中常用个体量词 14 个：处、层、间、件、节、卷、颗（果）、口、片、条、头、张、枝、种。次常用个体量词 8 个：编、发、剂、具、首、艘、所、丸。

（二）汉代新出且保留到现代汉语的常用个体量词

处

《广韵·御韵》："处，处所也。"由"处所"义引申出个体量词用法。例如：

（1）以田分予公文稻田二处桑田二处。（江苏扬州胥浦 101 号汉墓竹简 13—14）

（2）起水门提阙凡数十处。[⑧]（《汉书·循吏传》）

汉代只是萌芽期，用例很少，六朝和唐代渐渐多起来，主要用来称量"建筑"，例如：

---

① 武晓丽：《〈张家山汉简·二年律令〉中的量词》，《江西广播电视大学学报》2005 年第 3 期。

② 徐正考：《汉代铜器铭文中的数量词》，《烟台师范学院学报》1999 年第 1 期。

③ 张丽君：《〈五十二病方〉物量词举隅》，《古汉语研究》1998 年第 1 期。

④ 魏德胜：《〈敦煌汉简〉中的量词》，《古汉语研究》2000 年第 2 期。

⑤ 陈近朱：《〈居延新简〉中的物量词和称数法探析》，硕士学位论文，华东师范大学，2004 年。

⑥ 张俊之：《秦汉简帛方剂文献数量词研究》，硕士学位论文，四川师范大学，2004 年。

⑦ 区，可以称量建筑，相当于"所"。如《居延汉简》24.1B："宅一区，直三千。"但六朝以后逐渐为"所"、"座"取代。"事"，可以称量一般的器物，相当于"件"，如《居延新简》E.P.T40：205："右善剑四事、右币剑六事。"后代逐渐为"件"、"把"、"只"等代替。"合"，汉简中用来称量有盖的器物，取上下相合之意，这是指事物的整体说的，应归入个体量词，如《居延新简》E.P.T5：15："笥一合，小樽一合。"六朝以后渐被淘汰。

⑧ 提阙，就是堤堰，刘世儒曾举此例认为从汉代就从名词中分化出来了，但引文"提"误为"捉"。（《魏晋南北朝量词研究》，中华书局 1965 年版，第 155 页。）

（3）a 山下立祠数十处。（《搜神记》卷一）

b 天祠数十所，多露形外道也。（《大唐西域记》卷十）

（4）京城得有宅一处，近郊田。（《奏请限田宅》见《全晋文》卷一百四十五）

（5）至尊离宫百余处，千门万户不知曙。（费昶《行路难》见《玉台新咏》卷九）

（6）朱户千家室，丹楹百处楼。（李绅《过吴门二十四韵》）

（7）城中毁拆卅三处小寺，条流僧尼，一准敕文也。（《入唐求法巡礼行记》卷四）

"处"与"所"的用法相似，都可以称量建筑，对比例（3）a、b句。后代有了分工，"处"主要用来称量天然的场所，如现代汉语常说"一处风景"，"所"用来称量建筑，如现代汉语常说"一所房子"，二者不能替换。

层

《说文》："层，重屋也。"引申为"重叠"义，用为量词称量重叠、累积之物。

（1）百步一桄枞，起地高五丈，三层。（《墨子·备城门》）[1]

（2）九层之台，起于累土。（《老子》六十四章）

杨晓敏[2]认为例（1）是"个体量词"，这还值得商榷，这里"三层"的中心词可能是指上文的"桄枞"，不过中心词同"三层"间隔很远，未必在同一语法层面上，"三层"可以是独立的语义单位，不一定要看作"桄枞"的粘着成分，这里的"层"应该看作名词。例（2）"九层之台"，"九层"与"台"之间有"之"字，"之"相当于现代汉语的"的"，这说明"九层"和"台"结合得还不紧密，能否看作个体量词还成问题。汉代"层"出现在"名数量"和"数量名"结构中，这就应看作量词了，例如：

（3）鸿台百层，千云参差。（王粲《大暑赋》见《全后汉文》卷九十）

---

① 《汉语大词典》："樏樲，古代攻守通用之器。或云木弩。"

② 杨晓敏：《先秦量词及其形成与演变》，载《王力先生纪念论文集》，商务印书馆1990年版。

（4）今为宫室者，崇台数千层，长阶十百仞。（仲长统《昌言》下，见《全后汉文》卷八十九）

（5）公孙述造十层赤楼也。（《东观汉记》卷二十一）

称量具体事物的用法在中古时期有所发展。例如：

（6）上有二层楼，悬鼓击之以罢市。（《洛阳伽蓝记》卷二）

（7）简文皇帝于长干寺造七层塔。（《高僧传·兴福》）

在近代汉语中产生了一种称量抽象事物的用法。例如：

（8）此自是两层事。（《朱子语类》卷五十一）

（9）不见时费了一场思想，便见时也只添了一层思想。（《醒世恒言》卷三）

明代以前这种用法还不多见，清代就非常普遍了，常说"一层意思"、"一层道理"、"一层感触"、"一层怜爱"、"一层迷信"、"一层烦闷"等，这些用法在现代汉语中也还大体沿用。

间

《说文》："间，隙也。"由间隙义引申出"间隔"义，《广韵》："间，隔也。"个体量词的用法正是从"间隔"义引申出来的。关于个体量词"间"最早出现的时代，刘世儒举了一个汉碑的例子，认为"间"在汉代就是个体量词了，他说："在这以前虽然已出现（如《汉都君重修褒斜道碑》：'始作桥格（阁）六百二十三间'），但还没有用得如此广泛而常见。"① 到了魏晋南北朝时期用法增多。例如：

（1）殿正室十六间，东西储各一间，合十八间。（《宋书·礼志》）

（2）三间屋，得作百石豆。（《齐民要术》卷八）

（3）此殿有五间，自后崩后常闭。（《宋书·后妃传·文元袁黄后》）

"间"在魏晋南北朝时期可以称量小型的"室"、"屋"、"房"，也可以称量大型的"楼观"、"殿宇"等，不出建筑物这个范围。

件

《说文》："件，分也。"本义是指将物体分成几部分，其中每一部分都可以叫"件"。《正字通·人部》："件，俗号物数若干。"量词的用法正是

---

① 刘世儒：《魏晋南北朝量词研究》，中华书局 1965 年版，第 123 页。

从这个意义引申出来的。例如：

（1）七月十日使晏伐菱七百束，又从卒利亲贷平二件。（《居延新简》E. P. T40：6A）

（2）用羊韦八十三件。（《居延新简》E. P. T40：6B）

（3）羊韦五件，中舍囊一传完封。（《居延新简》E. P. T65：118）

例（1）称量"平"，"平"指"席子"①。例（2）（3）中的称量"韦"即"韦皮"。后世用于称量多个事物中的一个或者某个事物中的一部分。

节

《说文》："节，竹约也。"本指"竹节"，用为量词相当于"段"。例如：

（1）取桐本一节所。（《马王堆汉墓帛书（4）·五十二病方》365）

（2）竹缓节者一节。（《马王堆汉墓帛书（4）·养生方》114）

（3）与原过竹二节，莫通。（《史记·赵世家》）

例（1）的中心词是"桐本"，整理者："桐本，桐根。"例（2）（3）中心词是"竹"，这与"段"的用法相似。

卷

"卷"为"捲"的本字，将物体翻转起来为"卷"，"卷"的结果是使物体呈圆筒形，引申为量词，称量可以卷起来的呈圆筒形的物体。汉代既可以称量"书籍"，也可以称量卷挂起来的"布"。例如：

（1）☑□曰昌言變事自书所言一卷已覆而休言未滿半日。（《居延新简》E. P. T52：47）

（2）兼通孝经二卷。（《孟孝琚碑》）

现代汉语的"卷"成为称量书的专用量词。

颗（果）

《说文》："果，木实也。从木，像果形在木之上。"用为量词可以称量圆状和块状物。初见于西汉《马王堆汉墓帛书（4）·五十二病方》，主要可以称量"姜"、"乌喙"、"付子"等块状物，写作"果"。例如：

---

① 《荀子·正名》："目视黼黻而不知其状，轻暖平簟而体不知其安。"俞樾《诸子平议·荀子三》："平乃席名，故与簟并言。"《居延新简》E. P. T40：180："六尺平五"，"平"也是指"席子"，"六尺平五"意思是"六尺见方的席子有五个"。

（1）每朝啜禁二三果（颗），及服食之①。（《马王堆汉墓帛书（4）·杂疗方》）

（2）乌喙三果（颗）②。（安徽长天西汉墓出土简牍）

（3）付子卅果（颗）③。（《武威医简·引书·脉书》89甲）

（4）乾薑（薑）二果（颗），十沸。（《马王堆汉墓帛书（4）·五十二病方》249）

汉代可以称量"圆头状的物体"，如例（1）称量"禁"，例（2）（3）称量"付子"和"乌喙"，"付子"即"附子"，"乌喙"为"附子"的别称，这些都是圆头状的物体。还可以称量一般的块状物，如例（4）称量干姜。后代称量"块状物"的用法被"块"取代。

"果"后世写作"颗"，《说文》："颗，小头也，从页、果声。""颗"以"果"为声，二字音义并通。《颜氏家训·书证》："三辅决录云：'前队大夫范仲公，盐豉蒜果共一筒。''果'当作魏颗之'颗'。北土通呼物一块，改为一颗，蒜颗是俗间常语耳。"可证"果"、"颗"是同出一源的古今分化字。

口

口，《说文》："口，人所以言食也。"本指人和动物的器官，引申出量词的用法，用于称量"有口的生命体"，最初只能称量"人"，后来扩展为"动物"和"有口的器物"以及"有刃的器物"等。很多学者都认为"口"在先秦时期就已经是个体量词了，但那些用法都不可靠（详见5.5），确切的用例始见于汉代。例如：

（1）没校妻子皆为敦德还出妻计八九十口，宜遣吏将护续食。（《敦煌

---

① 《马王堆汉墓帛书》整理者："禁，即柰字，后世或写作榛。"（《马王堆汉墓帛书》（4），文物出版社1985年版，第128页。）柰，《说文》："果也。"《本草纲目·果·柰》："柰与林檎一类两种也，树实皆似林檎而大。"《汉语大词典》："林檎，亦作'林禽'。植物名。又名花红、沙果。落叶小乔木，叶卵形或椭圆形，花淡红色。果实卵形或近球形，黄绿色带微红，是常见的水果。亦特指此种植物的果实。"

② 2004年11月，安徽长天西汉墓出土的简牍中有量词"果（颗）"，其墓葬时代据发掘简报推定在西汉中期偏早。（参见长天市文物管理所、长天市博物馆《徽长天西汉墓发掘简报》，《文物》2006年第11期。）

③ 《本草纲目·草六·附子》："其母名曰乌头。初种为乌头，像乌之头也，附乌头而生者为附子，如子附母也。"

汉简》116)

（2）元封四年中，关东流民二百万口，无名数者四十万。（《史记·万石传》）

（3）余官弩二张，箭八十八枚，釜一口，磑二合。（《居延汉简释文合校》128.1)①

汉代不但可以称量家庭成员如例（1），还可以称量非家庭成员，如例（2），甚至还可以称量"有口的器物"，如例（3）。随着"口"称量范围的扩大，"口"的词义逐渐虚化，陪伴色彩也越来越浓厚，作为量词就可以居之不疑了。

片

《说文》："片，判木也。"从字形上看，正是半木之形，用为量词可以称量"片状"物，早期的例子见于东汉。例如：

（1）田家老母到市买数片饵，暑热行疲，顿息石人下，小瞑，遗一片饵，去，忽不自觉。（《风俗通义·怪神》）

（2）令军士人持二升糒，一半冰。（《汉书·李陵传》）

（3）令军士人持三升糒，一片冰。（《汉纪·前汉孝武皇帝纪》）

例（1）可以称量"饵"，晋代《抱朴子》"田家老母到市买数片饼以归"中"饵"作"饼"，可见称量对象是薄片状的。例（2）（3）称量"冰"，《汉书》中用"半"，当读为"片"，如淳注曰："半，读曰片。"师古注曰："半，读曰判。判，大片也。"略晚于《汉书》的《汉纪》引作"片"。后世以称"薄片"状的物体为主。

条

《说文》："条，小枝也。"用为量词可称量"细长"之物。又由"枝条"义引申出"条理"义，故可称有条理的、分条目的事物。前一种用法汉代可称"札"、"绳"、"纮"，后一种汉代可称"法"、"罪"（详见4.2）。例如：

（1）▨□□其案凡十一条札▨。（《居延汉简释文合校》227.1）

（2）条属者通取一条绳，若布内武，垂下为缨。（郑玄注《礼记·杂记》）

---

① 此例为吉仕梅所引。（《汉代简帛量词新论》，《四川大学学报》2004 年第 4 期。）

· 70 ·

（3）纮一条，属两端。（郑玄注《仪礼·丧服》）（"纮"古代冠冕上的带子）

（4）又增法五十条，犯者徙之西海。（《汉书·王莽传》）

（5）罪二千五百条，上附下附，刑五而已。（郑玄注《周礼·秋官司寇》）

头

《说文》："頭，首也，从页，豆声。"简体作"头"，《辞源》："人体最上部分或动物身体的最前部分。"由此引申出量词用法，最早见于汉代，主要是称量"有头的动物"（详见 4.3）。例如：

（1）唯桥姚已致马千匹，牛倍之，羊万头，粟以万钟计。（《史记·货殖列传》）

（2）马一匹八□佗一头□□。（《敦煌汉简》429）[①]

（3）……出牛一头黄特齿八岁……出一头齿五岁……（《居延新简》E. P. F22：22）

（4）作明镜，宜公卿家右（有）马千头羊万……（《汉代镜铭集录·建安二十四年神兽镜》B—586）

（5）粟君借恩为就载鱼五千头。（《居延新简》E. P. F22：6）

（6）叩头谢滕卿买鹰一头。（《敦煌汉简》849）

它在汉代可以称量"羊"、"牛"、"橐驼"、"鱼"、"鹰"等，甚至可以称"马"，如例（4）[②]。后代"头"的用法萎缩，很多用法为"尾"、"口"、"只"、"条"等个体量词所取代，现代汉语只有称量"牛"、"驴"、"象"等大型动物还使用"头"。

张

《说文》："张，施弓弦也。"本义是把弓张开，《诗经·小雅·吉日》："既张我弓，既挟我矢。"用的正是本义。由此引申出量词用法，汉代可以

---

① 据魏德胜认为："此例'佗'前缺字疑为'橐'，'橐佗'，即骆驼。"其说可从。（《〈敦煌汉简〉中的量词》，《古汉语研究》2000 年第 2 期。）

② 叶桂郴认为："我们考察历代的 80 多种文献中，马用'头'称量只是在和其他动物一起时才可能出现……还没有发现用'头'单独称量马的例子。"（参见《量词"头"的历时考察及其他称量动物的量词》，《古汉语研究》2004 年第 4 期。）这个说法太绝对了，除上面例（4）以外，《全后汉文·卷三十四》："牧师诸苑三十六所，分置西北边，分养马三十头。"六朝佛经《文殊师利问经》："杀马四千头。"皆可以为证。

称量"弓"、"弩"、"琴"等可张之物。例如：

(1) 弩一张力十二石。（《居延新简》E. P. F22：748A）

(2) 承五月余官弩二张、箭八十八枚、釜一口、磑二合，今余官弩二张、箭八十八枚、釜一口磑二合，赤弩一张力四石。（《居延汉简释文合校》128.1）

(3) 赐以冠带衣裳、黄金玺戾绶、玉具剑、佩刀、弓一张、矢四发……（《汉书·匈奴传》）

(4) 素琴一张，常所自弹也。（秦嘉《重报妻书》）

以上这些都属于"撑张"类的，称量"有平面"的事物要晚到六朝时期（详见 4.4）。

枝

《说文》："枝，木别生枝也。"用为个体量词是从称量有枝条的植物开始的①，例如：

(1) 越使诸发执一枝梅遗梁王，梁王之臣曰"韩子"，顾谓左右曰："恶有以一枝梅，以遗列国之君者乎？请为二三日惭之。"（《说苑》卷十二）

(2) 谨遣五官孙艾贡茯苓十斤，紫芝六枝，鹿茸五斤，五味一斗，计吏发行，辄复表贡。（应劭《贡药物表》见《全后汉文》卷三十三）

由此扩展，东汉已经不限于称量有枝条的植物，还可以称量一般的条状物，如：

(3) 且观其时谢节移，和族绥宗，招欢合好，肃戒友朋，龙烛九枝，逸稻寿阳。（刘桢《鲁都赋》）

"枝"在汉代用例不多，还处在萌芽阶段，六朝以及六朝以后则用例增多，例如：

(4) 书刀五枚，琉璃笔一枝，所希闻。（陆云《与兄平原书》见《全晋文》卷一百二十）

(5) 威仪有鼓角金钲，弓箭一具，戟二枝。（《洛阳伽蓝记》卷五）

---

① 黄盛璋举《居延汉简》"所作笔一枝"。（见《两汉时代的量词》，《中国语文》1961 年第 8 期。）此例值得商榷，按："笔一枝"当作"笔一枚"，"枝"乃"枚"之误，称量"笔"的用法汉代还未产生。

种

种，本义是"种子"。《诗经·大雅·生民》"诞降嘉种"正用本义，由"种子"义引申出"种类"义，再引申为量词用法。在东汉译经中，其用法较为活跃。例如：

（1）大凡书，六略三十八种，五百九十六家，万二千二百六十九卷。（《汉书·艺文志》）

（2）若其澡浴，八种香汁。（《中本起经》卷上）

（3）八十种虫生身中，二种发根生，三种着头……（《道地经》卷五）

（4）若有菩萨有三种事，向三昧门。（《道行般若经》卷六）

"种"既可以称量具体的事物，如例（2）称量"香汁"，例（3）称量"虫子"，也可以称量许多抽象事物，如例（4）称量"事"，在六朝译经中还有"五种意计"、"八十种好"、"十种力"、"五种亲属"、"二十种行"等说法。刘世儒[1]认为南北朝时期已经与现代汉语相差无几了，其实在东汉时期就已经与现代汉语用法差不多了。

（三）汉代新出且保留到现代汉语的次常用个体量词

发

《说文》："发，射发也。"《诗经·召南·驺虞》"一发五豝"，朱熹《诗集传》："发矢也。"这说明"发"还是动词用法，由"射发"引申出称量可射发之物，这就引申出了量词的用法。例如：

（1）赐以冠带衣裳……弓一张、矢四发、戟十、安车一乘。（《汉书·匈奴传》）

（2）弓一、柂二、缴四楛楛十发，治缴具一囊。（广西贵县罗泊湾1号汉墓简牍161）

个体量词"发"起于何时，现在还没有很好地解决，刘世儒引用上面例（1），认为汉代"发"还没有个体量词用法，还是集体量词，一发就是十二矢或者四矢[2]。我们认为刘世儒的解释是值得商榷的，认为"一发"

---

① 刘世儒：《魏晋南北朝量词研究》，中华书局1965年版，第142页。

② 同上书，第203页。

为十二矢，是根据《汉书·匈奴传》服虔和韦昭的注，服虔注："发，十二矢也。"韦昭注："射礼三而止，每射四矢，故以十二为一发。"另一种看法是以"一发"为四矢，这是根据《后汉书·南匈奴传》李贤注："今齎……矢四发，遣遗单于。"李贤注："发，四矢曰发。"若按刘世儒所说"一发十二矢"，上面例（1）"矢四发"就是"四十八支箭"，若依"一发四矢"之说，"矢四发"就是"十六支箭"，这显然都与古礼不符。古代射礼可供发射的箭只有四只，也就是"乘矢"，《仪礼·乡射礼》："取弓于阶西，兼挟乘矢。"郑玄注："乘矢，四矢也。"又《仪礼·乡射礼》："搢三而挟一个"都可证古射礼用"四支箭"，射礼中"箭"的用法是四只箭反复使用三次，而不是十二支箭，每支射发一次，这可在《诗经》中找到证据，《毛诗·齐风·嗟猗》："四矢反兮，以御乱兮！"毛传："四矢，乘矢。"郑玄笺云："反，复也。礼射三而止。每射四矢，皆得其故处，此之谓复射。必四矢者，象其能御四方之乱也。"更有力的证据是在古代史书中描绘射礼的情景，如《新唐书·礼乐志》："在北弓一、矢四次之。"《宋史》、《资治通鉴》引文与此同，《通典·礼》："在北弓一张、矢四只次之。"《通典》明言"矢四只"，这都说明古代射礼是用四只箭的。联系到《汉书·匈奴传》就可以知道所赠的"弓一张，矢四发"不正是射礼的用具吗？汉王赐"弓一张，矢四发"是为了使匈奴"通礼"，这也是作为礼器赠送的，这里的"矢四发"就应是"矢四只（支）"。颜师古注这一句的时候，先引用了服虔和韦昭的注释，但并没有从二家之说，颜注："发，犹言箭一放两放也。今则以一矢为一放也。"这种说法大体是对的，这些都可证"矢四发"是指四只箭，"发"当看作个体量词。例（2）"稻"通"䈚"，《玉篇》："䈚，函也。"这些都是在物品清单中出现的例子，与射礼不相干，更不可能是集体量词。现代汉语成为称量"子弹"的专用量词，这与称量"箭"的道理是一样的。

编

《说文》："编，次简也。"段注："以丝次第竹简而排列之曰编。"就是编连、编排的意思，秦汉时的书籍以竹简为之，须用绳子编连，故可以称量书籍，相当于"篇"。

（1）守御器簿一编敢言之。（《敦煌汉简》665）

（2）元康四年九月乙酉朔壬寅，兵名籍一编敢言之。（《居延新简》E. P. T59：547）

（3）有顷，父亦来，喜曰："当如是。"出一编书，曰：……（《史记·留侯世家》）

现代汉语书面语中，称量文章时还有"第多少编"的说法存留。

剂（齐）

《说文》："剂，齐也。""剂"的量词用法由"调剂"义引申而来的，两汉用"齐"字，后代分化为"剂"。例如：

（1）即饮以消石一齐。（《史记·扁鹊仓公列传》）

（2）一，取犁（藜）卢二齐，乌豙（喙）一齐，礜一齐，屈居（据）□齐，芫华（花）一齐，并和以车故脂，如□□□。（《马王堆汉墓帛书（4）·五十二病方》413）

（3）☑六日病伤脏药十齐☑。（《居延新简》E. P. T9：3）

现代汉语书面语中还有"一剂药"的说法。

具

《说文》："具，共置也，从廾从贝省。"《说文》所说的是字形义，"从贝"，"贝"古文字作鼎，"从廾"像双手举食器之形。结合文献，"具"的本义是"准备"、"置办"，由此发展出集体量词用法，用于称量成套的、配备具足的事物。在认知上将配套的事物看作一个整体时，就产生了个体量词的用法。量词的用法早在商周时期就有了，但这还不是个体量词的用法。例如：

（1）王易（赐）驭八贝一具，用作父已宝尊彝。（《驭卣》）

（2）函皇父作琱娟般（盘）盉尊器鼎簋一具。（《函皇父盘》）

例（1）驭卣属商代晚期器，按照惯例八当为地名，"八贝"即是八地之贝，商周赏赐铭文中，"贝"以"朋"为单位，"朋"是"集体量词"，这里的"具"很可能也是集体量词，还不大可能是个体量词的用法，因为在商周铜器铭文中未见到赏赐单个"贝"的。例（2）函皇父盘属于西周晚期器，马承源认为："具，全也，指全套。"也是集体量词的用法。直至汉代称量范围开始扩大，用例明显增多，但仍然以集体量词为主。例如：

（3）疏比一具。（湖南长沙马王堆1号汉墓遣策236）

（4）博、筭、罴、梮、博席一具、博橐一。（凤凰山8号汉墓遣策165）

（5）簪权各二、珥一具。（《敦煌汉简》681）

例（3）"疏比一具"，就是梳、箆一套。例（4）指"博具"一套，一套包括"博"、"筭"、"罴"、"梮"、"博席"①。例（5）也应看作集体量词，《说文》："珥，瑱也"，《玉篇》："珥，珠在耳。""珥"是古代充耳之玉，一般是成对的，大概相当于"一副"。随着称量范围的扩大，有些用法就很难再看作集体量词了。例如：

（6）轮一具，桭柔福七辋撊一折……（《居延新简》E. P. T51：251）

（7）☑车牛一两，弓一具，矢八十二枚。（《居延汉简》334·30）

（8）旃席千具。（《史记·货殖列传》）

例（6）至例（8），分别称量轮、弓和旃席，这些事物都没有用集体量词的必要。例（1）大意是说一个轮子有七根车辐条，不可能是"一套"轮子有七根车辐条。例（2）如果单说"弓一具"，还可能是包括"箭"在内的一套弓箭，但后面又说"矢八十二枚"，可知"弓一具"是不包括"矢"在内的，而且"枚"、"具"连用，"具"也应看作个体量词。由于"具"既有个体量词用法又有集体量词用法，这就很容易造成歧义，所以后代集体量词的用法逐渐为"套"、"副"、"组"等集体量词取代，个体量词的用法还有像"一具尸体"、"一具棺材"的少量用法在现代汉语书面语中使用。

首

《说文》："首，头也。"引申出"端绪"义，汉代可以称文章。例如：

（1）蒯通者，善为长短说，论战国之权变，为八十一首。（《史记·田儋列传》

（2）通论战国时说士权变，亦自序其说，凡八十一首，号曰《隽永》。（《汉书·蒯通传》）

汉代可以称量文章，因为文章是有头尾可说的，六朝时期产生了称量诗歌的用法，如《宋书·谢方明传》："赠以五言诗十余首。""首"，称量

---

① 金立认为："博即簿字。《说文·竹部》'簿，局戏也，六箸十二棋也'。筭即算字。算筹也叫箸。疑为萋字异体，与棋字通。镜奁中有十二枚骨质棋子，六白六黑。梮指博盘，是一方形木板，漆已剥落。算筹六根。博席、博橐不见。"（《江陵凤凰山八号汉墓竹简试释》，《文物》1976年第6期。）

"诗歌"成为现代汉语的主要用法。在六朝及以后的文献中还产生了这样的用法：

（3）陈桃根又表上织成罗又锦被各二百首。（《陈书·宣帝纪》）

（4）门外竖一首幢幡。（《西游记》第四十七回）

例（3）（4）称量"锦被"、"幢幡"，不过，这些用法都未能流传到现代汉语。

艘

《广韵·萧韵》："艘，船总名也。"东汉时期成为称量"船"的专用量词，虽不常用但已经出现了量词用法。例如：

（1）死士八千人，戈船三百艘。（《吴越春秋·勾践伐吴外传》）

（2）大船万艘，转漕相遇。（杜笃《论都赋》）

现代汉语"艘"成为称量"船"的专用量词。

所

《玉篇·斤部》："所，处所也。"量词的用法正是从"处所"义转来的，《睡虎地秦墓竹简》中有这样的用法："其腹有久故瘕二所（封诊式157）。"曾仲珊①、吉仕梅②、魏德胜③，都将此类用法看作量词，我们认为这里"所"的词汇意义还比较明显，"一处"仍是"一个地方"的意思，还应看作名词。到汉代就不同了，除了大量的称量"伤口"的用法以外，还出现了称量建筑的用法。例如：

（1）☐塞隧一所☐。（《居延新简》E. P. T52：659）

（2）吞远隧仓一所卒八十六人。（《居延新简》E. P. T58：81）

（3）驿一所、马二匹，勒各一。（《居延汉简释文合校》18.18）

（4）合肩水成亭二所，下广二丈八尺。（《居延汉简释文合校》54.23B）

（5）褒中县官寺并六十四所。（《汉碑集释·开通褒斜道摩崖》）

（6）燕坏民室八千余所。（《汉书·五行志》）

（7）治湟陿以西道桥七十所。（《汉书·赵充国传》）

---

① 曾仲珊：《〈睡虎地秦墓竹简〉中的数词和量词》，《求索》1981年第2期。
② 吉仕梅：《〈睡虎地秦墓竹简〉量词考察》，《乐山师专学报》1996年第3期。
③ 魏德胜：《〈睡虎地秦墓竹简〉语法研究》，首都师范大学出版社2000年版，第125页。

以上分别称量"塞隧"、"仓"、"驿"、"亭"、"官寺"、"民室"、"桥"，"所"虽然都是从"处所"义转来的用法，但其词义已经虚化了，作为量词的用法就可居之不疑了。

汉代"处"与"所"的用法相似，后代有了分工，"处"主要用来称量天然的场所，如现代汉语常说"一处风景"，"所"用来称量建筑，如现代汉语常说"一所房子"。

丸（垸、完）

《说文》："丸，圆，倾侧而转者。"本指圆形之物，用作量词可以称量"丸状之物"，初见于西汉初的《马王堆汉墓帛书》中，作"垸"、"完"，不作"丸"，到了西汉中后期以及东汉的武威医简和居延汉简中则统统作"丸"不作"垸"、"完"。"垸"、"完"、"丸"三字同音，皆可用来称量小而圆的物体。

（1）入八完（丸）叔（菽）酱中，以食。（《马王堆汉墓帛书（四）·却谷食气》38）

（2）令大如酸枣，□【之】各一垸（丸），日益一垸（丸），至十日，日后日捐一垸（丸）……（《马王堆汉墓帛书（4）·养生方》152—153）

（3）□始捂实先餔食吞五丸。（《居延汉简释文合校》265.2A）

（4）旦吞七丸，餔吞九丸。（《武威医简》83A）

（5）十日一笔，月数丸墨。（赵壹《非草书》）

（6）元请以一丸泥为大王东封函谷关，此万世一时也。（王元《说隗嚣》见《全后汉文·卷二十三》）（"一丸泥"指古代书信上的封泥，也是圆团状的，上面加盖玺印，这里指代"信件"）

汉代"丸"的用法可称"药"、"泥"、"墨"等，都是"小而圆的物体"，后代可称"卵"、"丹"、"弹丸"、"石"等，古今用法无甚差别，直至现代汉语也大致如此。六朝可以称"香"，《大方广佛华严经·卷六十七》："其香一丸，如麻子大。"从"大如麻子"可知古代的"香"也有圆团状的。古代"墨"也有丸状的，故有"一丸墨"的用法。清代出现称量"月亮"的用法。如：《孽海花·第四回》："只见一丸凉月初上柳梢。"这种用法是有条件的，这是化用韩愈《秋怀十一首》中的"日月如跳丸"而来，应该看作一种修辞方法。

（四）小结

汉代个体量词较先秦有了较大发展，这主要表现在以下几个方面：

1. 从数量上看。汉代新出的个体量词有 25 个，流传到现代汉语的有 22 个，约占总数（105）的 21％。从西周到汉代累计产生了个体量词 41 个，其中保留到现代汉语的有 36 个，约占个体量词总数（105）的 34％，也就是说截至汉代，流传到现代汉语的个体量词已经产生了三分之一。

2. 从数量结构的使用看。我们统计了《史记》、《风俗通义》两部著作，不使用个体量词的比率约占 78％，使用个体量词的比率约占 22％。个体量词的前置率约为 13％，后置率约为 87％。可见汉代仍以不用个体量词为常，以数量结构后置为常（详见 5.1）。

3. 先秦时期出现的个体量词在汉代也有了新的发展。如，"匹"先秦时期只能用来称量"马"，汉代可以称量"橐它"（即骆驼）、"驴"，甚至可以称量"牛"。"领"先秦时期只用来称量"有领的衣服"，汉代扩展到称量没有领子的"被"、"绔"、"席"等。"级"先秦时期只能用于称量"爵位"，汉代可以称量战争所斩杀的首级。"枚"在汉代的泛化最值得注意，尤其是在西汉中期至东汉初期的简牍中表现得最为充分，可以称量"盘"、"杯"、"梳篦"、"锸"、"鞍"、"笔"等日常用具；可以称量"衣"、"布"、"帻"、"缯缎"、"带"、"巾"、"面衣"等衣物或丝织品；可以称量"矢"、"刀"、"斤"、"斧"、"剑"、"镞"、"王瓜"等兵器；可以称量"木"、"树"、"梗"、"枸"、"竹"、"棱"、"柱"、"简"、"券"、"札"、"板"、"辕"等植物及木制物体；可以称量"络"、"绳"、"索"、"编"、"弦"等细长而柔软的线状物；甚至可以称量"狗"、"鱼"、"虫"、"鸡"等动物，可见量词"枚"已经泛化为无所不适的通用型量词了[①]。

4. 汉代个体量词的称量范围比先秦时期要广泛，系统分工比先秦时期

---

① 张万起认为："'枚'在汉语里是一个古今通用的量词。它产生于汉代，发达于魏晋南北朝时期。"（参见《量词"枚"的产生及其历史演变》，《中国语文》1998 年第 3 期。）陈绂认为："到了南北朝时期，'枚'的量词用法更是得到了进一步的发展，几乎成了一个适用范围最为宽泛的量词。"（参见《从"枚"与"个"看汉语泛指性量词的演变》，《语文研究》2002 年第 1 期。）我们认为量词"枚"发达不是在魏晋南北朝时期而是早在汉代就开始了。

细密，一名多量、一量多名现象有所增多，但与后代比较，系统分工还比较粗，而且也不稳定。先秦时期个体量词称量范围不广，只限于称量"车马"、"衣服"、"文章"等少量的事物。以称量动物为例，先秦时期只有"马"习惯用量词"匹"，别的动物还不习惯使用量词，汉代"牛"、"羊"、"橐驼"、"鱼"、"鹰"都可以用个体量词"头"来称量。先秦时期，植物不用个体量词，汉代有根的植物用"本"，无根的植物用"挺"。另外，"药"论"剂"，"船"论"艘"，"书"论"卷"，"弓"、"弩"、"琴"论"张"等，这些用法都是前代所没有的。先秦时期典型的个体量词少见，到汉代称量"条状物"用"条"，称量"薄片状物"用"片"，称量"圆团状物"用"丸"，这是个体量词的又一重要发展。汉代一名多量和一量多名现象有所增多，但由于汉代量词出现的数量不多，主要还是以一量多名为主，而一名多量则少见，更多的一名多量主要是指"专用量词"和"通用量词"之间的替换，如"鱼"，汉代可以用专用量词"头"，也可以用通用量词"枚"，这还算不上典型的"一名多量"，典型的"一名多量"是指专用量词和专用量词之间的替换，但这个时代很少见，比如，汉代"牛"的专用量词是"头"，有时也用"匹"，"马"的专用量词是"匹"，有时也用"头"，这些用法表面上看是"一名多量"，但从汉语史的角度分析，应是个体量词系统形成初期不成熟、不稳定的表现。这一方面说明称量对象要带上个体量词已经渐渐成为一种趋势，同时也反映出个体量词系统的分工还是粗线条的，因为没有更多的量词选择，只能选择一量多名的方式。

5. 汉代量词词缀构词法开始萌芽。出现了如"人口"、"车辆"等少数用法①，这是先秦时期所没有的语言现象。

---

① 黄盛璋举出"金分"、"车两（辆）"、"人口"三个例子。关于"人口"，举《汉书·王莽传》"羌豪良愿等种人口可万二千人，愿为内臣"为例，这是没有问题的。"车辆"在汉简中可以见到，例如：仓谷车两名籍（《居延新简》E.P. T52；548）/告尉谓第廿三候长建国受转谷到，言车两石斗数（《居延汉简释文合校》145.2）。关于"金分"黄盛璋引《淮南子·氾论训》："今有重罪者出犀甲一戟，有轻罪者赎以金分，讼而不胜者，出一束箭。"并据高诱注"出金随罪轻重有分两"，进而认为："金银都是以分两计算的，所以'金分'也就和'银两'一样。"（参见《两汉时代的量词》，《中国语文》1961 年第 8 期。）黄金贵、彭文芳认为"金分"之"金"指的是铜，"分"也不是"分两"之"分"，并非重量单位，而是"所分之物"。（参见《"恶金"辨正》，《中山大学学报》2007 年第 5 期。）

二 魏晋南北朝时期的个体量词

(一) 魏晋南北朝个体量词研究概述

提到这个时期的量词研究，就不能不提刘世儒的《魏晋南北朝量词研究》①，这部著作描写细致扎实、理论阐述清晰透彻，纠正了许多错误的观点和认识，是量词断代研究的开创性著作，无疑为我们的研究提供了很好的借鉴和启发。但此书毕竟写于三十多年以前，限于当时条件，这部著作还有许多不完善的地方，比如收词标准过于宽泛，将不少名词或临时借用的量词拉到"陪伴词"（相当于"个体量词"）中来；再如考证失实、利用年代不可靠的、在流传中被增删的"问题语料"做主要的支撑证据，致使错误地判断了"个体量词"出现的年代。加之这是一部断代研究的著作，对于前代和后代的量词缺乏历时的系统的研究，常将前代产生的用法看作是魏晋南北朝时期的新用法。由于存在以上问题，刘世儒得出的魏晋南北朝时期名量词系统基本成熟的结论也难以成立。

刘世儒列举了"陪伴词"（大致相当于"个体量词"）123 个②，经过我们的研究，这 123 个量词大致可以分成如下四类：

1. 魏晋南北朝时期新出的有 31 个，其中流传到现代汉语的有 22 个：根、支、只、滴、粒、块、段、面、幅、道、门、顿、番、扇、床、座、株、柄、味、方、竿、尊。未流传到现代汉语的有 9 个：介、腔、要（腰）、铺、阶、帙、钮、孔、缘③。

2. 前代产生的有 38 个：枚、个、口、头、本、挺、茎、条、枝、领、丸、颗、片、件、张、乘、重、层、级、种、品、等、所、处、区、事、通、剂、编、卷、篇、章、首、封、两（辆）、匹、艘、间。

3. 由于考证失当，应该列在后代的有 15 个：名（宋）、幢（清）、缕（唐）、点（唐）、股（唐）、阵（唐）、位（元）、堵（唐）、管（唐）、句

① 刘世儒：《魏晋南北朝量词研究》，中华书局 1965 年版。

② 同上。

③ 如"要（腰）"，江西南昌东湖区永外正街 1 号晋墓木牍 M1.38："故白练长裙二要。"称量"裙"，现代汉语中被"件"取代。

（唐）、朵（唐）、房（唐）、册（唐）、类（唐）、员（唐）。

4. 不宜看作个体量词的有 39 个：轴、端、绪、子、分、裁、拂、屈、叠、牒、转、科、辈、曹、流、人、物、树、纸、裔、简、曲、函、文、饼、璞、指、舶、幡、刻、更、躯、身、尢、会、契、偈、楗度、恒沙①。

这样，刘世儒所列的 123 个"陪伴词"中，魏晋南北朝新兴的有 31 个，除此之外，刘先生漏收 2 个，还应补充——"部"、"叶（页）"②，这样，总计有 33 个新兴个体量词，其中 24 个新出而且流传到现代汉语的个体量词，常用的有 16 个：部、道、滴、段、顿、幅、根、块、粒、门、面、扇、页（叶）、支、只、座。次常用的有 8 个：柄、床、番、方、竿、味、株、尊。

（二）魏晋南北朝新出且保留到现代汉语的常用个体量词

部

部，本指军队的编制，汉代时可以同数词结合，《汉书·王莽传》："破其一部，北出九虎后击之。"这里的"部"是"部伍"义。《太平经》卷九十三："合三部为万二千国。"这里"部"是"部落"义。量词的用法出现在东汉末的佛典中，可以称量"经书"，如《佛说大安般守意经》卷上"有所念为不直也，十二部经都皆堕三十七品经中"。不过这里的"部"，还应看作集体量词，指多本或者多卷合在一起的"经"。由集体量词进一步衍生出个体量词的用法，刘世儒："不过后来逐渐发展，'部'的集体意义就不再惹人注意，或者简直就融成一体无个体可分，从此开始，'部'就可由'集体量词'一跃而进入'个体量词'的行列了。"③

---

① 刘世儒将许多名词和临时量词都列为"陪伴词"，虽有一定的参考价值但收词标准过于宽松，有些连刘世儒自己也承认还不是量词，如在《魏晋南北朝量词研究》第 157 页"物"条下："'物'作为量词也是似是而非的。在南北朝以前，它简直就是名词，不必硬往量词队伍里拉。"第 159 页"纸"字条下："它其实也还是摇摆于名、量之间的。"在 146 页"科"字条下说："这种量词也是同名词不容易截然划分开的。""那么它就根本是名词，不是量词了。"等。退一步讲，即使这些用法是个体量词，但这些用法大部分都未能流传到现代汉语，有的要看作临时量词，这也是我们排除此类不予考察的依据。

② 刘世儒《魏晋南北朝量词研究》将"部"列为"陪伴·称量"（大致相当于"集体量词"）一类，"部"既有"集体量词"用法也有"个体量词"用法。另外刘世儒漏收"叶（页）"。

③ 刘世儒：《魏晋南北朝量词研究》，中华书局 1965 年版，第 219 页。

例如：

（1）令佛念、昙摩持、慧常传，始得具斯一部法矣。（《出三藏记集》卷十一）

（2）乃手执梵文，共沙门慧严、慧义等百有余人，于道场寺译，铨定文旨，会通华戎，妙得经体，故道场寺犹有华严堂焉。其先后所出六卷《泥洹》、《新无量寿》、《大方等如来藏》、《菩萨十住》、《本业》、《出生无量门持》、《净六波罗蜜》、《新微密持》、《禅经》、《观佛三昧经》凡十一部。（《出三藏记集》卷十四）

例（1）称"一部法"，这里由"多本"或"多卷组成"的意思已经不明确了。例（2）的"凡十一部"中的"部"是指"一本"还是指"多本"或者"多卷组成"的书呢？这是断定"部"是否为个体量词的关键。我们调查了这十一种经书，发现《大方等如来藏》、《菩萨十住》、《本业》、《出生无量门持》四种都是篇幅短小的经文，是单本不分卷的，相当于"本"，所以这里的"部"应看作个体量词。近代汉语不限于称"书"，可以称量"车"。例如：

（4）一齐点起二十四部雷车。（《水浒全传》第八十九回）

（5）旁观的人，见十余部马车络绎而来。（《九尾龟》第四回）

以上用法现代汉语都有所保留。潘允中认为"部（一部车）"的用法是五四时期新兴的用法，显然太晚了。[①]

道

《说文》："道，所行道也。"本义是道路，道路细而长，用为量词可以称量细而长的东西。例如：

（1）乳作五百道，俱坠千子口中。（《水经注》卷一）

（2）十年八月辰时，有星落如流火三道。（《魏书·天象志》）

（3）十四日夜，有光三道，从堂而出。（王劭《舍利感应记》）

以上称量"乳"、"火"、"光"，六朝还可以称量"锁链"、"革带"等，表示封锁或捆扎了若干重。例如：

（4）周匝皆垂金铎，复有铁锁四道，引刹向浮图。（《洛阳伽蓝记》卷一）

---

① 潘允中：《汉语语法史概要》，中州书画社1982年版，第116页。

（5）至冬，竖草于树间令满，外复以草围之，以葛十道束置。（《齐民要术》卷五）

现代汉语还有"一道题"、"一道菜"、"一道风景"等用法。

滴

《说文》："滴，水注也。"《玉篇》："滴，水滴也。"作为量词限于称量点滴状液体。例如：

（1）良久，辄有一滴，有似雨后屋之余漏，时时一落耳。（《抱朴子·仙药》）

（2）汝之翅羽所取之水，不过数滴，何以能灭如此大火？（《杂宝藏经》）

（3）遍雨此界八德香水，觉悟此界一切众生，若有众生得遇一滴……（《大悲莲华经》卷五）

现代汉语中"一滴油"、"一滴汗"、"一滴泪"等说法仍在使用，终不出"液体"的范围。

段

"段"、"断"均是端纽、元部字，二者古今音全同，追溯"段"的量词用法当是从动词"断"而来，《说文》："断，截也。""断"有二种词性，表示动作本身就是动词，表示动作所造成的结果就是名词，动词一直用"断"，名词用法分化作"段"。量词的用法正是从名词"段"引申而来，魏晋南北朝时期一般写作"段"，个别也有作"断"的[①]，说明分化得还不彻底。这时期的用法已经相当丰富了，可以称具体事物，如：

（1）十段香木，悉皆售尽。（《贤愚经》）

（2）骨百二十段为筋缠。（《身观经》）

（3）怨酷枉杀，斩作七段……取七段尸。（《中阿含经》卷十七）

（4）若断其根作三四段。（《佛说水沫所漂经》）

还可以称量比较抽象的事物，如"经"、"文"、"事物"、"功德"等，试举几例：

（5）论主问斯一段经来意云何也。（《金刚仙论》卷三）

---

① 《齐民要术》卷九："卷用两卷，三截，还令相就，并六断，长不过二寸。"

（6）此义云何等一段长行论。（《金刚仙论》卷五）

（7）果得此缘，一段奇事也。（王羲之《杂帖》）

（8）作一段意气，鄙薄人世。（《宋书·王微传》）

（9）我东行是一段功，在郡横为群小辈过失。（《宋书·巴陵哀王休若传》）

这些用法都为现代汉语所保留。

这里附带说明一下"段"称量"布帛"的用法，刘世儒认为：

这种截成的"段儿"，南北朝还常用来量"布帛"；如果把它的长度照一定的标准固定下来，那就可以形成为一种制度，但南北朝似乎并没有这么办：

劭左右……又就主衣取锦截三尺为一段。（《宋书·袁淑传》）（这是以"三尺"为"一段"的）

……

再向外推广，就可以泛指一般的事物，这就同"件"和"块"的用法差不多了。

诏给东园秘器朝服一具、衣一袭、钱十万、物七百段。（《魏书·甄琛传》）；《唐六典》卷三："凡赐物十段，则约率而给之：绢三匹、布三端、棉三屯。"（可知这"物"所指不能是一种。）——以下同"件"

赗物一千二百段。（北齐文宣帝《追赠陈元康诏》；有说这"物"就是指"布帛"来说的，但恐有问题，因为还可以说"杂物"，如下例）

赐杂物五百段。（《魏书·献文六传》）

刘世儒认为"段"称量"布帛"的用法再向外推广，他说："就可以泛指一般的事物，这就同'件'和'块'的用法差不多了。"这种意见值得商榷，刘世儒将"物"、"杂物"误认为是一般的东西，进而认为"段"的用法相当"件"和"块"，其实这里的"物"、"杂物"都是指"布帛"来说的。"段"与量词"件"、"块"无论是来源还是称量范围都迥然不同，二者如何能够通用呢？我们认为刘世儒误将"物"和"杂物"理解成了一般的物体，进而将"段"的用法等同于"件"和"块"了。其实这里的"物"和"杂物"都是指布帛来说的。刘世儒引自《魏书·甄琛传》的例子"物七百段"和《唐六典》"凡赐物十段"的"物"都是赏赐之物。《唐六典》的例子是说赏赐财物要按照比例供给，其中"物十段"的"物"正是指下面分列的"绢"、"布"、"棉"来说的，此处的"物"是对"布帛"的泛称。《仪礼·士丧礼》"为铭各以其物"，郑玄注"杂帛为物"，可证"物"就是指"杂帛"说的。另外刘世儒根据"赐杂物五百段"，认为"杂物"不是指"布帛"，也是没有道理的，其实"杂物"，指杂色的布帛。与"杂物"可资比较的有"彩物"、"杂彩"、"杂缯"，《隋书》"赐彩物三千段"，《魏书·蠕蠕传》"诏赐……内者杂彩千段"，《北史·于栗䃜传》"赐翼杂缯一千五百段"。"彩物"、"杂彩"、"杂缯"都是指杂色的丝织品。这些都说明"杂物"不是"杂乱的物品"，而是指杂色的丝织品。显然此类用法的称量范围并未超出称量布帛的范围，"段"也不同于"件"和"块"，还不是一般个体量词的用法。"段"称量"布帛"的用法同"匹"、"端"相似，《旧五代史·唐书》："诏：'凡赙赠布帛，言段不言端匹，段者二丈也，宜令三司依此给付。'"这个材料是宋代的，这虽有时代的悬隔，但大致可以说明"段"同"端"、"匹"是一类的，属于度制单位量词，至于南北朝时期是不是"段者二丈"还需要进一步考察。

顿

"顿"的量词用法是从"停顿"义引申出来的，刘世儒说："南北朝人把旅途中的休息、饮食叫做'出顿'（《洛阳伽蓝记》卷二：'崇仪里东有七里桥，以石为之，中朝杜预之荆州出顿之处也'），因而把'吃饭一次'就叫'一顿'。"[1] 魏晋南北朝时期已经出现了量词用法。例如：

（1）雏既出，别作笼笼之。先以粳米为粥糜，一顿饱食之。（《齐民要术》卷六）

（2）卿可豫檄光公，令作一顿美食，可投其饭也。（王珣《杂贴》）

（3）答曰："闻卿祠，欲乞一顿食耳。"（《世说新语·任诞》）

---

① 刘世儒：《魏晋南北朝量词研究》，中华书局1965年版，第160页。

（4）今日有一顿饱食，便欲残害我儿子。（《宋书·徐湛之传》）

"顿"的量词用法后代也仅限于"酒"、"食"之类，至于"打一顿"都属于"动量词"用法，不在讨论之列。

幅

《说文》："幅，布帛广也。"《礼记·王制》："帛精粗不中数，幅广狭不中量。"这里的"幅"正是指布帛的宽度，也就是"布幅"，将"幅"的宽度加以限制就形成一种度制，秦汉时期主要是度量衡单位量词，郑玄注《仪礼·士丧礼》"半幅为一尺，终幅二尺"，班固《汉书·食货志》"布帛广二尺二寸为幅"，这与我们讨论的无关。魏晋南北朝时期产生了"部分量词"的用法。例如：

（1）驱使寒人不得用四幅繖，大存俭约。（《南齐书·明帝纪》）

（2）献之尝夏月入县，欣著新绢裙昼寝，献之书裙数幅而去。（《宋书·羊欣传》）

例（1）"繖"即"伞"字，"四幅伞"不是"四把伞"，而是由四幅布缀合成的一把伞。例（2）为刘世儒所引[①]，从具体语境看，羊欣白天穿新裙子睡觉，被王献之在裙子上写了字，羊欣不可能同时穿几个裙子，"裙数幅"指的是一个裙子的几个裙幅。这与晋代孔衍《在穷记》"隰阳令述祖送四幅绛被一领"中的"幅"的用法是一样的，仍是部分量词的用法，《在穷记》中"领"才是一般性的个体量词。刘世儒所举的另外几个例子如"三幅布"、"四幅锦"都应看作"部分量词"为好。虽然如此，魏晋南北朝时期"幅"的一般性个体量词用法也产生了。例如：

（3）唯有一幅，观其年号，是姚秦时幡。（《洛阳伽蓝记》卷五）

（4）其家忽求黄纸两幅作书。（《高僧传·神异下》）

六朝时期"幅"的个体量词用法还不多见，唐宋时期有所发展，现代汉语常用的"一幅字"、"一幅画"是从唐、宋时期开始的。

根

《说文》："根，木株也。""根"就是指植物长在土里的部分，即所谓"根本"，由此引申出的量词用法可以称量"有根"的物体。

---

① 刘世儒：《魏晋南北朝量词研究》，中华书局1965年版，第128页。

（1）庙侧有攒柏数百根。（《水经注·卷九》）

（2）于其室前生草一根。（《魏书·王崇传》）

（3）又种蘸十根，令周回瓮。（《齐民要术》卷二）

（4）绝母数十根发。（《杂宝藏经》卷一）

"根"作为量词，先是称量有根的植物，可以是木本的"树"，如例（1），也可以是草本的，如例（2）（3）称量"草"、"蘸"，进一步发展还可以称毛发，如例（4），因为毛发同草一样也是有根的。再由有根的事物扩展到无根的事物。例如：

（5）运材数百万根。（《魏书·莫含传》）

（6）浮出长木数百根。（《魏书·崔亮传》）

例（5）（6）分别称量"材"、"木"，细长而无根的东西之所以能用"根"来称量，同"根"的词义转移有关，当认知的焦点从"根"转移到"干"时，就可以称量无根的事物了。汉代称量有根的植物用"本"，六朝时期更加口语化的"根"出现后，逐渐取代了"本"，现代汉语"本"只保留了称量书籍的用法。

块

"块"为"塊"的简体，古文作"凷"。《说文》："凷，墣也，从土，一屈象形。塊，凷或从鬼。"徐锴《系传》："俗凷从土、鬼。""块"本义是"土块"，如《国语·晋语》："（重耳）乞食于野人，野人举块以与之。"这里"块"正用本义。"块"用为量词首先称量"土"。黄盛璋[1]举《说苑·复恩》"犹为一块土下雨也"为证，认为汉代就已经有了量词的用法。我们检索了汉代的文献未能发现其他的例子，仅凭《说苑》未必靠得住[2]。确切的例证要晚到魏晋南北朝时期，例如：

（1）岂得徒劳，无一块壤，而足下来欲收地邪？（裴松之注《三国志·吴志·鲁肃传》）

---

① 黄盛璋：《两汉时代的量词》，《中国语文》1961 年第 8 期。

② 关于《说苑》，学界公认是西汉刘向所撰，这是没有问题的，不过刘向原书二十卷，《隋书·经籍志》、《旧唐书·经籍志》及《新唐书·艺文志》也都记作二十卷，但到了北宋时期则大部分已经散佚，北宋初仅余五卷，后经曾巩搜集，复为二十卷，然较原本仍有佚失，大抵清代，又补入二十四章，所以我们不能保证这个例子一定是未经改动或不是后来增补的内容。这样的例子可以作为佐证、副证，不能仅凭此类孤证断定汉代"块"就是量词了。

（2）譬如有人取四天下中二三块土。（《十住经》卷四）

（3）譬如有人见一块土。（《大方广佛华严经》卷二十七）

六朝时期的例子仍不多见，其称量对象也只限于"土"，尚未见称量其他事物的用法。颜之推的《颜氏家训·书证》有这样一段话："北土通呼物一块，改为一颗，蒜颗是俗间常语耳。"从"北土通呼物一块"来看，南北朝时期"块"已经是量词了，但只是"北方通呼"，限于北方使用的地域方言，尚未完全普及开来，这可能也是众多六朝文献不多见的原因。个体量词"块"的真正成熟是在唐代。例如：

（4）上元末，复有李氏家不信太岁，掘之，得一块肉。（《广异记·李氏》）

（5）见其散发被黄布帕，席松叶，枕一块白石而卧，了不相晒。（《南史·关康之列传》）

（6）投之一块骨，相与哇哶争。（寒山子《寒山诗集》第五十八首）

（7）巫吐痰涎至多，有一块物如栗。（《玄怪录》卷四）

唐代可以称量"肉"、"石"、"骨"等，与现代汉语的用法已经相差无几了。

粒

《说文》："粒，糂也。"段注："此当作米粒也，米粒是常语。"作为量词主要用来称量小而圆的颗粒状物体。例如：

（1）坎内豆三粒。（《齐民要术》卷二）

（2）如人于谷聚上取一粒谷。（《阿毘昙毘婆沙论》卷三十九）

（3）区种粟二十粒。（《齐民要术》卷一）

（4）鱼酱汁二合，椒数十粒作屑。（《齐民要术》卷九）

（5）此一粒饭中而有百功。（《摩诃僧祇律》卷二十二）

（6）说彼根本如一粒种子。（《杂阿毘昙心论》卷二）

（7）于干草中，放一粒火，是火次第生因缘故。（《优婆塞戒经》卷四）

六朝时期的用法已经不简单了，例（1）至例（6）分别称"豆"、"谷"、"粟"、"椒"、"饭"、"种子"等，这还不出"米粒"的范围。如例（7）称量"火"，也许是因为火苗形状呈粒状的缘故。

门

门，本义是"门户"的意思。"门"是个多义词，其量词用法也是从多种词义中引申出来的，如现代汉语"一门亲事"从"门第"义引申而来，"一门学科"从"门类"义引申而来，"一门大炮"是从本义"门户"引申而来，六朝时期前两种用法都出现了，潘允中认为是五四时期新兴的量词，未免也太晚了①。例如：

（1）此大法三门，皆有成证。（《出三藏记集录》卷五）

（2）佛子，三入如幻三昧，所谓十二门禅。（《菩萨璎珞本业经》）

例（1）称量"法"，例（2）称"禅"，这些都是抽象的事物，现代汉语称说"一门学问"、"一门功夫"等用法可能导源于此。现代汉语"一门亲事"、"一门亲戚"用法，可以追溯到唐代，如：

（3）鹏一门婚嫁，皆是衣冠之美，吉凶仪范，为当时所称。（《北齐书·崔鹏传》）

至于现代汉语常用的"一门大炮"的说法，则是晚到清代才产生的，如《荡寇志》："太守怒极，再命换那一门炮打去。"《薛丁山征西》第七十五回："武三思带兵十万，四门大炮围住铁丘坟。"

面

"面"的本义是脸面，又引申出"平面"的意思，作为量词可以称量有平面的物体，《说文》"鼓"字下引《周礼》曰："雷鼓八面，路鼓四面，睪鼓、晋鼓皆两面。"但这还不是量词的用法，"雷鼓八面"是"雷鼓有八个面"，不是八面鼓，余皆类推。这种用法进一步发展就产生了量词，最早的用法见于六朝。例如：

（1）今故赍尔大砚一面，纸笔副之。（陶弘景《授陆敬游十赍文》其九）

（2）承天又能弹筝，上又赐银装筝一面。（《宋书·何承天传》）

（3）五尺刀五口、五色幡五枚、箭二十一枚，灯二十一盏、镜五面。（《孔雀王呪经》卷下）

六朝时期，个体量词"面"的用法并不常见，至于现代汉语常用来称量"鼓"、"旗"的用法是在唐代才出现的。例如：

（4）力士便差人堀地道成，内打五百面鼓。（《敦煌变文集新书》卷六）

（5）门旗二面，色红、八幅，大将军牙门之旗，出引将军前列。（《神

---

① 潘允中：《汉语语法史概要》，中州书画社1982年版，第116页。

机制敌太白阴经·战具类》）

扇

《说文》：“扇，扉也。”又“扉，户扇也。”本义指“门扇”，南北朝时期用为量词，但只能称量“门”。例如：

（1）苑门辟千扇，苑户开万扉。（何逊《苑中诗》见《玉台新咏》卷十）

（2）鼓音渐已欲止，门扉已闭一扇。（《思惟略要法》）

（3）作是语已，入房里掩户一扇。（《摩诃僧祇律》卷十四）

南北朝以后称量范围扩大，可以称量“屏风”、“窗子”、“磨盘”、“铙钹”、“账簿”等，这些一般是片状的可以活动的物体。例如：

（4）得卿皇象、羊欣、萧纶各一帖，大郑画屏一扇。（《法书要录》卷三）

（5）月儿斜，风儿细，开一扇纱窗，掩一扇纱窗。（汤舜民《蟾宫曲》见《全元曲》）

（6）那个钩一变，就变做一扇大磨磐。（《三宝太监西洋记》第六十九回）

（7）道犹未了，禅师取出一扇铙钹来。（《三宝太监西洋记》第七十四回）

（8）只见村里一所瓦房旁一扇茅屋。（《包公案》卷五）

例（8）比较特殊，用来称量“茅屋”，这也许是从称量“门”类化而来。

支

《说文》：“支，去竹之枝。”林义光《文源》：“即枝之古文，别生条也。”“支”是个多义词，由本义“枝条”派生出“分支”、“肢体”等义，后来在文字上加以区别，用分化字“枝”记录本义“枝条”，用分化字“肢”记录引申义“肢体”，用本字“支”记录引申义“分支”、“支派”。个体量词“支”的用法正是从“分支”、“支派”义引申出来的，这也就决定了“支”以称量有“分支”、有“分歧”的事物为主。六朝时期个体量词“支”萌芽了[①]，但并不多见。例如：

（1）则当日滋水惟南入滹沱，不北入桑乾，不知何时分一支北流。（《水经注·滹沱水》）

---

① 关于“支”的最早用例，学者多举《居延汉简甲编》1507：“具弩二，矢六十支”为例，这个例子在后来谢桂华、李均明编《居延汉简释文合校》280.12，中作“具弩二，矢六十枚”，“支”作“枚”，《合校》后出并经过仔细校勘，是可信的。

（2）其券……一支付勋人，一支付行台。（《魏书·卢同传》）

（3）尔时世尊放肉髻光，其光千色，色作八万四千支，一一支中，八万四千诸妙化佛。（《佛说观佛三昧海经》卷四）

例（1）用于称量河流，是因为河流有支派、有余脉。例（2）称量"券"，是因为秦汉时期析木为券，各持一方。例（3）称量"光色"，光可向外分散发射，故而也可用"支"称量。六朝以前"支"、"枝"很难截然分开，唐代以后"支"、"枝"大体分化开来。"枝"主要用于称量有枝干的植物，如"一枝花"、"一枝藤"，而"支"的称量范围更为广泛，可以称量一般的条状物，如"一支笔"、"一支烟"、"一支枪"等（少数人也偶尔用"枝"，但不是主流），也可以称量抽象或者较为抽象的事物，如"一支军队"、"一支曲子"、"一支力量"等，这些用法一般都不能用"枝"。

只

"只"，当作"隻"，《说文》："隻，鸟一枚也，从又持隹。持一隹曰隻，二隹曰雙。""隻，鸟一枚"还是综合称量法，后来由"鸟"扩展出称量"鸟类"的量词用法，由"一枚"发展出称量成双成对的事物中的一个的用法。"只"的个体量词的用法是从六朝时期开始的（详见4.1），例如：

（1）肥鸭一只，净治如糁羹法。（《齐民要术》卷八）

（2）白雉三只又集于平阳太祖之庙。（《魏书·太武帝纪》）

以上是称量鸟禽的用法，除了上面例（1）（2）称量"鸭"、"雉"以外，六朝时期还可以称量"雀"、"鸠"、"鸡"、"鹅"、"鹤"、"孔雀"等，例不烦举。

六朝时期还可以称量成双成对的物体中的一个。例如：

（3）举罗张之，但得一只鸟焉。（《水经注·汝水》）

（4）虎魄钏一只，直百七十万。（《南齐书·东昏侯纪》）

（5）因出酒一斗，羊脚一只，食尽犹言不饱。（《魏书·京兆王子推传》）

从称量成双成对的物体中的一个发展出称量一般性物体的用法。例如：

（6）布令门候于营门中举一只戟。（《魏书·吕布传》）

（7）烛火灯光一只炷，讵照谁人两处情。（萧绎《对烛赋》见《全梁文》卷十五）

这些用法大多为现代汉语所保留。

座

座，本义是"座位"，引申出"底座"义，用为量词可以称量"有底座儿"的物体。"座"的个体量词用法在魏晋南北朝时期已经产生了，但并不常见。例如：

（1）则社稷三座，并应南向。（《南齐书·礼志》）

（2）银塔一座。（《悯忠寺石函题名碑》）

唐代"座"的个体量词用法仍不多见，不过唐代产生了称量"星宿"的用法，如：

（3）五方上帝、日月、五星、内官四十二座、次官一百三十六座、外官一百一十一座、众星三百六十座（《隋书·礼仪志》）

个体量词"座"的真正发达是在宋元时期。例如：

（4）每陛各设香炉一座，每座用湿香四两。（《续资治通鉴长编》卷五百三十）

（5）用云梯、三梢五梢大炮百余座。（《云麓漫钞》卷七）

（6）又前行五七步，见一座宅。（《大宋宣和遗事·亨集》）

（7）……砌西塘路共三千六百六十丈，桥二十二座、水沟五所。（《四明续志》卷二）

（8）旋筑土墙城一座，新筑井一眼。（《三朝北盟会编》卷二百三十五）

（9）迤逦登程，遇一座山，名号"香山"。（《大唐三藏取经诗话·入香山寺》）

宋、元时期可以称量"香炉"、"大炮"等，这还可能是"有底座儿"的事物，由此发展，可以称量一般的建筑，如"宅"、"宫"、"门"、"殿"、"寺"、"楼"、"桥"、"城"等，甚至还可以称量"山"，这是"座"泛化的结果。

（三）魏晋南北朝新出且保留到现代汉语的次常用个体量词

柄

《说文》："柄，柯也。"指器物的"把儿"，用为量词可以称量有"把儿"的器物，这个时期还不多见。例如：

（1）垂贲水犀如意一柄。（萧统《谢敕贲水犀如意启》见《全梁文》卷十九）

（2）垂贲细绫大文画柳蝉雀扇一柄者……（简文帝《谢贲扇启》见《全梁文》卷十）

例（1）称"如意"，魏晋南北朝以来，"如意"的形制以有柄且柄首呈屈曲手掌式为主流，故可称"柄"。例（2）称"扇"，"扇"有"扇柄"，故可称之。"柄"作为个体量词始终称量有柄的器物，但近代汉语中逐渐被新兴的个体量词"把"取代，只是在现代汉语书面语中还有所使用。例如：

（3）而《孽子》中龙子用一柄匕首正正刺进阿凤的心口。（陈烨《白先勇"游园惊梦"》）

（4）她撑一柄红油纸伞，去码头寻租船的大弟。（胡辛《蒋经国与章亚若之恋》〈一〉）

（5）假若刘毅然穿一身长袍，手执一柄檀香扇。（毛建福《刘毅然的荆棘鸟》）

床

《说文》："床，安身之几坐也。"用为量词可以称量类似"床"的有座架的物体。例如：

（1）……屏风二十三床，又缘沈屏风一床，铜镜台一具。（刘损《奏谧韦朗》见《全宋文》卷四十九）

（2）城置万人，给强弩十二床，武卫三百乘，弩一床。（《魏书·源贺传》）

以上用法在现代汉语中被淘汰。现代汉语中有"一床被子"、"一床褥子"的用法，这同以上的用法来源不同，上面所举"弩"、"屏风"称"床"是因为这些物体有"床座儿"（架子），而称量"被子"的用法是因为量词同称量对象的依附关系，后者发生于唐、宋时期。例如：

（3）且与缘房衣物，更别造一床毡被。（《敦煌变文集新书》卷七）

（4）今日乞一床锦被遮盖。（《齐东野语》卷二）

现代汉语只用来称"被"、"褥"。

番

《广韵·元韵》："番，递也。"就是"更迭"、"更替"的意思。魏晋南北朝时期"番"可以同数词组合，但有的还只能看作"数名"结构，如《北齐书·卢叔武列传》："我兵士相代，年别一番。"这里的"番"是"轮次"的意思。由"轮次"、"批次"义引申出不定量词的用法，例如：《北齐书·元孝友传》："十五丁为一番兵，计得一万六千兵。"这里的"一番"就是"一拨儿"，表示不确定的模糊的量。不过，魏晋南北朝时期个体量词的用法也产生了，而且还相当丰富，可以称量能够"翻转"的事物。例如：

（1）某启：蒙贲干鱼十番。（庾信《谢赵王贲干鱼启》）

（2）时以两番饼，与一人，一番饼与一，人得一番者，问彼一人，汝得几番，答言，得二番。反问，汝得几番，答得一番，汝长得一番。（《鼻奈耶卷》第八）

（3）书大度白及细纸合十六番。（《周氏冥通记》）

"番"在这里可以称"干鱼"、"饼"、"纸"，这些都是双面可以翻转的事物。一般情况下"鱼"是不能用"番"的，这里"干鱼"用"番"可能同晒鱼的过程有关。这些都是用于称量具体事物的，还可以用于称量抽象事物。例如：

（4）乃口出三番神呪令外国弟子诵之以自救。（《高僧传》卷二）

（5）就中复作两番分别：一总明三性，二别明三性。（《大乘止观法门》卷三）

（6）此下有七番说法也……此下有六番说法也。（《般涅盘经集解》卷四十二）

例（4）（5）（6）中的"番"分别用来称量"神呪"、"分别"、"说法"，"番"的用法大致相当于"种"。

上述用法中，称量具体事物的用法没有保留到现代汉语，称量抽象事物的用法在后代得到了发展，现代汉语书面语中较为常用。

"番"作为量词来源于"更替"、"反复"义，在使用过程中产生了一种特殊的色彩义，如"一番研究"、"一番劝说"的"番"，除了有［＋反复］、［＋多次］的语义外，还增加了［＋艰难］、［＋辛苦］的色彩义，这是其他量词所不具备的，正是这个原因才使得"番"的用法得以保留下来。语言一方面要求经济、简洁，同时也需要严密、精确，正是这种矛盾与统一推动着汉语个体量词的发展。

方

"方"既有"方形"义，也有"方剂"义，从这两个方向都可以引申出个体量词用法，前者用于称量方形物体，后者用于称量"药"。先看第一种，例如：

（1）锡圭一方，凭骥足于康衢，托鹏翼于四海。（《汉魏南北朝墓志汇编·齐故特进韩公之墓志》）

（2）有一方白玉，题文曰……（《十六国春秋别本·前赵录》）

（3）定州钜鹿民献玉印一方，七分，上有文字。（《魏书·灵征志》）

"方"，在这里分别称量"圭"、"玉"、"印"，通过量词"方"的使用可以知道这些物体都是方形的。这类用法在现代汉语中口语中基本不用了，但书面语中还可以见到"一方手帕"、"一方印章"、"一方净土"的说法。

另一种用法是称量"药方"。例如：

（4）今合为一方，将息如前法。（《伤寒论》上编）

（5）取鼠尾花草……服三方。（《道兴造像记》）

这种称量"药"的用法，在现代汉语口语中也很少有人使用，一般说"一服药"。

竿

《说文》："竿，竹挺也。"六朝时期被用为个体量词，主要称量"竹子"和用"竹竿"制成的物体。例如：

（1）一寸二寸之鱼，三竿两竿之竹。（庾信《小园赋》）

（2）以五百竿箭并一马车与之，时散若受之。（《经律异相卷》第四十一）

"竿"作个体量词在南北朝晚期才见到用例，用法不多，唐代以后逐渐多起来，但仍以称量"竹子"为限，现代汉语书面语中还有所保留：

（3）屏后有翠竹百十竿。（余华《古典爱情》）

（4）院里有一棵怪松，几株老梅，数竿翠竹，两畦杜鹃花。（刘绍棠《狼烟》）

近代汉语中有时与"旗"、"矛"、"枪"等搭配使用：

（5）他洞门外竖一竿旗，上写"齐天大圣"四字。（《西游记》第四回）

（6）为首一位彪形大汉，须眉似戟，手持一竿长矛。（《后汉演义》第四回）

（7）那项王复亲自动手，执着一竿火尖枪，左右乱搠。（《前汉演义》第二十四回）

但这些不应看作"竿"的称量对象，这里的"竿"应读作"杆"，这是文字问题。

味

《说文》："味，滋味也。"用为量词主要称量"草药"，这可能是因为草药可以通过味道来区别，一种药有一种药的味道，所以才可以说"一味药"。例如：

（1）譬如雪山有一味药。（《大般涅磐经》卷七）

（2）取金液及水银一味合煮之。（《抱朴子·金丹》）

（3）彼等贪求胜妙衣钵，乃至上好众味药故，更共斗诤迭相言讼。（《大悲经》卷五）

这个用法在现代汉语口语中较少使用，书面语中仍然沿用。例如：

（4）只在旧方上加了一味药。（鲁迅《朝花夕拾·父亲的病》）

（5）他有他的渴望，他的溃疡他的炎症，必须用另一味药才能使他痊愈。（王朔《我是你爸爸》）

叶（页）

"叶"，《广韵》"胡颊切"，现代读"xié"，用法同"协"。"葉"，《说文》："草木之葉也。""叶"、"葉"是意义完全不同的两个词，只是因为二者音近，"葉"才简化作"叶"的，下面写作"叶"的都是指"葉"来说的。个体量词用法是从"枝叶"义引申出来的。段玉裁《说文解字注》："凡物之薄者皆得以叶名。"例如：

（1）帝自称无上将军，耀兵平乐馆，上设九叶盖，盖皆安九子真金铃。（《金楼子·箴戒》）

（2）谓东宫车服……乘象辂，降龙碧旂九叶。（《宋书·礼志》）

（3）作鸭臛法：用小鸭六头，羊肉二斤……橘皮三叶。（《齐民要术》卷八）

（4）又鱼酱法：成脍鱼一斗……盐三升，橘皮二叶。（《齐民要术》卷八）

"叶"在六朝时期可以称"盖"、"旃"、"橘皮",这些都是片状物,用法相当于"片",唐代称量对象有所扩展。例如:

(5) 岂如全质挂青松,数叶残云一片峰。(卢纶《慈恩寺石磬歌》)

(6) 与君相遇知何处,两叶浮萍大海中。(白居易《答微之》)

(7) 夏窗七叶连阴暗,赖家桥上潚河边。(罗隐《句》)

(8) 点瓦半叶以呈之。(《北梦琐言》卷十一)

(9) 诸应请甲数叶、行数,于甲襟上抄记。(《卫公兵法辑本·将务兵谋》卷上)

(10) 肝重四斤四两,左三叶右四叶凡七叶。(《备急千金要方》卷十一)

(11) 两叶愁眉愁不开,独含惆怅上层台。(杜牧《寄远》)

(12) 万里风波一叶舟,忆归初罢更夷犹。(李商隐《无题》)

例(5)至例(10)分别称量"云"、"浮萍"、"窗"、"瓦"、"甲"、"肝",这些都还是薄片状的物体,同前代的用法相同。例(11)称"眉",例(12)称"舟",就不能说是"薄片状"的物体了,这是通过隐喻形成的用法,把"眉"、"小舟"认知为薄片状的"叶子",这就不妨论"叶"了。

"叶"在唐、宋代还出现了称量"书页"的用法。例如:

(13) 数叶贝书松火暗,一声金磬桧烟深。(皮日休《奉和鲁望寒夜访寂上人次韵》)

(14) 案头吏抱百叶纸。数行具书一善事。(《夷坚丙志》卷二)

例(13)是唐代的例子,"贝"是指佛经中的"贝多罗","贝多罗"源于梵语,本指一种形如棕榈的树,由于其叶可以用来书写佛经,故用来借指佛经,这里的"贝书"即指佛经①。宋元时期这种称量"书页"的用法仍多写作"叶",一般不用"页",从明代开始分化,出现了"叶"、"页"共时并用的情况②。例如:

(15) 即时取了一叶儿纸。(《三宝太监西洋记》第十八回)

(16) 你看这册儿第一页便是变钱法,第二页便是变米法。(《三遂平

---

① 唐代韩偓的《判僧云晏五人聚赌喧净语》:"正法何曾执贝,空门不积余财。""贝"正是指"佛经"。

② "页",《说文》"头也","叶"、"页"古音相同,都是喻钮叶部字,常常通用。

妖传》第二十回)

清代"叶"、"页"仍然并存,直至现代汉语称量书页的用法才规范作"页",但事实上应当作"叶",因为从词源上看"页"指"头",同"叶片"、"书叶(页)"在词义上根本就没有联系,只是因为"页"、"叶"同音通用才写作"页"。由于"叶"称量"片状物"的用法同"片"的用法重合,现代汉语基本上被"片"取代,用来称"书页"的用法则规范作"页"。

株

《说文》:"株,木根也。"徐锴《说文解字系传》:"入土曰根,在土上者曰株。"许慎的说法是浑言之,徐锴的说法是析言之。从字形上看"株"的本字作"朱",古文字作朿,树干上加一个指事符号,指树干,可见"株"的本义就是"树干"。《韩非子•五蠹》:"田中有株,兔走触株,折颈而死。"正用本义。用为量词从称量植物开始。例如:

(1)斋前种一株松,恒自手壅治之。(《世说新语•德行》)

(2)种桑五十树,枣五株,榆三根。(《魏书•食货志》)

(3)永明八年五月,阳城县获紫芝一株。(《南齐书•祥瑞志》)

(4)东郭都尉于吉所献一株花,杂五色。(《西京杂记》)

(5)耘一株苗,不知几月当下,几月当收。(《颜氏家训•涉务》)

以上称量植物的用法同"根"基本相同,但"根"后来发展出可以称量无生命的细长之物,如"一根木头",而"株"就没有这种用法。

尊

《说文》:"尊,酒器也。"有两条途径发展出个体量词,一条是从"尊"的本义"酒尊(樽)"发展出来的用法,因为"尊(樽)"一般有底座儿,故可称量有底座儿的事物,如宋、元时期有"一尊大炮"的说法,不过这种用法并不常见,也未通行于现代汉语,现代汉语称"一门大炮"。另一条途径,由"尊敬"义虚化而来的,这种用法最初是从佛典开始的,佛经中一般称"阿罗汉"为"尊者",称"佛"为"世尊"、"天尊"等,佛、罗汉等之肖像也敬称为"尊像",六朝佛经中常出现的"一尊像",一般要切分为"一/尊像",这个"尊"还有"尊敬"的意思,当看作形容词。后来,当"数名"之间插入个体量词成为一种规范时,

"尊"很可能被重新分析为"一尊/像","尊"与"数词"粘着在一起成了中心词的附属成分，这时"尊"就应看作个体量词了。不过，从"数＋尊＋名"格式中，区分"尊"是形容词还是个体量词并不容易，因为两种可能都存在，但当出现"名＋数＋尊"（像一尊）的时候，"尊"居于名词之后就没法认为是修饰名词的形容词了，这就一定是量词用法了。关于"尊"的产生时代，刘世儒认为是南北朝时期就产生了，仅举了一个《高僧传·义解篇》卷五的例子："符坚遣使送……金缕绣像，织成像各一尊。"① 不过，这个例子并不能作为确证使用，这里"一尊"的"尊"有异文。"三本"、"金陵本"作"尊"，其他通行版本作"张"，汤用彤校注作"张"。刘先生还举两例为证，但那是唐代的文献。本人曾将"尊"列在唐代②，李建平认为在魏晋时期已经产生了，并举了北魏造像记中的例子③：

　　东戴阳叔公得主仲练妻蔡氏修罗汉一尊。（北魏《蔡氏等造像记》）

　　敬告〈造〉释迦音像一尊，愿皇帝鉴。（北周天和六年六月十日《陈岁造砖像记》）

　　为王敬造佛二尊，宝堂药王在其左，普贤在其方〈右〉……（周明帝元年《强独乐造像记》）④

　　冀州安武军枣强县千秋乡故县村安式家内有白玉像三尊，后至元兴元年二月二十三日，求高才马良，赵氏迎得白玉像三尊，并起塔寺供养，故记。（东魏武定元年七月四日《李次明造像记》）

李建平的意见是正确的，这里的"尊"必是量词了，因为它居于中心词之后，已经无法再将"尊"理解为"尊敬"的"尊"了，但在魏晋南北

---

① 刘世儒：《魏晋南北朝量词研究》，中华书局 1965 年版，第 191 页。
② 麻爱民：《汉语个体量词的产生与发展》，博士学位论文，中山大学，2008 年，第 106 页。
③ 李建平：《汉语个体量词研究出土文献二题》，《中国语文》2012 年第 1 期。
④ 此句李建平断句有问题，当做："为王敬造佛二尊宝堂，药王在其左，普贤在其方〈右〉……"

朝时期称量佛像主要用"区"（躯），用"尊"比较少见，隋唐时期就不同了，我们在隋唐的佛典中发现了一批例子：

（1）香地三顷六十余亩、石佛一尊、娑罗树六橄。（《大唐万寿寺记》）

（2）烧海岸香然灯敷高座，请二十四尊像多亦无妨。（《摩诃止观》卷二上）

（3）复次更说入三莽地，省略一尊慈氏之像。（《慈氏菩萨略修愈誐念诵法》卷下）

（4）左右安二尊金刚。（《瑜伽瑜祇经》卷下）

（5）然灯敷高座，请二十四尊像。（《大方广佛华严经随疏演义钞》卷四十八）

（6）隋历告终，造二十五尊像。（《续高僧传》卷十一）

上面例（2）至例（6），虽然"尊"居名词之前，但联系上下文，"尊"可能已经没有"尊敬"之义了，仅仅是表示"塑像"的单位。现代汉语中，"尊"更不以称量"佛"、"金刚"等为限，可以说"一尊雕塑"、"一尊石像"等，这就一般化了。

（四）小结

魏晋南北朝时期是个体量词的重要发展阶段，这个时期的个体量词得到了快速发展，主要表现在以下几个方面：

1. 从数量上看。魏晋南北朝新产生个体量词 33 个，流传到现代汉语的有 24 个，约占个体量词总数（105）的 23％。从西周到魏晋南北朝累计产生了 74 个个体量词，其中保留到现代汉语的有 60 个，占个体量词总数（105）的 57％，也就是说到这个时期，流传到现代汉语的个体量词已经产生过半。

2. 从数量结构上看。在《抱朴子》和《齐民要术》两部书中不使用个体量词的比率约占 67％，使用个体量词的比率约占 33％[①]。使用个体量词

---

① 刘世儒："这就可见在上古数名组合须要通过量词介绍这一规范还没有形成（两汉）或者根本就不存在（先秦）。可是发展到南北朝就不同了：数名组合不通过量词介绍是个别情况，在一般情况下总是要通过量词来介绍的。"从我们的统计来看刘世儒的意见是有问题的。（参见《魏晋南北朝量词研究》，中华书局 1965 年版，第 32 页。）

的比率比两汉时期提高了 11％。个体量词的前置率约为 14％，后置率约为 86％，前置率比两汉时期提高了 1％。这两组数据都较汉代有所增长（详见 5.1）。

3. 从用法上看。魏晋南北朝以前出现的个体量词在这个时期也产生了不少新的用法。如"条"，汉代只能称量细长之物，如"绳"、"纮"等，称量法律条文和罪行，用法也仅限于此，使用频次也很有限。六朝时期可以称量"道路"，还可以称量抽象的"事件"和"计策"，使用频率明显增多，用法渐虚。"张"，两汉时期只能用于称量"弓"、"弩"、"琴"等"可撑张"的物体，六朝时期可以称量"纸"、"毡"、"被"等有平面的"可铺张"的物体。"本"，两汉时期只能称量有根的植物，如"禾一本"，六朝时期产生了称量"书"的用法。"首"，两汉时期用于称量"文章"和"事件"，六朝时期可以称量"诗"等。

4. 从分工上看。由于个体量词数量增多，原有的个体量词称量范围不断扩大，使得个体量词系统的分工趋于细密。表现为：第一，以前不习惯用量词的有了专用量词，如"书"论"本"，"纸"论"张"，"诗"论"首"等。第二，由于前代量词少，"一量多名"很普遍，这个时代产生了分化，如"果（颗）"，汉代既可以称量一般的块状物，如"干姜"、"乌喙"，也可以称量"小而圆（小头）"的物体，如"付子"，南北朝时期产生了分化，"小而圆"物体仍用"果（颗）"，而一般的"块状"物体则用新出的量词"块"，分工较之前代更为细密。

以上是从发展的角度来谈的，虽然两汉、魏晋南北朝时期个体量词进入了快速发展时期，刘世儒认为："名量词，是量词系统中的第一大类。这类量词在南北朝特别得到发展，其词量丰富，分工的细密，规范的明确，都不是这个时代以前任何一个时代所可比拟的。汉语名量词发展到这一阶段，可以说基本上已经进入了成熟时期了。"① 王绍新认为："魏晋南北朝是汉语量词空前发展的时代，经过历代的积累，现代量词的各个部类基本完备，不但总体数量多，而且个体量词与集合量词大量增加，分工更加细密，许多量词已发育得相当成熟……数名结合通过量词成为常规形

---

① 刘世儒：《魏晋南北朝量词研究》，中华书局 1965 年版，第 5 页。

式，在词序上也有重要进展：广泛使用'数量名'结构……总之魏晋南北朝是汉语量词发展臻于成熟的时期，是量词发展史上一个十分重要的时期。"① 黄盛璋也认为魏晋南北朝时期名量词已经进入成熟阶段②。这几乎已经成为学界通论，但这些说法都缺乏历史观念，相对于两汉以前的名量词系统，魏晋南北朝时期的确有了很大的发展，但同隋唐、五代和宋元时期比较还不能算成熟，主要表现在以下几个方面：

1. 从数量上看。从西周到魏晋南北朝共产生了 74 个个体量词，其中保留到现代汉语的有 60 个，占现代汉语个体量词总数（105）的 57%，仍有 43% 的个体量词尚未出现。

2. 从数量结构上看。数名之间仍以不用个体量词为常，不使用个体量词的比率约占 67%，远远高于使用量词的比率；数量结构仍以后置为主，前置率约占 14%，远比不上后置的。（详见 5.1）

3. 从分工上看。个体量词的分工虽较前代更为细密，但同后代比较，总体上仍是粗线条的。以称量动物为例，这个时代称量动物最常用的量词是"头"，它产生于汉代，兴盛于六朝，六朝时期可以称量大兽畜，如"驴"、"虎"、"狼"、"猪"、"狗"、"熊"等，可以称量小兽畜，如"兔"、"鼠"等，可以称量鸟禽，如"鸡"、"鸭"、"雀"、"鸠"，还可以称量水产和昆虫，如"鱼"、"龟"、"虫"、"蜂"，甚至可以称量"人"，如"数头男"、"健人百头"等。这些用法在近现代汉语中要用包括"头"在内的"口"、"条"、"只"、"尾"等几个量词来表达，而这个时期一般只用"头"包打天下，这说明这个时期称量动物的量词还不发达，分工只能是粗线条的。

4. 从虚化程度上看。这个时期的大部分个体量词称量范围还不广泛，所称量的对象一般是具体的事物，很少用于抽象事物。

5. 从语法特征上看。个体量词的组合还只限于同数词组合，尚不能同"指示代词"和"疑问代词"组合。从构形法上看，只出现了"AA"式重叠方式，尚未见到"一AA"、"一A一A"式用法，而且"AA"式重叠也

---

① 王绍新：《唐代诗文小说名量词的运用》，载程湘清主编《隋唐五代汉语研究》，山东教育出版社 1992 年版，第 329 页。

② 黄盛璋：《两汉时代的量词》，《中国语文》1961 年第 8 期。

限于"级级"、"层层"、"章章"、"重重"、"片片"等少数词义比较实在的量词,这还很难同名词的重叠区分开来①。从构词法上看,量词词缀构词法也只是处于萌芽阶段,仅仅出现了"车辆"、"蒜颗"、"书本"、"马匹"、"首级"、"荆株"等少量用法。"量粘名尾转名法"② 还比较罕见。

所以我们说个体量词到了魏晋南北朝时期虽然有了很大发展,但并不完全成熟。

三 隋唐五代时期的个体量词

(一) 隋唐五代的个体量词研究概述③

关于隋唐、五代时期个体量词的研究,比较系统的研究首推王绍新的《唐代诗文小说中名量词的运用》④,此文以唐代诗文小说为材料,较为细致地描写了唐代产生的各类量词,其中的"个体量词与集体量词"一节尤为细致,王先生还以刘世儒的《魏晋南北朝量词研究》为准,将不见于《魏晋南北朝量词研究》的加以标注,也就是唐代新出的"个体量词和集体量词",共计41个:科(窠)、叶、蒂、林、对、幞、餐、料、贴、橡、瓣、角、盏、缄、联、绝、起、室、队、榜、塔、壁、坯、纶、络、绚、茧、拳、星、眼、带、弯、钩、环、轮、把、抹、截、节、橛、亭。略显遗憾的是王先生将"个体量词"和"集体量词"合在一起描写,并未将这两类量词区分开来。近年关于唐代量词断代研究的硕士论文有两篇,一篇

---

① 刘世儒在谈到魏晋南北朝时期的重叠形式时说:"可是由于这一时代的名词,其重叠形式也正是这样的……所以,单从这一点上看,也可以说,它其实还是没有完全分家。"(参见《魏晋南北朝量词研究》,中华书局 1965 年版,第 14 页。)

② 刘世儒认为:"所谓'量粘名尾转名法'就是指在量词后头粘个名词尾让它转成名词。这种构词法在现代汉语是常见的。例如:'个子'、'只儿'。"(参见《魏晋南北朝量词研究》,中华书局 1965 年版,第 73 页。)

③ 这个时期的材料主要分两部分:一是传世文献方面,除了用《全唐诗》、《全唐文》、唐代笔记小说等,还使用了唐代佛教典籍《敦煌变文集新书》、《入唐求法巡礼行记》等;二是出土文献方面,主要采用敦煌文书、吐鲁番出土文书两种材料。(参考唐耕耦、陆宏基编《敦煌社会经济文献真迹释录》,全国图书馆文献缩微复制中心 1990 年版。沙知《敦煌契约文书辑校》,江苏古籍出版社 1998 年版。唐长儒《吐鲁番出土文书》,文物出版社 1992 年版。)

④ 王绍新《唐代诗文小说名量词的运用》,载程湘清主编《隋唐五代汉语研究》,山东教育出版社 1992 年版。

是游黎的《唐五代量词研究》，另一篇是王向毅的《名量词在唐代的新发展》。游黎指出唐五代新出的名量词（按：其中含有不少集体量词和临时量词）有 50 个：般、瓣、苞、笔、串、橡、簇、搭、带、蒂、顶、队、垛、钩、泓、伙、截、局、炬、橛、联、绺、纶、缭、轮、纶、络、抹、捻、派、朋、幞、铺、拳、色、事、丝、穗、索、贴、团、线、星、眼、样、叶、印、则、炷、注①。王向毅明确指出唐代新兴的个体量词 41 个：瓣、般、苞、笔、餐、橡、场、成、带、代、顶、墩、服、钩、环、节、截、橛、窠、轮、缕、派、枰、期、任、声、丝、穗、帖、团、席、线、星、巡、眼、样、叶、盏、帧、炷、宗②。以上研究为我们提供了很好的借鉴和帮助，但也存在一些问题：

1. 确定新兴个体量词的标准过宽，将有些非个体量词当作个体量词。例如：王向毅将有些"准量词"、"临时量词"列为"个体量词"。例如"代"，王向毅认为可以"量人"，还可以"量抽象的教化、仪礼、风骨、景象等"，下面试举几个他举过的例子③：

楚老几代人，种田炀帝宫。（鲍溶《隋宫》，此例量泛指的人）

显扬一代教，作时如来使。（寒山《诗三百三首》）

德兼三代礼，功包四海图。（岑文本《奉和正日临朝》）

一代高风留异国，百年遗迹剩残碑。（牟融《司马迁墓》）

以上王文所引的唐代的资料都是诗歌体裁的，在散文中，中心词的前面常出现"之"，对比：

为史官者，材不足以过其一代之人，不若实录事迹。（《续资治通鉴长编》卷三百一十五）

盖三代之教也，摩厉当世于齿让。（《北游录纪文》）

---

① 游黎：《唐五代量词研究》，硕士学位论文，四川大学，2002 年。

② 王向毅指出的 41 个新出个体量词，原则上是不包括临时量词和准量词的，但收词标准较宽，仍有临时量词和准量词混入其中。（参见《名量词在唐代的新发展》，硕士学位论文，西北大学，2007 年。）

③ 王向毅：《名量词在唐代的新发展》，硕士学位论文，西北大学，2007 年，第 12—13 页。

八风之乐以柔之，三代之礼以导之。（《旧唐书·朱敬则传》）

仰六代之高风，观百王之遗迹。（唐太宗《金镜述》见《太平御览》卷五百九十一）

从对比中我们不难发现，"一代人"也说"一代之人"，"三代礼"也说"三代之礼"，余下皆可类推，从格式上看，前者不过是后者的紧缩，"数名"之间可加"之"这不是个体量词的用法。"代"的词汇意义是很明显的，它本身是表量的（时间量），这同"个体量词"不表量是性质完全不同的两种量词。"数＋'代'"更多的时候是单用，一般不出现中心词，有时也不能补上中心词，如《祖堂集》第十七卷："有问：'如何是祖师意旨?'答曰：'六代不曾失'。"这就一定要看作名词。另外《现代汉语词典》、《汉语大词典》都没有收"代"的量词用法。这里看作"准量词"和"时间名词"都可以说得过去，可看作"个体量词"是有问题的。将"抹"、"钩"、"带"、"泓"等看作个体量词也不合适。"抹"主要用来称量"霞"，"钩"主要用来称量"月"，"带"主要用来称量"河流"，"泓"主要用来称量"水"，这些用法都是文学语言中才出现的，具有很强的修辞色彩，它们受数词的限制，一般只同"一"结合，这还是临时量词的语法特点。"轮"也是这个时代产生的临时量词，可以称量"月亮"，只能同数词"一"结合，如"一轮明月"，不过"轮"在唐代也产生过个体量词的用法，可以称量"车"，如陆龟蒙《记锦裾》："因予话上元瓦官寺有陈后主羊车一轮。"《南史·贼臣列传》："车至二十轮，陈于阙前。"但这种用法并没有流传下来。

2. 这个时代新出现的个体量词，为诸家所遗漏，应该补入。由于材料问题或考证失当，刘世儒误将唐代产生的量词提前到魏晋南北朝时期，[①]由于学者深信刘世儒的考证，对被当作是魏晋南北朝时期出现的个体量词而深信不疑，并未将它们还原到唐代来。这样的个体量词有 11 个：缕、点、股、阵、堵、管、句、朵、房、册、类。

这一时期共新出个体量词 35 个，没有流传到现代汉语的有 8 个：般、橡、墩、窠、橛、色、穗、轮。流传到现代汉语的有 27 个，其中常用个体

---

① 刘世儒：《魏晋南北朝量词研究》，中华书局 1965 年版。

量词 6 个：场、顶、朵、股、句、类，次常用的有 21 个：笔、册、点、堵、房、服、管、截、局、缕、贴、团、尾、眼、样、员、则、盏、阵、帧、炷。

（二）隋唐、五代新出且保留到现代汉语的个体量词

场

《说文》："场，祭神道也。"也就是祭祀神灵的场所，后来泛指一切场所，并引申出个体量词的用法。例如：

（1）秦地起为千载业，楚兵焚作一场灰。（张祜《经咸阳城》）

（2）令狐文公镇三峰，时及秋赋，特置五场试。第一场，杂文；第二场，试歌篇；第三场……（《唐摭言》卷五）

（3）荣枯忧喜与彭殇，都是人间戏一场。（白居易《老病相仍以诗自解》）

（4）放过则万事绝言，若不放过，一场祸事。（《祖堂集》卷十一）

（5）诗侣酒徒消散尽，一场春梦越王城。（卢延让《哭李郢端公》）

（6）赢得一场愁，鸳衾谁并头。（牛峤《菩萨蛮》）

例（1）的"一场灰"，直接从"场所"义引申出量词用法，侧重表 ［＋空间］。例（2）（3）称量"考试"和"戏"，这是表示"事件"的名词，这种"事件"既需要 ［＋空间］又需要 ［＋时间］，如"考试"是在特定的场所（考场）进行的，而且"考试"是有一定的程序并需要经历一定时间的，所以"场"中既含有 ［＋空间］又有含有 ［＋时间］义，但更强调 ［＋空间］。例（4）（5）（6）中所称量的"事件"是"祸事"、"梦"、"愁"，这里的 ［＋空间］义就不是最重要的，更强调 ［＋时间］，即强调某事件的过程。从强调空间到强调时间，"场"的用法越来越虚。近代汉语中大多以称量抽象的事件为主，如可以说"一场热闹"、"一场灾难"、"一场纷乱"、"一场惶恐"、"一场官司"、"一场病"等。

顶

《说文》："顶，颠也。"指事物最上面的部分，用为量词可以称量"帽子"等。例如：

（1）吴三藏紫绫袈裟壹条，紫绫庐山冒（帽）子一顶。（《敦煌社会经济文献真迹释录·沙州僧崇恩处分遗物凭据》）

（2）檀龛像两种、和香一瓷瓶、银五股、拔折罗一、毡帽两顶。（《入唐求法巡礼行记》卷四）

（3）僧问："不作沩山一顶笠，无繇得到莫徭村，如何是沩山一顶笠。"（《大圆禅师语录》）

（4）棚上有阿弥陀佛一尊、圣僧一座、倚子一只、盖一顶。（《磁州武安县定晋山重修古定晋禅院千佛碑》）

以上都是晚唐五代的用法，例（3）称量"笠"，与"帽子"是一类，例（4）称量"盖"，也是从称量"帽子"扩展来的。宋元以后可以称"轿子"和"帐篷"。例如：

（5）郡王收了，叫两个当直的轿番抬一顶轿子。（《碾玉观音》）

（6）说罢，检出一顶青纱帐来，教婆子自家挂了。（《蒋兴哥重会珍珠衫》）

随着"轿子"这种交通工具的废弃，当代口语中，一般不说"一顶轿子"，而"一顶帐篷"的用法还在使用。

朵

《说文》："朵，树木垂朵朵也。"徐锴《系传》："今谓花为一朵，亦取其下垂也。"《段注》："凡枝叶花实之垂者皆曰朵朵，今人但谓一华为一朵。"用为量词主要可以称量"花"和与花形状相近的事物。关于"朵"产生的时代，刘世儒举了《南方草木状》中的两个例子：[①]

　　龙眼……一朵五六十颗，作穗如莆萄。（《南方草木记》卷下；这例就和"朵"的本义相去还不远，因为它不是量"花"的，而是量"穗"的，而这"穗"又是和"葡萄"一样"垂朵朵"的。——金锡龄《释朵》说："禾至成秀则穗必下垂，故其象形与朵意同。"原来"朵"的上半拉（即"几"）就是像"穗"的下垂的。）

　　其花深红，……日开数百朵。（《南方草木状》卷中；这例就用于"花"了。——从此开始就专用于"花"了。）

我们检索了大量魏晋南北朝时期的文献，都未见到其他的例子，而

---

① 刘世儒：《魏晋南北朝量词研究》，中华书局1965年版，第189页。

《南方草木记》的作者和时代都存在争议，一种观点认为作者确为晋人嵇含，但也有后人增补的内容[①]，另一种观点认为此书出自南宋时人的伪托[②]，后一种观点比较有说服力。

我们认为"朵"的产生是从隋唐开始的。例如：

（1）半含惆怅闲看绣，一朵梨花压象床。（元稹《白裳》）

（2）魏驮山前一朵花，岭西更有几千家。（李频《及第后还家过岘岭》）

（3）忽见一人着绯，乘一朵黑云，立在殿前。（《敦煌变文集新书》卷六）

（4）醒时两袂天风冷，一朵红云海上来。（吕岩《题永康酒楼》）

（5）平阳池馆枕秦川，门锁南山一朵烟。（王建《故梁国公主池亭》）

例（5）称量"烟"的用法比较特殊，是从称量"云"转过来的。现代汉语主要称量"花"和"云"。

股

《说文》："股，髀也。"是指从髀到膝盖的部分，也就是"大腿"。由指称"大腿"转到指称整个腿部，就是《尔雅·释亲》所说的："股，胫也。"两汉时期"股"可以同数词相结合，但还不是量词用法，如《史记·扁鹊仓公列传》"循其两股以至于阴"，"两股"是指两条腿。魏晋南北朝时期有了进一步发展，产生了部分量词的用法，例如：

（1）若有完绳两三股缠相着善。（《善见律毗婆沙》卷八）

（2）持三股叉侍卫拥护。（《十诵律》卷二十五）

例（2）"三股叉"是指有三个齿的叉子，而不是三把叉子，这是"部分量词"用法[③]，后代一直沿用不衰，是现代汉语用得最多的用法。到了隋唐时期，一般性的个体量词用法也产生了。例如：

（3）为橛四枚，其量二指，纤其一头，如一股杵。（《苏悉地羯啰经》）

---

① 持这种观点的有彭世奖、苟萃华等。（参见彭世奖《〈南方草木状〉撰者撰期的若干问题》，《农史研究》1980年第1辑；苟萃华《也谈〈南言草木状〉一书的作者和年代问题》，《自然科学史研究》1984年第2期。）

② 持这一观点的有马泰来、陈连庆、刘昌芝等。（参见马泰来《〈南方草木状〉辨伪》，《农史研究》1983年第3辑；陈连庆《今本〈南方草木状〉研究》，《农名研究》1983年第18辑；刘昌芝《试论〈南方草木状〉的著者和著作年代》，《自然科学史研究》1984年第1期。）

③ 刘世儒称此类用法为"小量词"，现在一般称为"部分量词"。（参见《魏晋南北朝量词研究》，中华书局1965年版，第121页。）

（4）取五股香，沈笺苏合白檀龙脑。（《佛顶尊胜陀罗尼真言》）

（5）道安答曰："黑风义者，是众生无明之风……将此风分为八股。"（《敦煌变文集新书》卷六）

例（3）（4）称量"杵"、"香"，这都是有形的事物，还可以称量无形的东西，使无形的东西形象化，如例（5）称量"风"。这些就不再是"部分量词"的用法了，这里的"股"称量的物体都是一个没有分叉的整体，应看作一般个体量词用法。后代，称量具体事物的用法渐趋淘汰，为"根"、"条"、"支"取代，称量无定形和抽象事物的用法得到了继承，如"一股气"、"一股烟"、"一股味"甚至"一股力量"等用法，现代汉语常用不衰。

句

《玉篇》："句，止也，言语章句也。"也就是词句、语句的意思，由此义引申出量词的用法，专门称量"言语"、"词句"。关于个体量词"句"的产生时代，刘世儒认为："'句'作为量词是秦汉以来的事"，又说："到了南北朝，'句'的量词资格又稳定了一些。"下面再看看刘世儒举的例子[①]：

一句之文无不研赏。（《宋书·王微传》）

云其下一句逸也者，素以为绚之一句也。（《论语·八佾》皇疏）

此八字通为一句，言此乡有一童子难与言耳，非一乡皆专恶也。（《论语·述而》皇疏；"此八字"指"互乡难与言童子见"。有理解为"互乡难与言，童子见"，那就是两句："互乡难与言［之］童子见"。）

先看第一个例子，完整的引文是："一字之书，必共咏读，一句之文，无不研赏。""一句之文"同"一字之书"相对，"字"是名词，"句"也应是名词，"一句之文"是"一句话的文章"。后两个例子中心词没有出现，"句"在中心词不出现的时候，是看作量词还是名词呢？这里还应看作"名词"更为适合，因为"句"本身就是称量的对象，而不是中心词的陪伴成分，"一句"就是"一言"、"一语"，孔颖达疏《诗经·周南·关雎》：

---

① 刘世儒：《魏晋南北朝量词研究》，中华书局 1965 年版，第 175 页。

"句则古者谓之为言……则以思无邪一句为一言。"这些都可以证明上面的例子并未突破"一句为一言"的范围。我们认为,判断"句"是量词还是名词,单纯从词义上去解释就会造成分歧,应该先确立个形式标准,这就是当中心词出现的时候,尤其是形成"数词＋量词＋中心词"结构的时候,就要看作量词了,因为中心词出现的时候,"句"的"言语"、"语词"的词汇意义就隐含起来,变得更虚灵了,成为一个陪伴的成分。这种有明确中心词出现的时代是从唐代开始的。例如:

(1) 后人亦有取帖内一句语稍异者褾为帖名。(《法书要录》卷十)

(2) 中心自明了,一句祖师言。(齐己《闭门》)

(3) 山堂冬晓寂无闻,一句清言忆领军。(皮日休《冬晓章上院》)

(4) 一句两句大乘经,灭却身中多少罪。(《敦煌变文集新书》卷一)

(5) 谢家园里成吟久,只欠池塘一句诗。(吴融《莺》)

唐代"句"所陪伴的中心词主要是"言"、"语",宋代出现了"一句话"的说法,这只是中心词更替的结果,与唐代的用法没有根本差别。现代汉语中"一句话"成为常见用法。

类

《说文》:"类,种类相似,惟犬为甚。"《玉篇·犬部》:"类,种类也。"先秦时期可以与数词结合,如:《吕氏春秋·贵公》:"阴阳之和,不长一类;甘露时雨,不私一物。""类"与"物"对举,"类"还是名词性的。关于"类"的个体量词用法产生时代,刘世儒认为[①]:

> "类"的真正作为量词,大约是到了南北朝才开始形成的。和"种"比较起来,可以说它还是处在较为幼稚的阶段的:
>
> 结茎吐秀,数千余类。(江淹文,《全梁文》卷三十八)
>
> 珍怪异物,千种万类,不可胜纪。(《水经注》卷三十七)

从刘世儒所举的例子来看,这两个例子中的"类"作为量词太勉强了,从词义上看,它们词汇义还明显存在,从结构上其中心词并未出现也

---

① 刘世儒:《魏晋南北朝量词研究》,中华书局 1965 年版,第 145 页。

无法补足，南北朝时期，"类"还不能带中心词，一般只与数词组成"数名"结构。唐代有了进一步的发展，中心词常常出现，这就可以看作量词了。例如：

（1）复次世尊我昔曾见一类沙门婆罗门。（《根本说一切有部毗奈耶杂事》卷八）

（2）如象马驼牛驴羊鹿水牛猪等，及一类龙、一类妙翅、一类鬼、一类人。（《阿毗达磨集异门足论》卷九）

（3）如有一类烦恼未断恶境现前。（《阿毗达磨大毗婆沙论》卷二十一）

（4）此中一类义如前说。（《阿毗达磨大毗婆沙論》卷三十）

（5）如一类法少分与心相应。（《阿毗达磨顺正理论》卷二十）

（6）今于此中一色所喻为一类业。（《阿毗达磨顺正理论》卷四十三）

"类"可以称量具体事物，如"人"、"龙"、"鬼"等，还可以称量抽象事物，如"烦恼"、"义"、"法"、"业"等。

"类"同"种"的用法相似，但"类"的发达晚于"种"，刘世儒认为："在现代汉语，'种'和'类'都继承下来了：'类'表大类，'种'表小类，各有用处。这就使汉语的类别法更加精密了。"[1]

（三）隋唐、五代新出且保留到现代汉语的次常用个体量词

笔

笔，是指书写和绘画的工具，用为量词也是从称量书画开始，最早的用法见于晚唐、五代：

（1）谁知此日凭轩处，一笔工夫胜七襄。（吴融《和座主尚书登布善寺楼》）

（2）问："一笔丹青为什摩邈志公真不得？"（《祖堂集》卷九）

这里"一笔功夫"和"一笔丹青"的"笔"就不是"毛笔"或者"笔画"的意思，而是称量书画技艺的量词，现代汉语常说的"一笔好字"的用法，在明代比较常用了。例如：

（3）原是个读书不就的少年子弟，写得一笔好字。（《二刻拍案惊奇》

---

[1]　刘世儒：《魏晋南北朝量词研究》，中华书局 1965 年版，第 145 页。

卷三十四)

（4）诸子百家，双陆象棋，拆牌道字皆通，一笔好写！（《金瓶梅》第三回）

"笔"在清代晚期可以用于称量"钱款"、"账目"，例如：

（5）如果可以一劳永逸，何不另酬一笔款项。（《老残游记》第十四回）

（6）他听了那先生的话，便去偷了一笔钱。（《二十年目睹之怪现状》第二十六回）

（7）毛二胡子自认不是，情愿把这一笔账，本利清还。（《儒林外史》第五十二回）

以上用法现代汉语仍在沿用。

册

《说文》："册，符命也，诸侯进受于王也。像其札一长一短，中有二编之形。""册"就是"简册"，析言之单支的为"简"，编联在一起的就是"册"，作为量词，"册"专门用来称量"书"。刘世儒说[①]：

> 今之取证，唯有《王制》一简，《公羊》一册。（《魏书·礼志》）
> 南北朝去古不远，这"简"可能还是实指"竹简（或木简）"，"册"也可能还是实指"相连"的"众简"；但后来发展就不同了："简"已经随着"竹简"的淘汰而淘汰，"册"虽然保留下来，但也不再是实指"众简"了。

刘世儒仅举了一个例子，从这个例子来看，"册"与"简"对言，未必是量词，可能还是名词性的。我们检索了六朝时期的文献，包括佛典都未见到其他的用例。真正的用例始见于晚唐五代，例如：

（1）三编大雅曾关兴，一册南华旋解忧。（李咸用《和彭进士感怀》）

（2）立心画一册，有阁波罗王礼甚。（《宣室志·邬惠连》）

以上两个例子都是晚唐五代的，晚唐五代也还只是萌芽状态，用例不多。

---

① 刘世儒：《魏晋南北朝量词研究》，中华书局 1965 年版，第 170 页。

点

《说文》："点，小黑也。"《说文》的解释是就字形义来说的（因为"點"从"黑"）。文献中"点"并不限于黑色，只要是小而圆的都称为"点"，引申为量词可以称量小而圆的物体。"点"是个"兼职量词"，它的名词和量词用法并存，所以在中心词不出现的场合很难判断是不是量词，只有在中心词出现的场合才可以确定其量词词性。关于量词"点"的始见年代，刘世儒列在魏晋南北朝时期，但刘世儒的三个例子都值得商榷：①

> 可怜数行雁，点点远空排。（庾信《晚秋》）
> 始获琼歌赠，一点重如金。（江淹《惜晚春应刘秘书》）
> 庭梅对我有怜意，先露枝头一点春。（侯夫人《看梅》）

第一个例子，"点点"是名词的重叠还是量词的重叠？正如刘世儒自己所认为的：魏晋南北朝时期量词同名词的重叠方式相同（AA式），从重叠形式上还不能区分名词和量词。② 从词义上分析，这里的"点点"应看作名词的重叠。第二个例子"一点重如金"，不是"重如一点金"，这里的"一点"是"些少"义，属于不定量词。第三个例子的作者为侯夫人，侯夫人是隋炀帝时的宫女，史载 16 岁进宫，24 岁自缢，其诗歌创作是在隋代，所以第三例不应看作是魏晋南北朝的例子。另外我们检索了大量魏晋南北朝时期的语料，未发现"点"用为个体量词，但到了隋唐时期，情况就大为不同了，尤其是在唐诗中，"点"的个体量词用法异常活跃。例如：

（1）红炉迸溅炼金英，一点灵珠透室明。（吕岩《得火龙真人剑法》）

（2）清光门外一渠水，秋色墙头数点山。（刘禹锡《秋日题窦员外崇德里新居》）

（3）数点雨入酒，满襟香在风。（李咸用《登楼值雨二首》）

---

① 刘世儒：《魏晋南北朝量词研究》，中华书局 1965 年版，第 118 页。
② 同上书，第 14 页。

（4）非独心常净，衣无一点尘。（姚合《寄不出院僧》）

（5）遥将一点泪，远寄如花人。（李白《寄远》）

（6）徒沾一点血，虚污箭头腥。（白居易《答箭镞》）

（7）唯看一点火，遥认是行舟。（白居易《西河雨夜送客》）

（8）绝顶登云望，东都一点烟。（杜光庭《山居》）

（9）青荧一点光，曾误几人老。（司马扎《感萤》）

（10）茅峰三点翠，练水一条辉。（张祜《江南杂题》三十首之三）

（11）东海一片白，列岳五点青。（白居易《贺雨》）

"点"本来就含有"小"义，一般限于称量小颗粒状的物体，如"一点珠"、"一点尘"、"一点露"、"一点雨"、"一点泪"等。有些大的物体本不可以用"点"来称量的，但当远距离观看时，近大远小，许多大物就成了个小圆点，这就可以使用"点"了，如"一点星"、"一点月"、"一点山"等，这是主观认知的结果。在称量具体可感的事物的基础上，进一步扩展还可以称量抽象的事物，如"一点春"、"一点恩"、"一点愁"等，这可以使抽象的事物形象化，当然这类用法已经同表示"些少"义的不定量词相差无几了。现代汉语中"点"以表"些少"义的不定量词用法为主，个体量词反倒不常用了。

堵

《说文》："堵，垣也，五版为一堵。"《淮南子》"圣人处环堵之室"，高诱注曰："堵，长一丈，高一丈，面环一堵为方丈，故曰环堵。"这里的"堵"还是度制单位量词，当度制单位的用法一般化时就产生了个体量词用法，但度制单位用法同个体量词用法是很难区分的，因为单纯从形式上没有办法区分，只有在具体的语言环境中才能区分出来。以下的用法应是个体量词：

（1）若惧拜扫不知兆域，当筑一堵低墙于左右前后。（《颜氏家训·终制》）

（2）谐白高祖曰："公无党援，譬如水间一堵墙，大危矣，公其勉之。"（《隋书·元谐传》）

（3）张榜墙，乃南院东墙也，别筑起一堵高丈余。（《唐摭言》卷十五）

以上用法都不太可能是度量单位量词用法，因为在这些特定的语言环境中都是一般性指称，都不是强调墙的面积的语境，没有用度量单位的必要。例（1）"筑一堵低墙"，例（3）"别筑起一堵高丈余"，一高一低，说明这已经不是"长一丈、高一丈"的面积单位了，这同现代汉语"一道墙"一样，已经一般化了。

关于个体量词"堵"出现的年代问题，刘世儒认为魏晋南北朝时期就是量词了，但只举《颜氏家训》中的一个例子（见例（1）），据王利器考证《颜氏家训》成书于隋代①。我们检索了大量文献，均未发现南北朝时期的用例，又考虑到唐代已经有了一定数量的用法，如（2）（3），所以我们认为个体量词"堵"产生于隋、唐时期，当然它的度量单位词用法早在《诗经》时期就产生了。"堵"是称量"墙"的专用量词，现代汉语仍在使用。

房

《说文》："房，室在旁也。"指正房两边的房间，古代娶妻妾于"房"，"一房"居住一妻或一妾，由此引申成为称量"妻妾"的个体量词。刘世儒先生举了《宋书·臧质传》"姬妾百房，尼僧千计"的例子②。"房"的个体量词用法在南北朝时期仅此一例，这是个孤证。而且"百房"可能还是形容"姬妾"人数众多的，未必见得一定是个体量词用法。唐宋才有些用例可资参证，但仍罕见。例如：

（1）纵然妻子三五房，无常到来不免死。（《敦煌词·天下传孝十二时》）

（2）与清河小房崔氏、北祖第二房卢氏、昭国郑氏为四望族。（《旧五代史·李专美列》）

（3）杜氏凡五房，一京兆杜氏；二杜陵杜氏；三襄阳杜氏；四洹水杜氏；五濮阳杜氏。（宋·蔡梦弼《杜工部草堂诗话》）

元明时期的戏曲和小说中就比较常见了，用法也成熟了，可以出现在"数量名"结构中。例如：

（4）后来娶下一房奇丑的媳妇。（《蒋兴哥重会珍珠衫》）

（5）新娶得一房好娘子。（《陈御史巧勘金钗钿》）

---

① 颜之推（公元531—约595年）生于北魏末年，历北齐、北周政权而入隋。据王利器考证，书中多处避隋帝之讳，多言如入隋后事，是入隋后的著作。（参见王利器《颜氏家训集解》，上海古籍出版社1980年版。）

② 刘世儒：《魏晋南北朝量词研究》，中华书局1965年版，第166页。

"一房媳妇"的说法在现代汉语口语中虽不多见，但仍有使用：

（6）我打算给他说房媳妇，模样丑俊我知道他不计较……（冯德英《迎春花》）

（7）呼天成说给孙布袋找房媳妇，就给他找了一房媳妇。（李佩甫《羊的门》）

服

"服"是个动词，"饮用"或"食用"的意思，如《礼记·曲礼下》："医不三世，不服其药。"六朝时期可以和数词结合，如《抱朴子·仙药》："若服玉屑者，宜十日辄一服雄黄丹砂各一刀圭。"但这还只是动词用法而非量词。到了唐代"数词＋服"后面出现了中心词，"服"作为量词就可以居之不疑了。例如：

（1）此犹未也，当要进一服药。（《河东记·卢佩》）

（2）每日止一服药一顿食。（《千金翼方》卷十二）

（3）有一人服五服药，即出虫长一尺余三枚。（《王焘先生外台秘要方》卷十二）

（4）澄去垽浊，分再服三服者，第二第三服以纸覆。（《备急千金要方》卷一）

例（3）比较典型，"服五服药"，前一个"服"是动词，后一个"服"是量词。"一服药"的说法现代汉语仍然使用。如俞平伯《读〈毁灭〉》："极容易，极切实，极其有用，不敢说即是真理，但这总是我们的一服药。"有时"一服药"也作"一副药"或者"一付药"，"一副药"义在于"各种药材相配而成"，而"一付药"则是"一副药"的不同书写形式，这是"付"、"副"同音通用所致，属文字问题，与"付"的词义无关。

管

管，是"管状"物体的通称，用为量词也限于称量"管状物"，关于量词"管"的产生，刘世儒认为是六朝时期，仅举出了一个《搜神记》的例子：但将取……笔十管，墨五挺，安我墓里[1]。我们检索了二十卷本

---

[1]　刘世儒：《魏晋南北朝量词研究》，中华书局 1965 年版，第 169 页。

《搜神记》，但并未见到这段话，而且《太平御览》、《太平广记》、《法苑珠林》、《册府元龟》书中也未见此条。此例出自"八卷本"《搜神记》，关于"八卷本"《搜神记》，学界一致认为是唐宋时人的手笔，与通行的二十卷本《搜身记》是两个不同的系统（详见5.6）。我们检索了魏晋南北朝时期的语料，没有其他的用例可资参证。据此，将个体量词"管"的产生时代初步确定在隋唐时期。例如：

（1）铁锡杖一柄（见在）象牙管一管，尘尾一柄。（《国清百录》卷二）

（2）尘尾一柄，乌油铁钵一口，斑竹笔二管，铜七筋一具。（《国清百录》卷二）

（3）书功笔秃三千管，领节门排十六双。（杜牧《寄唐州李玭尚书》）

（4）筑紫斐纸二百张、筑紫笔二百管、筑紫墨四挺。（见最澄《显戒论缘起》卷上，转录自张步云《唐代逸诗辑存》）

（5）江南有僧名蛰光，紫毫一管能颠狂。（吴融《赠蛰光上人草书歌》）

例（1）（2）出自隋朝沙门灌顶的《国清百录》，例（3）至例（5）都属于唐代的材料。隋唐时期主要称量毛笔，例（1）"象牙管一管"，形式上类似于甲骨文中的"人十人"，但毕竟时代背景不同，这里的"管"应看作是量词用法。宋元以后称量范围有所扩展。例如：

（6）唱中腔一遍讫，先笙与箫笛各一管和。（《东京梦华录》卷九）

（7）篙鉎十条、脚道一条、舵一管。（《寿昌乘·战舰》）

（8）木枪杆三百四十九条、枪钻头一百八十二管。（《四明续志》卷六）

（9）杂色叉四百二十管。（《四明续志》卷六）

以上可以称"萧笛"、"舵"、"枪钻头"、"杂色叉"，只有称量"萧笛"的用法流传下来了，其余用法被现代汉语所淘汰。在现代汉语中，有时还用来称量"笔"，还有"一管钢笔"的说法存留，尽管这"钢笔"不是用竹管做成的。

截

《说文》："截，断也。"六朝时期可以同数词结合，如《魏书·宾李雄传》："涪陵民药氏妇头上生角，长三寸，凡三截之。""截"后面带宾语"之"，说明"截"还是动词。唐代用为量词，称量"成段"的事物，用法相当于"段"。例如：

（1）或言肉可治疯，遂取一截蛇肉食之。（《朝野佥载》卷一）

（2）有人盗僧林内杏树……截作三束，其时时价卖柴，至寺二十文，即得一截。（《释门自镜录》卷下）

（3）孙登琴遇雨必有响，如刀物声，竟因阴雨破作数截，有黑蛟踊去。（《云仙杂记》卷一）

近代汉语中，进一步发展，用来称量许多抽象事物，这在宋代朱熹的《朱子语类》中得到集中的反映。例如：

（4）此等处须有上一截话。（《朱子语类》卷三十四）

（5）自此隔下了，见识止如此，上面一截道理更不复见矣。（《朱子语类》卷十九）

（6）但是他只知得那上面一截事。（《朱子语类》卷十二）

《朱子语类》中除了上面的"一截话"、"一截事"、"一截道理"等用法外，还可以说"一截利（利益）"、"一截义"、"一截好"等。"截"既可以称量具体事物，也可以称量抽象事物，不过，现代汉语中，称量具体事物的用法可用"段"也可用"截"，"截"更具口语化。称量抽象事物的用法现代汉语一般用"段"，很少用"截"。

局

《说文》："局，博所以行棋。"本指棋盘，如《论衡·谈天》："数局上之棋，摘辕中之马。"由"棋盘"义引申出"行棋一次"的用法，进而产生量词用法。例如：

（1）休休休，莫莫莫，一局棋，一炉药，天意时情可料度。（司空图《题休休亭》）

（2）夜忽闻堂内姑谓妇曰："良宵无以为适，与子棋一局。"（《桂苑丛谈·史遗》）

（3）见一将军，紫袍玉带甚伟，下一疋细绫，请一局卜。（《朝野佥载》卷三）

例（3）称量"卜"，这和占卜的形式有关，所称量的卜法可能是"扶乩"类的卜法，这种占卜方法是在类似"棋局"的沙盘中进行的，所以也可以称"局"。这个时代的用法以称量"棋"为主，其他的用法并不常见。这些都是有具体的"局"（"棋盘"、"沙盘"）的限制的，后代不限于此。

例如：

（4）下无媒妁之言，一时间凭着两局赌赛，偶尔亏输，便要认起真来。（《二刻拍案惊奇》卷二）

（5）便四个人打一局麻雀，和哄得太夫人甚是高兴。（《九尾龟》第一百二十八回）

现代汉语中"一局棋"的用法比较书面化，口语中一般说"一盘棋"。"一局比赛"等说法依然常用。

缕

《说文》："缕，线也。"作为量词主要用来称量线状物，刘世儒举六朝诗人刘遵《七夕穿针》中的诗句："向光抽一缕，举袖弄双针。"认为是"综合称量法"①，并将"缕"列为六朝时期出现的量词，此例中"一缕"与"双针"相对为言，"缕"是名词无疑，谈不上什么"综合称量法"，真正的量词用法是在唐代产生的。例如：

（1）心若垂杨千万缕，水阔花飞，梦断巫山路。（冯延巳《鹊踏枝·烦恼韶光》）

（2）十发九缕丝，悠然东周城。（刘言史《初下东周赠孟郊》）

（3）盏清茶一缕烟，灶君皇帝上青天。（罗隐《送灶诗》）

（4）青城丈人何处游，玄鹤唳天云一缕。（曲龙山仙《玩月诗》）

例（1）（2）分别称量"垂杨"、"丝"，是形状固定的事物，例（3）（4）称量"烟"、"云"，是形状不固定的事物，由于有"缕"的限定，"烟"、"云"就有了具体可见的形象了。后代还可以称量看不见摸不着的"香气"，这就把无形的东西形象化了。

贴

古代"一贴"即"一剂"。用为量词主要称量"药剂"，在文字上又可以写作"帖"。例如：

（1）三黄丸、水解散、疟痢药、金枪刀箭药等五十贴。（《神机制敌太白阴经》卷四）

（2）每晨温酒服一贴，食时服一贴。（《王焘先生外台秘要方》卷三十七）

---

① 刘世儒：《魏晋南北朝量词研究》，中华书局1965年版，第115页。

（3）师云："将一贴茶来与师僧。"（《祖堂集》卷十九）

（4）我有一帖药，其名曰阿魏，卖与十八子。（《蜀童谣》）

唐代主要用来称量"药剂"，不论"汤剂"、"丸剂"、"片剂"、"贴剂"都可以用"贴"，例（3）用来称量"茶"，这也是按"剂量"来说的。"一贴药剂"的用法近代汉语还有所沿用，但渐趋弱势，范围也在不断缩小，现代汉语只有称量"膏药"时才使用。

团

《说文》："团，圜也。"用为量词可以称量圆团状的物体。例如：

（1）有一老婢出来迎，布施如来一团饭。（《敦煌变文集新书》卷二）

（2）师曰："如似一团铁。"师问僧："名什摩?"（《祖堂集》卷四）

（3）一团春雪，抛在玉炉中煎。（吕岩《八声甘州》）

（4）山榴逼砌栽，山火一团开。（李郢《雨中看山榴落花》）

（5）求君心，风韵别，浑似一团烟月。（孙光宪《清平乐》）

（6）松柏楼窗楠木板，暖风吹过一团香。（花蕊夫人《宫词》）

（7）来如霹雳急，去似一团风。（《敦煌变文集新书》卷四）

（8）一团青翠色，云是子陵家。（李山甫《公子家二首》）

唐代"团"的用法已经非常成熟了，例（1）至例（5）分别称量"饭"、"铁"、"雪"、"火"、"烟"，这些都是可以看得见的具体事物，例（6）称量"香"，是可以闻得到的，例（7）称"风"是可以感觉得到的，还可以称量抽象的事物，如例（8）"一团青翠色"等，现代汉语的用法也不出此范围。

尾

本义指"尾巴"，用为量词称量"有尾巴"的动物，这同"头"、"口"一样都是用部分代替整体的"替代型"量词。"尾"的量词用法始见于唐代。例如：

（1）生鲤鱼一尾，熟艾二升，白蜜一升。（《唐王焘先生外台秘要方》卷十）

（2）有鱼数百尾，方来会石下。（柳宗元《游黄溪记》）

唐代只是萌芽阶段，用例不多，且仅能称"鱼"，宋元时期称量范围进一步扩大。例如：

（3）世传一尾龟百龄，此龟逮见隋唐兴。（王安石《同王浚贤良赋龟得升字》）

（4）女儿浦口山堆髻，一拥河豚千百尾。（洪适《渔家傲》）

（5）却下关山入蔡州，为买乌犍三百尾。（苏轼《过新息留示乡人任师中》）

（6）前有百尾羊，听我鞭声如鼓鼙。（苏轼《书晁说之考牧图后》）

（7）尝舟而归钱塘，见渔船万尾戢戢、恻然意折。（《禅林僧宝传》卷九）

例（3）（4）称量"龟"、"河豚"，这同称量"鱼"是同类的，例（5）（6）分别称量"乌犍"（黑牛）和"羊"，这些也是有尾巴的动物。例（7）称量"船"就比较特殊了，"船"无尾但仍可以用量词"尾"称量，这是隐喻的结果，是从认知上将"船"看作"鱼"了。后来用法萎缩，现代汉语一般只用来称量"鱼"，称量其他的事物都有自己的专用量词，一般不用"尾"。

眼

《说文》："眼，目也。"本指"眼睛"，引申出"孔穴"义，如：梁刘孝威《七夕穿针诗》："故穿双眼针，特缝合欢扇。""双眼针"就是"双孔针"，"眼"还是名词。唐代时出现了个体量词用法，可以称量"泉"。例如：

（1）阶上一眼泉，四边青石甃。（张籍《上士泉瓶》）

（2）一眼汤泉流向东，浸泥浇草暖无功。（白居易《题庐山山下汤泉》）

（3）东溪泉一眼，归卧惬高疏。（张祜《题陆墉金沙洞居》）

唐代的用法还仅限于"泉"，宋代可以称量"井"。例如：

（4）下有阴井一眼，深二丈余。（《东京梦华录》卷三）

（5）新筑井一眼，供御水。（《三朝北盟会编》卷二百三十五）

称量"泉"、"井"的用法都保留到了现代汉语。

样

"样"，有"式样"义，如白居易《缭绫》"天上取样人间裁"，由此引申出量词的用法，大致与"种"相同。

（1）三样钱买二色酒。（《云仙杂记》卷七）

（2）泣露千般草，吟风一样松。（《寒山子诗》）

（3）新衫一样殿头黄，银带排方獭尾长。（王建《宫词》）

唐代，个体量词"样"还处于萌芽阶段，用例不多，宋代以后逐渐通行起来，不仅可以称量具体事物，还可以称量抽象事物。例如：

（4）今之学者有三样人才：一则资质浑厚……（《朱子语类》卷一百一十五）

（5）望三山远似蓬莱，一点真情，几样离怀。（汤舜民《赠友人崇彦名》见《全元散曲》）

（6）三藏道："我身上穿的这袈裟，是第三样宝贝……"（《西游记》第三十七回）

（7）有几样菜儿，一壶儿酒，取了来和姥姥坐的。（《金瓶梅》第七十八回）

（8）你那里来这样好东西？（《初刻拍案惊奇》卷三十六）

现代汉语中，"样"与"种"的量词用法基本相同，但"样"更口语化。

员

《说文》："员，数物也。"《汉书·尹翁归传》："则以员程，不得取代。"颜师古注："员，数也。"这是数物的，由物及人，《论衡·程材》："篇其置文吏也，备数满员"，这就是"人员"、"官员"的意思了。关于个体量词"员"的产生时代，刘世儒认为六朝时期就产生了，但仅举了一个《莲社高贤传》例子[①]：立学馆鸡笼山，置生徒百员。这个例子很难看作是六朝时期的例证，因为《莲社高贤传》作者和成书年代都不可考，以往学者大多认为是东晋或者南朝人所著，据汤用彤《汉魏两晋南北朝佛教史》考证[②]，东晋南朝文人咏庐山东林寺诗作甚多，对十八贤士结莲社的事却只字未提，只是在中唐以后，贯休、白居易等人诗中才有莲社、十八贤士的记载，汤先生认为此书实为唐人所辑，这种意见值得重视，现在所能见到的最早的确切的例证是唐、五代时期的。例如：

（1）今此觅取一员政官。（《敦煌变文集新书》）

---

① 刘世儒：《魏晋南北朝量词研究》，中华书局1965年版，第165页。
② 汤用彤：《汉魏两晋南北朝佛教史》，中华书局1983年版。

（2）天保末，文宣尝令术选百员官，参选者二三千人。（《北齐书·辛术列传》）

（3）云"与此人一员好官"。（《野朝金载》）

量词"员"限于称量某些机构的官员，一般的"人"是不能用"员"的，宋元时期出现了"一员大将"的说法，这也没有超出"官员"的范围。现代汉语书面语中还有所保留：

（4）张大力，原名叫张金璧，津门一员赳赳武夫。（冯骥才《市井人物》）

（5）那末，作为中国人民解放军一员战将的王维国……（魏雯天《王维国"敢死队"的覆灭》）

则

《说文·刀部》："则，等画物也。"引申出"划分"、"分析"的意思，如《尚书·禹贡》："咸则三壤，成赋中邦。""则"的个体量词用法始见于五代，用为量词主要称量事件、语言等。例如：

（1）云岩不知有这一则事，我当初在药山时悔不向他说。（《祖堂集》卷十六）

（2）有僧出来，两三则语举似师。（《祖堂集》卷五）

（3）僧云："某甲初到时，有一则因缘。"（《祖堂集》卷七）

例（1）称量"事"，例（2）称量"语"，这是因为事件可以分成一个片段一个片段的，语言也可以一段一段地说。例（3）称量"因缘"，这同"事"是同类的。现代汉语书面语中还有所保留，主要称量形式短小的文体，如"一则新闻"、"一则广告"、"一则笑话"、"一则寓言"、"一则声明"、"一则日记"等。

盏

《方言》第五："盏，杯也。自关而东，赵魏之间曰椷，或曰盏。"郭璞注："盏，最小杯也。"六朝时期用为器物量词，如：

（1）乞人酱时，以新汲水一盏，和而与之，令酱不坏。（《齐民要术》卷八）

（2）三齐苴席，五盏盘桃花米饭。（《南齐书·崔祖思传》）

唐代还可以称"一盏酒"、"一盏粥"、"一盏清茶"等，这些还都是器物量词用法，这里的"盏"本身还表"量"的，这不能看作个体量词的用法。到了唐代，就有所不同了，唐代发展出称量"灯"的用法，这同一般计量"酒"、"茶"的用法是不同的，例如：

（3）初夜，台东隔一谷，岭上空中见有圣灯一盏，众人同见而礼拜。（《入唐求法巡礼行记》卷三）

（4）千株松下双峰寺，一盏灯前万里身。（赵嘏《四祖寺》）

（5）几人樽下同歌咏，数盏灯前共献酬。（崔玄亮《和白乐天》）

"一盏灯"的用法同古代"灯"的形制有关，古代的"灯"形如杯盏，里面可以放灯油，可以说"灯"是一种特殊的"盏"，但这里的"盏"已经不再表"量"了，只是称量"灯"的单位而已，这就要看作个体量词了。现代的"电灯"更谈不到"盏"形，但仍然沿用古代的说法称"一盏电灯"。

阵

阵，陈也，是"陈列"的意思，由此引申出"军阵"，"军阵"需要依序排列开来，这就形成了一个"空间"的序列，由"空间"转到"时间"，个体量词"阵"主要用来称量经过一定时间过程的事件。关于个体量词"阵"的产生时代，刘世儒认为："这个量词在南北朝时期也产生了，不是到了唐代才渐次产生的。"[1]刘世儒仅举《神仙传》中的一个例子："须臾有大雨三阵，从东北来，火乃止。"这个材料出自宋人编的《太平广记》可能是宋人润色、加工过的，这样的材料是不能用为主要证据的（详见5.6）。量词"阵"产生的确切时代应是唐代。例如：

（1）东风一阵黄昏雨，又到繁华梦觉时。（崔涂《感花》）

（2）一阵风来一阵砂，有人行处没人家。（周朴《塞上曲》）

（3）会归原上焚身后，一阵灰飞也任他。（齐己《寄无愿》）

（4）一阵西风起浪花，绕栏杆下散瑶华。（陆龟蒙《和袭美褚家林亭》）

（5）晴日万株烟一阵，闲坊兼是莫愁家。（孙鲂《杨柳枝》）

（6）一阵暖瑝气，隐隐生湖东。（皮日休《太湖诗·缥缈峰》）

（7）马骄风疾玉鞭长，过去唯留一阵香。（韦庄《丙辰年鄜州遇寒食城外醉吟五首》之四）

---

[1]　刘世儒：《魏晋南北朝量词研究》，中华书局1965年版，第164页。

（8）一阵雨声归岳峤，两条寒色下潇湘。（狄焕《咏南岳径松》）

"阵"，可以称量"雨"、"砂"、"烟"，这些都是有形的看得见的，也可以称无形的，如"风"、"气"，还可以称说闻得到的"香气"，听得到的"雨声"。可以说唐代的用法已经同现代汉语没什么差别了。

帧

"帧"的本义是"画幅"，《正字通》："今人以一幅为帧"，在唐代引申出个体量词用法。例如：

（1）寺中留绣像一帧。（李邕《郑州大云寺碑》）

（2）可画一帧作绀容夫人所为因缘。（《根本说一切有部毗奈耶》卷四十八）

（3）爰勒上宫式摹遗景，奉造释迦绣像一帧，并菩萨圣僧。（《辩正论》卷四）

（4）赐右谏议大夫知梓州吕居简进奉乾元节无量寿佛一帧敕书。（《欧阳修集·内制集》卷八）

近代汉语中限于称量"画"、"照片"。例如：

（5）报之以吴道子画《炽盛光佛》一帧，古铜水龟玉界尺二。（《墨史》卷上）

（6）余借观，有右丞画一帧。（《画禅室随笔》卷二）

（7）亚斯脱力勒新式手枪一支，照片一帧，系三人合摄者。（《民国艳史》第五回）

量词"帧"的用法，在现代汉语书面语中还有部分存留，称量"照片"的用法较为常用。

炷

"炷"本字作"主"，后来分化出"炷"，《说文》："主，灯中火主也。或作'炷'。"本义是"灯芯"，如《新论·祛蔽》："灯中脂索，而炷焦秃，将灭息。"又由"灯芯"义引申出量词的用法，如：

（1）一炷名香充供养，百枝花蕊表殷勤。（《敦煌变文集新书》卷二）

（2）人事飘如一炷烟，且须求佛与求仙。（徐夤《人事》）

（3）用一枚杖长三握，复取两指团艾三炷。（《千金翼方》卷二十九）

例（1）称量"香"，这是最为常见的用法，例（2）称量"烟"，"烟"

本无定形，但用上量词"炷"，则"烟"的细长缭绕之象就十分具体、鲜明了。现代汉语中成为称量"香"的专用量词。

（四）小结

到了隋唐五代，汉语个体量词比魏晋南北朝时期有了较大的发展，可以说在这个时期汉语个体量词系统趋于成熟了，这主要表现为：

1. 从数量上看。隋唐五代时期新出个体量词 35 个，流传到现代汉语的有 27 个，约占总数（105）的 26％。从西周到这个时期，累计产生了 109 个个体量词，其中保留到现代汉语的 87 个，约占总数（105）的 83％。

2. 从数量结构上看。我们统计了《祖堂集》和《敦煌变文集新书》，不使用个体量词的比率约占 51％，使用个体量词的比率约占 49％，使用个体量词的比率比前一个时期提高了 16％。个体量词的前置率约 86％，后置率约 14％，前置率比前一个时期提高了 72％。这个时代"数名"和"名数"之间使用和不使用个体量词的数量基本持平，数量结构的前置率则有了很大的提高，前置已经成为一种强制性的规范。

3. 从用法上看。这个时代以前出现的个体量词，在本时期也产生了不少新的用法。表现在以下两个方面。第一，称量范围的扩大。如"床"，魏晋南北朝时期只能称"屏风"和"弩"，这个时期可以称量"被子"和"席子"；前一个时期"滴"只能称"水"，用量不多，这个时期可以称量"酒"、"血"、"精"、"乳"等，几乎可以称量所有的液体。第二，从一个范畴到另一范畴的发展。如"条"，魏晋南北朝时期只能称量"绳子"、"针"、"树"等细长的物体，这些物体都有固定的形状，唐代进一步发展可称"烟"、"云"、"霞"、"气"，甚至"光"、"影"等本无定形的事物，可以使无定形的物体形象化，"条"在六朝以前称量的细长形的物体都是无生命的，这个时期可以称量有生命的形体细长的动物，如"龙"、"蚯蚓"等。

4. 从分工上看。由于个体量词数量增多，原有的个体量词称量范围不断扩大，使得个体量词系统的分工更为细密。以前不习惯用量词的或者只习惯用通用量词"枚"、"个"的，这个时代有了专用的量词，如"灯"可以论"盏"，"墙"可以论"堵"，"花"可以论"朵"，"笔"可以论"管"等。

5. 从语法特征上看。从组合角度看，这个时期的通用型个体量词

"个"可以与"指示代词"和"疑问代词"结合。魏晋南北朝时期量词就可以同"指示代词"和"疑问代词"组合，不过只能同词汇意义比较实在的"辈"、"等"、"段"等组成"此辈"、"此等"、"此段"等少量用法，这还很难同名词区分开来①。这个时期不同，通用型量词"个"可以同"指示代词"和"疑问代词"组合：

若闻（问）冥途刑要处，无过此个大将军。（《敦煌变文集新书》卷四）

此个事，世间稀，不是等闲人得知。（吕岩《寄白龙洞刘道人》）

人人皆道天年尽，无计留他这个人。（《敦煌变文集新书》卷三）

师云："与我将取那个铜瓶来。"（《祖堂集》卷十五）

筭应也会求财路，那个门中利最多？（《敦煌变文集新书》卷二）（"那"同"哪"）

试征张彦作将军，几个将军愿策勋。（白居易《南阳小将张彦硖口镇税人场射虎歌》）

从构形法上看，这个时代之前只出现了"AA"式重叠，这是名词和量词共有的重叠方式，这个时代出现了"一AA"式，如"一个个"、"一层层"、"一重重"、"一条条"等，这是一个重要的发展。从构词法看，个体量词作词缀的构词法也有所发展。"量粘名尾转名法"也产生了，虽然比较少见②。

个体量词发展到晚唐五代时期的确较前代有了很大发展，这个时代的个体量词系统已经趋于成熟了，不过，同宋元时期乃至明清时期的个体量词系统比较，这个时期个体量词系统还存在不成熟的一面，这主要表现在：到晚唐五代时期我们考察的105个个体量词累计产生了87个，尚有16％的个体量词没有产生，其中包括现代汉语中的高频量词"把"、"台"、"架"。更重要的是，这个时期的个体量词在数词和名词之间仍是可用可不用的状态，我们统计数名之间不使用个体量词的比率约占51％，使用个体量词的比率约占49％，可见，使用个体量词还未成为压倒性的强势规范。

---

① 刘世儒：《魏晋南北朝量词研究》，中华书局1965年版，第10页。

② 刘世儒："所谓'量粘名尾转名法'就是指在量词后头粘个名词尾让它转成名词。这种构词法在现代汉语是常见的。例如'个子'、'只儿'。"（参见《魏晋南北朝量词研究》，中华书局1965年版，第73页。）

以称量动物为例，如《敦煌变文集新书》中"马"称"匹"，"牛"、"象"、"驼"称"头"，这大致已经成为一种规范了，但"鱼类"、"鸟禽"、"昆虫"虽偶尔使用个体量词"头"，但还是以不用为常。从语法特征上看，个体量词虽可以同指示代词和疑问代词组合，但只限于少数个体量词，真正典型的只有"个"。从构形法上看，虽然产生了"一AA"式重叠，但也限于上面所举的几例，尚不普遍，而且"一A一A"式尚未产生。

综上所述，隋唐五代是个体量词系统的重要发展期，许多规范已经或正在形成，距离完全成熟的汉语个体量词系统只有一步之遥了。

第三节　宋元
——个体量词系统的成熟期

（一）宋元时期个体量词研究概况

关于宋代量词研究，现在尚未见到完整的断代研究，只有一些专书研究的论文，如王远明的《〈五灯会元〉量词研究》[①]，刘文正的《〈朱子语类〉量词研究》[②]，两篇论文分别对两部著作中的个体量词进行了描写，遗憾的是两篇论文都未能指出属于这个时代新生的个体量词。白冰认为宋代新出的个体量词有"本、搭、盘、曲、统"5个，但有些并非宋代新出，有些则未能通行至现代汉语[③]。关于元代量词研究有两篇断代论文，一篇

---

① 王远明：《〈五灯会元〉量词研究》，硕士学位论文，西北大学，2006年。

② 刘文正：《〈朱子语类〉量词研究》，硕士学位论文，贵州大学，2006年。

③ 白冰所列这几个量词是否是宋代新出量词值得商榷。"本"在汉代就有了个体量词的用法。"搭"可以称量"处所"，如"一搭山村"，使用范围和频次都很有限，后代也未保留下来，可能是个方言词。"统"，用于碑碣，"立一统碑碣字数行"，这里的"统"当通"通"，也未能保留到现代汉语。"曲"，如果可以看作量词也不是宋代才有的，唐代即有量词用法，罗隐《春日叶秀才曲江》"一曲吴歌齐拍手"，不过这里的"曲"可能看作临时量词更妥当。白先生认为"盘"在元代有了个体量词的用法，这是对的，元代可以称量"磨"（详参3.3"盘"），但白先生举"置粳米饭一盘"，这个例子有问题，这里的"盘"一般认为是"器物量词"或者是临时借用的量词，它本身是表量的，这同"一盘磨"完全不同。（参见《宋元两〈语言词典〉漏收量词考补》，《河南师范大学学报》2002年第3期。）

是彭文芳的①，另一篇是邓帮云的②，彭文芳一共整理出了"天然名量词"约 240 个，其成分相当庞杂，其中包含了"临时量词"、"个体量词"和"集体量词"，邓帮云描写了大约 100 个个体量词，遗憾的是两篇论文也都未能指出这个时代新出现的个体量词。我们以宋、元时期的小说、话本和杂剧为主要材料，通过调查分析发现这个时代新出的个体量词有 22 个，其中未流传到现代汉语的有 9 个：须、针、楹、峰、枰、阙、檠、帙、缄、阙③。流传到现代汉语的有 13 个，其中常用的有 9 个：把、份、家、架、棵、名、盘、位、项。次常用的有 4 个：栋、杆、起、宗。

（二）宋、元时期新出且保留到现代汉语的个体量词

把

"把"，本义是"把持"义，《说文》："把，握也。"例如《墨子·非攻下》："禹亲把天之瑞令。"先秦汉语中多用"秉"，"把"与"秉"一声之转。由此引申"一把所握的量"也称为"把"，如《孟子·告子上》："拱把之桐、梓，人苟欲生之，皆知所以养之者。"朱熹《孟子集注》："把，一手所握也。"陆德明《经典释文》："两手曰拱，一手曰把"，"把"用来计量物体的粗细，当这种用法进一步发展就产生了个体量词用法。

关于量词"把"出现的最早的用例，诸家都举东汉《论衡·感虚》"使在地之火，附一把炬，人从旁射之，虽中，安能灭之？地火不为见射而灭，天火何为见射而去？"如向熹明确指出这个例子是个体量词用法④。我们认为向熹的说法是有问题的，因为除了这个例子以外，东汉、六朝乃至隋唐时期都未见到个体量词的用法，显然这里的"一把炬"还不同于"一把刀"、"一把扇"，细揣这个例子的上下文，从"人从旁射之"可以知道火炬是射箭的把子，火炬的粗细关乎箭法的精准，所以这里的"把"还是指"一把握"的粗度，这与《孟子·告子上》中的"拱把之桐、梓"并

① 彭文芳：《元代量词研究》，硕士学位论文，广西师范大学，2001 年。

② 邓帮云：《元代量词研究》，硕士学位论文，四川大学，2005 年。

③ "须"可称量"虾"，"针"可称量"鱼"，"楹"可称量建筑，"枰"称量"棋"，"阙"可以称量"诗词"，"檠"可以称量"灯"，"帙"可以称量"书籍"，"缄"可以称量"信件"，这些用法都未能通行于现代汉语。

④ 向熹：《简明汉语史》，高等教育出版社 1993 年版，第 45 页。

无二致。就这个例子来说，这里的"把"仍在表量，这根本不是个体量词的用法。

六朝及六朝以前都是集体量词用法。例如：

（1）执吴唐草一把以入山，山神喜，必得芝也。（《抱朴子·仙药》）

（2）昔有一猕猴持一把豆，误落一豆在地，便舍手中豆，欲觅其一。（六朝《百喻经·猕猴把豆喻》）

真正的个体量词用法是晚到宋代才产生的。例如：

（3）先买一把杓头，绾一条手巾。（《虚堂和尚语录》卷四）

（4）郑即以银匙、箸一把与之，既出，随以告人。（《东斋记事》卷四）

（5）并赐两面翠叶滴金牡丹一支、翠叶牡丹沈香柄金彩御书扇各一把。（《武林旧事》卷七）

（6）……铜剃刀二把，金镀银销钥全。（《武林旧事》卷八）

以上都是称量有"把儿"的事物，这种用法在元、明、清时期得到了广泛的应用，还可以说"一把交椅"、"一把银壶"、"一把剑"、"一把伞"、"一把斧子"、"一把长枪"、"一把九齿耙"、"一把钢叉"、"一把锄头""一把铲"、"一把船桨"、"一把镜子"、"一把梳子"等，更为重要的是有些没有"把儿"的器物也可以用"把"称量。例如：

（7）秋谷已叫人绞了一把手巾过来。（《九尾龟》第十七回）

（8）到隔壁借了个竹梯子，把一把杌子放在桌上。（《二十年目睹之怪现状》第三十七回）

这里"毛巾"、"宝座"、"杌子"都是无把儿或者是无把手可言的器物，之所以这样用可能是"类化"的结果。如称量"宝座"和"杌子"可能是从有"把手"的"椅子"类化过去的。

明清时期还可以进一步称量抽象的事物。例如：

（9）磨旗的有一把年纪，人儿又生得痴夯。（《三宝太监西洋记》第五十六回）

（10）我这般一把子年纪，岂不知你的话说？（《西游记》第三十三回）

（11）众女婢只道为日里事发，要难为他，到替他担着一把干系，疾忙鹰拿燕雀的把朝云拿到。（《初刻拍案惊奇》卷二十）

（12）到了年底，倒是那刑名仗着此事出了把力。（《官场现形记》第

六回)

（13）这一点点事情，做哥哥的还可以帮你一把力。（《官场现形记》第三回）

（14）念书认字，甚么书儿都念过，甚么字儿都认得，学得能写会算，又是一把的好活计。（《儿女英雄传》第七回）

有学者将以上这类用法也看作个体量词用法，这种用法的"把"可能同个体量词无关，这应是表示"不定量"的用法，例此备参。

份（分）

"份"是从"分"分化出来的分化字，"分"是"分开"、"分解"义，是动词性的，读平声；分出来的单位就是"份"，这是名词性的，读去声。"份"的量词用法正是从名词用法中引申出来的。关于"份"的个体量词用法始于何时？《汉语大词典》举《二十年目睹之怪现状》第十五回的例子："〔吴继之〕说罢，又叫高升将那一份知启先送回去，然后出门上轿去了。"这显然太晚，叶桂郴认为是明代新兴的量词①，其实早在元代就产生了，只不过文字上还习惯写作"分"，但从用法上看，当读为去声的"份"。例如：

（1）小生孙虫儿，将着这一分纸，一瓶儿酒，今日是一百五日清明节令。（《全元杂剧·杨氏女杀狗劝夫》第一折）

（2）自从将家私做三分儿分开了，二哥的那一分家私，早凋零的没一点儿了。（《全元杂剧·崔府君断冤家债主》第二折）

明清"份"和"分"渐趋分化，表示个体量词用法一般用"份"不用"分"。明清时期称量范围比较广泛，可以称量"礼物"、"银钱"、"家财"、"口粮"、"饭菜"、"铺开"、"奏章"、"证据"、"帖子"等，在此基础上发展出称量抽象事物的用法。例如：

（3）你丞相又哪能长久拥有这份富贵呢。（《剪灯新话》卷二）

（4）你不知这份风情，要随着性子儿走。（《禅真逸史》第六回）

（5）这件事完了，我还有一份人情。（《济公全传》第二百十一回）

---

① 叶桂郴：《六十种曲和明代文献的量词》，博士学位论文，湖南师范大学，2005年，第110页。

（6）明日你跟我到军营当差，我给你找一份差使，你意下如何？（《康熙侠义传》第一百四十一回）

以上这些用法在现代汉语中都有所保留，例不胜举。

家

《说文》："家，居也。""家"在先秦时期就可以和数词结合，如：《管子·君臣》："坟然若一父之子，若一家之实。"但这还是"数名"结构，"家"是家庭的意思。由于古代的酒店、饭店、客栈等都是以家庭为单位开办的，故引申出量词用法时，可以用来称量各种店铺，最早的用法见于宋代。例如：

（1）内有起店数家、大店每日使猪十口、只不用头蹄血脏！（《西湖老人繁胜录》）

宋代此类用法还不多见，尚处于萌芽阶段，元、明时期就比较常用了。例如：

（2）这家酒店里推出来，那家茶房里抢出去。（《全元杂剧·汉钟离度脱蓝采和》）

（3）那长店是个小去处，只有三五家饭店。（《梼杌闲评·第十五回》）

（4）两岸上有百十家店房。（《三宝太监西洋记》第二十二回）

（5）只见乐和沿街唱曲，向一家家店铺乞钱。（《水浒传》第四十回）

清代则进一步发展为一般的经营单位都可以用"家"，如称量"镖局"、"客栈"、"报馆"、"堂子"、"钱庄"、"旅店"等，类似的用法在现代汉语中还保留着，可以说"一家电影院"、"一家超市"、"一家理发店"等。

架

"架"指支撑或搁置物体用的构件，用为量词先从称量"有架子"的物体开始。刘世儒举了两个例子[①]：

（1）今量钟磬之数，各以十二架为定。（《魏书·临淮王谭附传》）

（2）左藏有库屋三重，重二十五间，间一十七架。（《大业杂记》）

刘世儒解释第一个例子说："钟磬一架是'十六枚'，所以说它还是集

---

①　刘世儒：《魏晋南北朝量词研究》，中华书局1965年版，第205页。

体量词。"① 解释第二个例子说："这就是用来量'屋'的，词义显然还相当实在（实指'木架'）。后来由此发展，用法才逐渐一般化，才是正规的量词（如现代语'一架缝纫机''三架飞机'之类）。"刘世儒的说法是正确的，真正的个体量词从宋、元之际开始萌芽了。例如：

（1）乐器赵知州任内置到钟十二口、磬十二片、琴二张、瑟一床、柷一座、敔一个、管二枝、箫二架、埙二个、篪二枝。（《四明续志》卷七）

（2）本路造木弩五十架，给付两路踏射。（《文献通考·四裔考·抚水蛮》）

明清时期的用法更多了：

（3）拔都围格兰城，立炮三十架攻之。（《新元史·太祖诸子列传》）

（4）悬挂一架玉棚好灯。（《水浒全传》第七十二回）

（5）明明朗朗的一架桥梁。（《西游记》第一回）

（6）桌下放着一架小火盆儿。（《金瓶梅·第三十八回》）

除此之外还可以称量"辘轳"、"纸炉"、"石床"、"秋千"、"帐篷"、"铳"等。现代汉语称量范围有所缩小，主要用来称量各种机械，如"飞机"、"望远镜"、"钢琴"等。

棵（窠）

《说文》："窠，空也。穴中曰窠，树上曰巢。""窠"这个字在秦汉时期就有了，多用来表示"巢穴"义，但"棵"则是宋代才出现的，"棵"是指植物的"干"。二者在量词用法上既有密切联系又不完全相同，故此放到一起来考察。

先看"窠"，"窠"从"巢穴"义引申出量词的用法，栽种植物需要挖"土坑"，如《齐民要术》卷四："栽石榴法：三月初，取枝大如手大指者，斩令长一尺半，八九枝共为一窠，烧下头二寸。"这里的"一窠"就是"一个土坑"也就是"一埯"，还不是量词，但用来称量同在一个"土坑"里的植物时就产生了量词的用法，唐代的用法是这样的：

（1）兴唐寺有牡丹一窠，元和中着花一千二百朵。（《酉阳杂俎》卷十九）

（2）曾向姚家园里醉，牡丹红紫数千窠。（罗隐《华严寺》）

（3）北都惟童子寺有竹一窠，才长数尺。（《酉阳杂俎》卷十九）

---

① 刘世儒：《魏晋南北朝量词研究》，中华书局 1965 年版，第 205 页。

以上例（1）（2）称量"牡丹"，例（3）称量"竹子"，"竹子"和"牡丹"虽有草本与木本之别，但都是多株丛生的，"一窠"相当于"一丛"、"一墩"，这还是要看作"集体量词"。宋代出现了"棵"，相同的用法既可以用"窠"，也可以用"棵"，如上例（1）（3）都来自《酉阳杂俎》，宋人编的《天平广记》卷四〇九全部引作"棵"，元、明时期用"棵"逐步取代了"窠"。"窠"、"棵"有没有个体量词用法，若有又始于何时？如何断定呢？我们认为当可以称量单株的植物时，就不是"一丛"了，就应看作是个体量词的用法了。叶桂郴认为是明代新兴的量词，时代偏晚，事实上这种用法在元代就产生了。例如：

（4）长起一棵树来，开的可是红梨花。（《全元杂剧·谢金莲诗酒红梨花》第一折）

（5）我入的这密林来，一棵枯树，我脱下这衣甲头盔来，拴在这树上。（《全元杂剧虎牢关三战吕布》第一折）

后来"棵"取代"窠"，现代汉语用"棵"不用"窠"。"棵"取代"窠"，可能因为二者语音相同，用法相近（一个着眼于"根"，一个着眼于"干"），造成最后的归并，还可能是词义的转移（由着眼于"共根"到着眼于"枝干"）而引起的，这一时还很难说清楚。

名

《说文》："名，自命也。"本是"命名"、"名字"的意思，用为量词专门称量"人"，"名"作为量词始于何时？刘世儒认为在汉代的时候就已经有量词的用法了，刘世儒这样描写道[①]：

> 这种用法在汉代就已经萌芽：
> 凡天文在图籍昭昭可知者，经星常宿中外官凡百一十八名，……"《汉书·天文志》
> 南北朝也还是处于发展中，作为量词也还不多见：
> 先恒有水火之神四十余名及城北星神……《魏书·礼志》
> 若栖迟偃仰，因事丘中，桃果三名，栗园三树，……何其高也。

---

① 刘世儒：《魏晋南北朝量词研究》，中华书局 1965 年版，第 111 页。

（徐陵文《全陈文》卷七）

后来发展，量词资格才完全稳定下来（如宋《昭化寺李长者龛记》："有……村僧一名，丏食于县，未尝在山"，才是典型的量词用法），并且适用范围又日益缩小。

我们检索了汉代和魏晋南北朝时期的语料，认为这个时期"名"还没有产生个体量词用法。刘世儒举的前三个例子也都是有问题的，先看第一个例子，完整的引文是："凡天文在图籍昭昭可知者，经星常宿中外官凡百一十八名，积数七百八十三星。"这里"经星"、"常宿"同义，都是指恒星来说的，"外官"并不是指政府官员，而是指"星官"，具体是指三垣四象之外的星宿。这句话的意思是说：天上的星宿在图籍中可以清清楚楚地反映出来，在恒星中属于外官类的星宿共有一百零八个名目，共计七百八十三颗星星。这里的"名"还是"名号"、"名目"的意思，具体指"星宿"的名称，"名"与下文的"星"对照也可以证明"名"还是个名词。这还可以从唐代道慈的《丹元子步天歌·北极紫微宫》中得到印证："第一主帝名枢精，第二第三璇玑星，第四名权第五衡，闿阳摇光六七名。"这是咏北极七星的诗歌，"闿阳摇光六七名"，是说"闿阳"、"摇光"分别是第六颗第七颗星的名字，这和上面的用法是一致的。再看刘世儒的第二个例子，完整的引文是："又诏曰：'先恒有水火之神四十余名，及城北星神。今圆丘之下，既祭风伯、雨师、司中、司命，明堂祭门、户、井、灶、中溜，每神皆有。此四十神计不须立，悉可罢之。'"如果把"名"看作量词，"名"称量"神"，这在古今汉语里是找不到例证的，这里的"名"也可以解释为"名字"和"名目"，"先恒有水火之神四十余名"就是"原来常祭的水火之神共有四十多个名目"。下面所列正是各种神的名目。第三个例子就更不可能是个体量词了，"名"只能称"人"，怎么可以称量"桃果"？这里的"名"还是"名目"的意思。其实不要说东汉和南北朝，隋唐时期也还没有用为个体量词的用法，真正的个体量词用法要晚到宋代才出现。例如：

（1）人家有一丁，着夫一名，两丁着夫两名，民不聊生。（《大宋宣和遗事》）

（2）李进义等十名，运花石已到京城，只有杨志在颖州等候孙立不来，在彼处雪阻。（《大宋宣和遗事》）

（3）钱大王差下百十名军校，教捉笊篱的做眼。（《宋四公大闹禁魂张》）

现代汉语中，"名"称量范围只用于"学生"、"员工"、"军人"等特定群体的人员。

盘

"盘"，古代是一种用于沐浴盥洗或盛食承物的器物。用为量词可以称量外形像"盘"或者与"盘"相关的事物，唐五代时有"一盘石"的说法，如《旧唐书·薛收传》"中书省有一盘石"，但这恐怕还不是量词，这里的"盘"当通"磐"，古"盘"、"磐"同音互通，《尔雅·释山》："多大石，礐。"郭璞注："多盘石。"陆德明《经典释文》引作"磐"，"一盘石"就是"一磐石"，这还不是量词的用法。"盘"的个体量词用法产生于宋元之际，最早用于称量"磨"。例如：

（1）自盟河下流入淮，于公私无害，欲置水磨百盘，放退水入自盟河。（《续资治通鉴长编》卷三百三十三）[①]

（2）以此上闲放着盘千斤磨。（《全元杂剧·诸宫调风月紫云庭》第二折）

（3）在城宅院一所，计瓦房一十二间，人五口，白磨一盘。（《元典章·户部》卷五）

例（1）是南宋时期的文献，说明南宋时期个体量词的用法产生了，但用例罕见，还处于萌芽阶段，元代有所发展，在元杂剧和元代法令文献《元典章》中都有用例。元代除了称量"磨"之外，还可以称量"棋"。例如：

（4）瀑布倒银汉，诸山捧墨池，九江郡一盘棋。（《全元散曲·梧叶儿·庐山寺》）

（5）您那人间千古事，俺只松下一盘棋，把富贵做浮云可比。（《全元杂剧·西华山陈抟高卧》第一折）

称量"棋"和称量"磨"不同，称量"磨"是从"磨石"扁平似

---

① 《续资治通鉴长编》九百八十卷，南宋李焘（1115—1184）编撰。记载自宋太祖赵匡胤建隆（960 年），迄于宋钦宗赵桓靖康（1127 年），记北宋九朝 168 年史事，应看作南宋时期的语料。

"盘"来说的，称量"棋"是从"棋"与"棋盘"的依附关系说的，这同"局"是一类的，所以"一盘棋"也说"一局棋"。明代产生了"一盘香"、"一盘发髻"的说法。例如：

（6）胡猜了一会。次早寻了四盘香，请唐公各殿焚香。（《隋史遗文》第四回）

（7）将来撬开，把一盘发髻塞在箱内，仍与他关好了。（《二刻拍案惊奇》卷三十九）

这"一盘香"、"一盘发髻"与"一盘磨"、"一盘棋"又不同，这是从动词"盘绕"义来的。现代汉语中三种来源的用法都保留着。

位

"位"的常用义是"位次"，先秦就有了，先秦时期"位"可以同数词结合，但还是"数名"结构，如《孟子·万章下》："天子一位，公一位，侯一位，伯一位，子、男同一位，凡五等也。"前面说"一位"后面说"五等"，这里的"位"还是"位次"的意思。一般一个位次有一个人，由"位次"引申出位于某个位次的人，这就进一步引申出称量"人"的量词用法。刘世儒认为量词"位"在魏晋南北朝时期就产生了，并列举了如下两个例子[①]：

> 从者数位，尽为蒲人。（《搜神记》卷一）
> 不知此二位与君复各是异职否耳。（《真诰·阐幽微》）

这两个例子都有问题，第一个例子并非出自二十卷本《搜神记》，而是出自《洛阳伽蓝记》，原文作："从者数人，尽化为蒲人。"《太平广记》卷三七一、《法苑珠林》卷三十二均引作"从者数人，尽为蒲人"。与原文相同。刘世儒误引语料出处，又将"人"误作"位"，将本来在宋、元时期产生的个体量词"位"上推至"魏晋南北朝"。第二个例子，《真诰》确实是梁代陶弘景的著作，不过这例子并不是《真诰》原文，而是《四库全书》整理者的注释，刘世儒误当作了正文。我们检索了大量魏晋南北朝时

---

① 刘世儒：《魏晋南北朝量词研究》，中华书局 1965 年版，第 165 页。

期的文献，并未见到"位"的量词用法，不仅如此，隋唐、两宋也未见到，"位"的真正个体量词用法是在元代产生的。例如：

（1）看有那一位老爷下马，便来报咱知道。（《全元杂剧·包待制陈州粜米》楔子）

（2）不知是那一位神祇，射破锁魔宝镜，俺二人逃命得出。（《全元杂剧·二郎神醉射锁魔镜》尾声）

（3）这两个一位便是关云长，一位便是张翼得。正旦云是好虎将也呵。（《全元杂剧·两军师隔江斗智》）

（4）他若为官，你就是一位夫人县君也。（《全元杂剧·花间四友东坡梦》第一折）

（5）这一位老将军，姓秦字叔宝。（《全元杂剧·功臣宴敬德不伏老》第一折）

（6）老爹，门外两位叔父来了。（《全元杂剧·罗李郎大闹相国寺》楔子）

量词"位"一般用于尊称，具有［＋尊敬］的色彩义。

项

"项"指的是"总和"中的一部分或者是将"总和"分成若干单位，其中的一个单位就是一项。量词用法也是在这个意义上引申出来的。北宋时期量词"项"的用法就已经不简单了，主要用于称量可以"分项"的事物。例如：

（1）要之，这一项说天命，一项说圣人，一项说学者，其至只是一个道理也。（《朱子语类》卷二十七）

（2）殿试与正奏名进士试策别作一项考校。（《续资治通鉴长编》卷二百八十一）

（3）将来未得黜落，别作一项闻奏。（《续资治通鉴长编》卷三百八十七）

（4）且如州郡倍契一项钱，此是何名色！（《朱子语类》卷四十一）

（5）盖知初无此一项钱物也。（《建炎以来系年要录》卷一百九十九）

例（1）用"这一项……一项……"句式，可见其"分项"作用明显。例（2）（3）分别称量"考校"和"闻奏"，这也是可以分条目的。例（4）（5）称量"钱"，"钱物"也是可以分期分批支付的，所以也可以用"项"

称量。北宋的用法还不只是这些，我们在朱熹的《朱子语类》中发现"项"有明显泛化的趋势。例如：

（6）又有一项人，不理会时文，去理会道理，少问所做底事，却与所学不相关。（《朱子语类》卷十二）

（7）大抵未发已发，只是一项工夫，未发固要存养，已发亦要审察。（《朱子语类》卷六十二）

（8）语孟中只一项事是一个道理。（《朱子语类》卷十四）

（9）如何又生出这一项情节！（《朱子语类》卷三十七）

（10）某见前辈一项论议说忒高了，不只就身上理会。（《朱子语类》卷二十三）

例（6）（7）可以称量"人"、"功夫"，用法大致相当于"种"，例（8）称量"事"，相当于"件"，例（9）（10）称量"情节"和"议论"，相当于"段"。这些用法主要集中在《朱子语类》中，其他语料少见，而且后代未能得到较好的发展，多数都为其他量词取代，只有少数用法被保留下来。

元明清时期进一步发展，可以称量"法律"、"银子"、"生意"、"功劳"等。例如：

（11）今设六项法，非手刃人，例奏裁黥配。（《宋史·汪大猷传》）

（12）我昨日与伙计算账，我多出三十两一项银子来。（《初刻拍案惊奇》卷二十四）

（13）守宗在卫，要人到祖籍讨这一项钱粮。（《初刻拍案惊奇》卷十四）

（14）原来绍兴地方，惯做一项生意。（《醒世恒言》卷三十六）

（15）我这里不杀你，你与我立一项功来，你心下何如？（《三宝太监西洋记》第三十二回）

现代汉语中，主要称量"任务"、"成果"、"发明"、"调查"等抽象事物。

（三）宋、元时期新出且保留到现代汉语的次常用个体量词

栋

《说文》："栋，极也。"王筠《说文句读》："栋为正中一木之名，今谓之脊檩者是。"由此引申出量词用法，用于称量"建筑"，《汉语大词典》举丁玲《团聚》中的例子："在这栋虽经过改修……"但这个例子太晚了，早在宋代"栋"的量词用法就产生了。例如：

（1）元丰天子建原庙，王宇万栋临端门。（李廌《观吴正献真》见《全宋诗》卷一千二百零二）

（2）建御书阁三栋，以虔香火。阁之东西建方丈二十区。（《咸淳临安志·寺观·寺院》）

例（1）出自北宋诗人李廌的诗作，例（2）出自南宋末年的史籍《咸淳临安志》，两宋时期只是萌芽阶段，用例不多。元、明时期有所发展。例如：

（3）中作大牌，曰翠微宫，高五七丈，建殿七栋七六，甚壮。（《大金国志》卷四十）

（4）费数年料理，即构成一栋寺宇，取名青林。（《二十四尊得道罗汉传·长眉罗汉》）

元、明以前还只能用在史籍和诗文等文言色彩比较强的场合，在宋代话本、元代杂剧甚至在明代的小说中还很罕见，到了清代，"栋"在口语化的小说中得到了应用，但始终用例不多。例如：

（5）这个地方真够清幽雅致，五栋画楼，临水而立。（《彭公案》第二百〇五回）

（6）他清波门外有一栋闲宅，甚是幽僻。（《梦中缘》第三回）

（7）离自家住的房子仅隔一栋房，只三间地面拆去。（《续红楼梦新编》第二十九回）

现代汉语中量词"栋"仍然使用，可以说"一栋别墅"、"一栋大楼"等，书面化色彩较强。

杆

杆，本指器物上像棍子一样细长的东西。如"笔杆"、"旗杆"、"枪杆"等，用为量词以称量"有杆"的物体为限，《汉语大词典》引清末小说《二十年目睹之怪现状》第二回："……七横八竖的放着十七八杆鸦片烟枪。"其实类似的量词用法在元代就有了。例如：

（1）某使一杆方天画杆戟。（《全元杂剧·狄青复夺衣袄车》第二折）

（2）云：凭吾义勇扶刘主，一杆青龙立汉朝。（《全元杂剧·刘玄德醉走黄鹤楼》第一折）

例（2）"一杆青龙"的"青龙"是"青龙刀"的省称。元代的用法还不多，到了明代就多起来了。例如：

（3）这火德星君，手执着一杆空旗。（《西游记》第五十一回）

（4）栾廷玉哪里在意，一杆枪如毒龙探爪。（《水浒传》第六回）

（5）凡入山捕兽，惯用一杆纯铁钢叉，重五十余斤。（《禅真后史》第四十一回）

至于现代汉语中常用的"一杆秤"的用法出现的时代较晚，是清代产生的用法：

（6）并红扎辫扣的本命钱，结一杆小秤，一面把镜。（《风月梦》第十五回）

（7）插大秤一杆，细杆一口，示以称茧丝、纺木棉，轧轧机杼之意。（《歧路灯》第一百零八回）

起

"起"是"起立"、"站起"义。《礼记·曲礼上》："烛至，起；食至，起；上客，起。"又引申出"发生"义，《邵氏闻见录》卷第十二："今西方用兵，连年不解，东南数起大狱，公独无一言以救之乎？"这里"数起"是"多次发生"的意思，显然还不是量词用法。由于发生的总是"事件"之类，所以"起"用为个体量词就以称量"事件"为主。《汉语大词典》用明、清的例子，用例偏晚。这种用法元代就有了。例如：

（1）今后内外轻重罪囚，某事一起，自某年月日到禁，某年月日申解所司，或断讫笞杖等罪，或审复结案待报。（《元代奏议集录·建言刑狱五事》）

（2）辨明邵武路元问龚顺屈招踢死黄贵、建宁路元问邹天佑屈招踢死李二十五二起人命。（《通制条格·赏令》）

例（1）"事一起"，相当于"事一件"。例（2）称量"人命"，实际指"人命官司"，仍是"案件"。"起"与"件"略有不同，"起"多称量"案件"，可能跟量词"起"来源于"发生"、"发起"义有关，有强调事件来龙去脉的意思。这种用法在明、清小说中较为常见，并且一直沿用到现代汉语，如"一起案件"、"一起交通事故"等说法还经常使用。

元代还产生了其他的用法。例如：

（3）叫左右，带那第一起犯人审问。（《全元南戏·荆钗记》）

（4）你看这一起士兵，倒在我跟前许下三牲去了。（《全元南戏·幽闺记》第一出）

（5）有甚么东西与母亲做七起坟那！（《全元杂剧·包待制智赚灰栏记》第一折）

例（3）（4）都是集体量词用法，相当于"批"。例（5）"七起坟"，"起"相当于"层"，属于"小量词"的用法。清代小说中还可以见到。例如《醒世姻缘传》第六十一回"创起两座三起高楼"。这两种用法在现代汉语中都未能得到继承，但在冀鲁官话中还有"几起楼"的说法。

宗

"宗"是个多义词，用法也相当复杂，由不同的引申、假借义发展出不同的量词用法。第一，从"宗族"、"宗派"义，引申出"众多"义，再由众多义引申出集体量词用法，大致相当于"批"、"些"。第二，从同音词"终"假借来的个体量词用法。用于称量诉讼文书、公案等。第三，从"种类"义引申出个体量词的用法，相当于"件"、"种"。

下面先看第一种用法，王向毅认为"宗"在唐代就是个体量词[①]：

> "宗"有"宗派"义，引申作量词，在唐代刚出现，用于货物：
> 数宗船载足，商妇两眉丛。（元稹《生春二十首（丁酉岁。凡二十章）》）
>
> 江南北岸添置官渡，百里率一，尽绝私载，每一宗船上下交送。（杜牧《上李太尉论江贼书》）
>
> 现代汉语，"宗"作为量词用于交易、款项等，其用法当自唐代发展而来。

王向毅认为"宗"是个体量词的观点值得商榷，因为这里的"数宗船"不是"数条船"的意思，而是指"数批船"，所以不应看作"个体量

---

① 王向毅：《名量词在唐代的新发展》，硕士学位论文，西北大学，2007年，第23页。

词"，这可以从"宗"的后代的用法中找到证据：

（1）吕蒙箭尽，正慌间，忽对江一宗船到，为首一员大将，乃是孙策女婿陆逊，自引十万兵到。（《三国演义》第六十八回）

（2）宋江略事料理，便传令拔队回山，一宗人马，陆续而行。（《水浒传》第八回）

例（1）前面说"一宗船"，后面说"引十万兵"，这就不是"一条船"，而是很多条船。例（2）"一宗人马"，也是指"多个"来说的。这都可以印证唐代的"一宗船"的"宗"同"批"、"些"是一类，表示不定量。"宗"与"批"相比，都有"多"义，但"批"强调"批次"，有"顺序"义，而"宗"则只强调"多"，没有顺序；"宗"与"些"比较，两者都用来称说"量"的多少，但"些"一般强调"少"，"宗"则强调"多"。有时"宗"为了突出强调表"多"，还可以说"一大宗"等，如"一大宗银子"。这种用法的来源可能与"宗"是从"众多"义引申而来有关，这类用法应该归入不定量词，而不是个体量词。

第二种用法，"宗"用来称量法律文书，大致相当于"件"，属于个体量词的用法，始于宋代。例如：

（3）其王守度一宗公案，伏望圣慈特令中书细详情理。（《论大理寺断冤狱不当札子》见《欧阳修集》卷一○三）

（4）事之始末及所以应之之辞，亦宜豫为经虑一宗文字，可专委检详官范育主领编录。（《续资治通鉴长编》卷二百九十八）

以上用例中，"宗"用来称量"公案"、"刑狱状"、"文字"（"文字"也是指"公案"）。章炳麟认为"宗"是"终"音转的结果。他在《新方言·释言》中说："凡事有始终期限曰一成，或曰一终。今公牍转作一宗，通俗转作一桩，皆终字也。"宋代还是以称量"公案"为限，宋代以后有了新的发展。例如：

（5）共是三宗账目，锁在一个护书箧内。（《警世通言》卷二十六）

（6）张奎德打开一看，见里面一宗田契。（《续济公传》第二二二回）

现代汉语中用来称量"案件"、"交易合同"等都来源于此。不过这种用法现代汉语口语中一般不用，只有书面语中仍然使用。

第三种用法，从"种类"义引申出来的个体量词用法，相当于"种"、

"件"，这同称量"诉讼公文"的来源不同，始见于"明代"。例如：

（7）张善友道："好，好，也完了一宗事。"（《初刻拍案惊奇》卷三十五）

（8）果是外国稀奇之宝，今有四宗国宝，不怕奸贼腾空飞去。（《海公小红袍传》第二十回）

（9）连我的镖就是四宗暗器，末尾受了这一飞石。（《小五义》第一百六十四回）

（10）"你且站住。我有一宗东西，你带了去罢。"（《红楼梦》第七回）

现代汉语主要保留了称量"案件"、"条款"、"合同"、"交易"等用法，其他的用法基本被淘汰。

（四）小结

宋元时期的个体量词较之晚唐五代又有了较为明显的发展，可以说到了这个时期，汉语个体量词系统已经成熟了。这表现在：

1. 从数量上看。宋元时期新出个体量词 23 个，流传到现代汉语的有 13 个，约占总数（105）的 12％。从西周到这个时期共产生了 132 个个体量词，其中保留到现代汉语的有 100 个，约占总数（105）的 95％。

2. 从数量结构的使用看。我们统计了"南宋话本三种"[①] 和元代杂剧《西厢记》，其中不使用个体量词的比率约占 5％，使用个体量词的比率约占 95％。个体量词的前置率约占 95％，后置率约占 5％。这个时期数名之间使用个体量词和数量结构置于名词之前已经成为一种严格的强制性的规范。（详见 5.1）

3. 从用法上看。这个时代以前出现的个体量词在本时期也产生了不少新的用法。如"只"在魏晋南北朝时期还不多见，主要用来称量"成双成对中的一个"，如"一只履"，但隋唐五代时期称量范围就很广泛了，已经不以称量"成双中的一个"为限了，宋、元时期泛化加剧，连已经有了专用量词的有时也用"只"，如宋、元时期"锅"一般论"口"，"桌子"、"弓"一般论"张"，"扇子"一般论"把"，"金表"一般论"块"，"灯"论"盏"，"馒头"、"黄柑"、"火炉"、"托子"一般论"个"，但这些又都

---

① 这三种话本是《碾玉观音》、《错斩崔宁》、《简贴和尚》。

可以用"只"，可见其泛化程度之高，有比肩通用型量词"个"之势。再如"眼"，唐代只能称"泉"，宋代可以称量"井"。"座"产生于六朝时期，限于称量"塔"、"社稷（坛）"和"星座"，这个时期可以称量"宅"、"桥"、"城"等建筑，还可以称量"山"以及"香炉"等有"座儿"的物体。"条"从称量动物发展出称量"人"的用法，"一条好汉"就是这个时代的新用法。

4. 从分工上看。由于个体量词数量增多，原有的个体量词称量范围不断扩大，使得个体量词系统的分工更为细密。以前不习惯用量词的或者只习惯用通用量词如"个"、"枚"的，这个时代有了专用量词，如"刀"、"扇子"、"勺子"等有把儿的器物可以论"把"；"阁"、"字"、"殿"等建筑可以论"栋"；有杆儿的兵器、旗帜、秤等可以论"杆"；有架子的器物可以论"架"；"磨"可以论"盘"；"事故"、"案件"可以论"起"。这些新量词新用法的出现势必会使原有的个体量词系统更为细密。以称量"人"为例，这个时期可以用于称量"人"的个体量词主要有"个"、"员"、"位"、"名"四个，它们虽都可以用于称量"人"，但称量的对象、范围、感情色彩有所不同，"个"是通用量词，用于一般的计数；"员"用于"生员"、"官吏"、"武士"等特殊身份的"人"，一般身份都比较高；"名"同"员"的称量对象时有重合，但"名"更多的是以普通的"官吏"、"学生"、"军人"等有特定编制的"人"作为称量对象，身份一般不及"员"高。这可能与两个量词的词源有关，"员"来源于"官员"，"名"来源于"名字"。"位"是从"位置"引申出来的用法，古代"位置"、"位次"是身份的体现，所以"位"用为量词一般称量尊者，有敬意。这四个量词各司其职，各有侧重，使得系统分工更为细密。称量动物，汉代、六朝一般用"头"，这个时代可以用"口"、"条"、"只"、"尾"等多个量词，其分工更趋细密。

5. 从语法特征上看。这个时代的个体量词体现出的语法特点已经同现代汉语没有什么区别了。从组合的角度看，个体量词可以与"指示代词"和"疑问代词"组合，这在前一个时代还只是萌芽阶段，但这个时代就很普遍了。从构形法上看，这个时代之前只出现了"AA"和"一AA"式，而且"一AA"式也只限于少数几个量词，并不普遍。这个时代"一AA"

已经比较普遍了，而且"一 A 一 A"也萌芽了。从构词法上看，前代"量粘名尾转名法"罕见，这个时代就比较常见了，而且以个体量词为词缀的造词法得到了较好的发展。

　　从以上几个方面可以看出个体量词发展到这个时代已经完全成熟了。成熟后的个体量词系统整体上是稳定的，但这个系统的局部调整从来就没有停止过，在明清时期，个体量词系统基本处于局部的调整状态。

第四节　明清至现代
——个体量词系统的调整期

（一）明清至现代汉语的个体量词研究

　　关于明代量词研究，叶桂郴的博士论文《六十种曲和明代文献的量词》可以算作明代量词的断代研究[①]，文中指出明代新出量词 13 个：进、捆、份、棵、路、付、爿、拨、筹、挂、溜、胎、淘。其中的"捆"、"路"、"付（副）"、"拨"、"挂"、"溜"应看作集体量词，"淘"、"爿"应看作方言量词，"胎"应看作名词[②]，"进"、"筹"的用法未能流传到现代汉语[③]，"份"、"棵"作为个体量词是没有问题的，但这都不是明代新产生的用法，"份"的个体量词的用法产生于元代，而"棵"的个体量词用法早在宋代就产生了。其他关于专书量词研究的论文，如崔尔胜描写了《水浒全传》中的个体量词 125 个[④]，惠红军描写了《水浒传》中的个体量词

<hr />

　　①　叶桂郴：《六十种曲和明代文献的量词》，博士学位论文，湖南师范大学，2005 年。

　　②　"淘"可以用来称量房子，相当于"幢"，见于吴方言；"爿"可以用了称量"酒店"，现在吴方言中还有用例，但都未能保留到现代汉语。"胎"的用法，叶文举"小产了几胎"、"凡四胎"为例，"胎"本身的词汇意义还相当实在，无法补出中心词，不可以说"一胎小孩"，"胎"应看作名词。

　　③　关于"进"，叶桂郴认为是"称量房屋的量词"，例如"祠宇九进"，我们怀疑它的量词身份，重要的是这种用法也未能流传到现代汉语。"筹"曾经取得过个体量词的身份，可称"人"，如"六筹好汉"（《水浒传》第十五回），这与"一条好汉"的用法相似，但也未流传到现代汉语。

　　④　崔尔胜：《〈水浒全传〉量词研究》，硕士学位论文，广西大学，2003 年。

89 个①，但都未指出新生个体量词。关于清代的量词研究，乔会描写了《儒林外史》中的个体量词 111 个②，陈跃③描写了《红楼梦》中的个体量词 144 个，过国娇描写了《红楼梦》（前八十回）的个体量词 114 个④。这些论文也都未从汉语史的角度指出这个时代新产生的个体量词。我们认为这个时代新产生的个体量词有 7 个：折、筹、台、出、幢、列、码。"折"、"筹"未能流传到现代汉语⑤，流传到现代汉语的有 5 个，常用的 1 个：台，次常用的 4 个：出、幢、列、码。

（二）明清至现代新出且现代汉语仍在使用的常用个体量词

台

"台"指高而上平的建筑物。《国语·楚语上》"台不过望氛祥"，韦昭注："积土为台。"《封神演义》第二十三回："昨观城西有官地一隅，欲造一台，名曰'灵台'。"这里"一台"还是"数名"结构，明代出现了个体量词用法，用来称"戏"。例如：

（1）前在富翁于庆塘家做庆寿戏二十余台。（《包公案》第九十六则）

（2）公子须再加一台戏，又输，热性一起。（《杜骗新书·引赌骗》）

因为"戏"是在台子上唱的，故有"一台戏"的说法，这与"场"的用法相似，清代还可以称量"酒"、"菜"。例如：

（3）这一台酒吃得十分酣畅，众客人尽醉方休。（《九尾龟》第五回）

（4）便和范彩霞说了，叫他预备一台菜。（《九尾龟》第九十九回）

例（3）（4）中的"台"应是"桌"的方言变体，这应看作临时量词，不是真正的个体量词。现代汉语产生了称量各种机械、设备的用法：

（5）我们六家子合伙贷了一台水车。（老舍《春华秋实》）

---

① 惠红军：《〈水浒传〉量词研究》，硕士学位论文，贵州大学，2006 年。

② 乔会：《〈儒林外史〉量词研究》，硕士学位论文，长春理工大学，2005 年。

③ 陈跃：《〈红楼梦〉量词研究》，硕士学位论文，贵州大学，2006 年。

④ 过国娇：《〈红楼梦〉（前 80 回）量词研究》，硕士学位论文，上海师范大学，2005 年。

⑤ "折"明确用为个体量词见于明代，《醒世恒言》第二十卷："把胸中真境敷演在这折戏上。""筹"用为量词也见于明代，如《水浒传》第五十七回："猛可里树林中撞出一彪军马，当先一筹好汉，怎生打扮？"这与"一条好汉"的用法相似，但也未流传到现代汉语。

（6）每一台车床出厂，都意味着新中国在飞跃进展中。（沈从文《一点回忆一点感想》）

现代汉语中，"台"的用法更为普遍，一般的机械都可以称"台"，如"一台拖拉机"、"一台电视机"、"一台电脑"等。至于一台戏的说法现在用得不多，但并未绝迹。如：

（7）我父亲从前弄着一台戏，我母亲在班里唱青衣，叫他霸占了，生了我。（孙犁《风云初记》）

（8）牛大姐问何必："你们这台晚会歌曲的曲目都定了没有？"（王朔《人莫予毒》）

（三）明清至现代新出现代汉语仍在使用的次常用个体量词

出

"出"是表示"出入"义的动词，刘世儒认为魏晋南北朝时期产生了动量词的用法。例如①：

（1）问云："公何处来？"答云："今日与谢孝剧谈一出来。"（《世说新语·文学》）

（2）祖曰："昨夜复南塘一出。"（《世说新语·任诞》）

上面例句中"一出"又云"一番"，相当于"一次"，这都是动量词的用法。个体量词的用法晚到明代才出现。例如：

（3）有的是金华酒在此，待他明日来，我学一出潘金莲调叔的戏文。（《欢喜冤家》第八回）

（4）曾以一出戏，延其人至家，费数十金者。（《陶庵梦忆》卷六）

（5）好情来贺你，只当做戏子一般，演一出儿顽顽，有何不可，却这般着恼！（《醒世恒言》卷二十）

（6）家中每做戏，这一出他定是要做的。（《醉醒石》第七回）

（7）余敕小俣串元剧四五十本，演元剧四出，则队舞一回，鼓吹一回，弦索一回。（《陶庵梦忆》卷四）

"出"用为个体量词只限于称量"戏"、"剧"，现代汉语中仍然使用。

---

① 刘世儒：《魏晋南北朝量词研究》，中华书局 1965 年版，第 267 页。

例如：

（8）他们会唱的戏并不多，都加在一起，也凑不上一出戏。（老舍《鼓书艺人》）

（9）《毛主席来到我们军舰上》是我最喜欢的一出剧。（王朔《看上去很美》）

幢

《急就篇》"蒲蒻蔺席帐帷幢"，颜师古注："形如车盖者谓之幢。""幢"的本义是车之帷帐，由于车之帷帐一般呈方形，故引申出个体量词用法可以称量方形物体，如"楼"、"箱子"等。关于量词"幢"产生的时代问题，刘世儒将其列在了魏晋南北朝时期①：

> "幢"作为量词是由旌旗义引申出来的，因为"军营"中插有"旌旗"，因而就把"幢"来称量"军营"：
>
> 城内有庑一幢，马步可五百，登城望，知泰之无后继。（《宋书·索虏传》）
>
> 始立军法：千人为军，军置将一人；百人为幢，幢置帅一人。（《魏书·蠕蠕传》；这就引申用为一种军制，"一幢"就是"百人"，同现代"一连""一营"之类的量词是一路了。但若论语源，显然也还是由"旌旗"义来的，为便综览，一并附此）
>
> 由"军营"引申一步就可泛指于"民房"。如现代汉语"一幢房子""一幢楼"等，其用法也就正是从这里发展来的。

刘世儒的说法是值得商榷的。第一，现代汉语称量楼房的用法并不是从"旌旗"义引申出来的。我们认为量词"幢"是从"车之帷幄"义引申出来的，这不但可以从词义上得到解释，还可以从语音上得到证明。从词义上看，由"车之帷幄"引申出"一幢楼"的用法是很自然的事，因为无论是外形（方形）和功用（居住）两者都具有"相似性"。从语音上看，训作"车之帷幄"的"幢"，《广韵》读"直绛切"，现代读 zhuàng，与

---

① 刘世儒：《魏晋南北朝量词研究》，中华书局1965年版，第112页。

"一幢楼"的"幢"相合；而训作"旌旗"义的"幢"，《广韵》读"宅江切"，现代读 chuáng，与"一幢楼"的读音不合，这说明"一幢楼"的"幢"来源于"车之帷幄"而非"旌旗"。第二，刘世儒所举的两个例子都有问题。第二个例子"百人为幢"，刘世儒自己也认为是集体量词的用法，这与个体量词用法无关。第一个例子刘世儒认为是称量"军营"的，这令人费解，因为刘世儒是将"虏一幢"的"幢"看作量词的，明明称量的对象是"虏"，为什么却说是称量"军营（幢）"呢？可能是刘世儒把称量和被称量的对象搞颠倒了。即使这样，这种说法也不能成立，因为"虏一幢"，可能就是"虏一营"的意思，如果是这样，"幢"就应看作是度量单位量词，可能同第二个例子的用法相同，是指军队的编制——"百人为幢"。这两个例子的"幢"都应读"宅江切"（chuáng），而不是"直绛切"（zhuàng）。第三，我们检索了历代语料，发现"幢"称量"建筑"的个体量词用法不但六朝没有，唐宋元明甚至清初期的语料中也没有，不可能早在六朝时期就产生了。

我们认为"幢"的个体量词用法是晚到清代才形成的。如：

（1）那馆房屋的建筑法，是一座中西合璧的五幢两层楼。（《孽海花》第二十二回）

（2）宏遇便在城西，盖建起一幢大厦来，占地几百亩。（《明代宫闱史》第九十六回）

（3）在法界连福里租了两幢房屋。（《九尾龟》七十七回）

（4）一面排着两口衣橱、两幢裙箱、夹箱。（《九尾狐》第四回）

例（1）（2）称量"楼"、"厦"，这是现在的主要用法，例（4）可以称量箱子，这可能是因为箱子的形状与楼房相似的缘故，可能是方言用法，现代汉语不这样说。

列

《说文》："列，分解也。"段注："引申为行列之义。""列"在先秦时期可以同数词结合，《仪礼·士冠礼》："南陈如饪鼎，二列。"但还只是"数名"结构，近代汉语出现在数量名结构中，但要理解为"集体量词"，如《全元杂剧·沙门岛张生煮海》："绣帘十二列珍珠，家财千万堆金玉。"不过在现代汉语中出现了"一列火车"的用法，一般习惯上看作"个体量词"。例如：

（1）在这一列御用火车之中，还有一辆车是专载太后所用的衣服的。（《御香缥缈录》第八回）

（2）在这列火车上，有一个太监是专门给我收拾床铺。（《御香缥缈录》第十一回）

（3）开到了一列火车，然而这是到桑当德尔（Santanter）去的。（戴望舒《西班牙旅行记》）

关于一列火车的说法，我们能检索到的最早的用法见于《御香缥缈录》，这是德龄郡主用英文所写的一部著作，又名《慈禧后私生活实录》，1933 年出版，中译本于 1934 年在国内出版。也就是说至少在 1933 年以前就有"一列火车"的说法了。吴趼人 1906 年出版的小说《恨海》第三回："房子那边停着一串火车，那车头上还在那里冒烟。"将"一列车"说成"一串火车"，这说明在吴趼人写《恨海》的时候，"一列火车"的说法还不通行。

码

码，表示数目的符号。如：数码、号码、密码、页码、价码等，量词用法限于称量"事情"，这种用法是现代汉语的产物，从民国初期到新中国成立前后直至当代口语都有用例：

（1）我心里也明白这码事，但倘若生个女孩……（《古今情海·此好事何哭为》）

（2）你们别拿武大郎当神仙，这可是两码事！（《雍正剑侠图》第六十回）

（3）呵，那是两码事，你快做饭吧，别再啰嗦了。（周立波《李大贵观礼》）

（4）对过新年这码事也胡里胡涂。（柳青《创业史》第二部第一章）

例（1）（2）是民国初期的例子，例（3）（4）是新中国成立前后的例子。"一码事"大致相当于"一种事"、"一类事"，但又有所不同，"一码事"是就事物的源头来说的，这可能与量词"码"从"起码"义引申而来有关。

（四）小结

宋元时期的个体量词系统已经成熟了，本时期同宋元时期相比发展趋缓，整个个体量词系统基本处在一个局部调整阶段，这表现在以下几个方面：

1. 从数量上看。本时期从明代到现代，历时 600 多年，但新出的个体量词仅有 7 个，流传到现代汉语的有 5 个，而且这 5 个量词除了"台"是常用量词，其余都不常用。从消亡的数量来看，消亡或者几近消亡的比新生的更多，比如随着"一腔羊"、"一腰裤"、"一檐茅屋"、"一楹室"、"一枰棋"等用法成为一种仿古用法，相关的量词"腔"、"腰"、"檐"、"楹"、"枰"等也在口语中消失。

2. 从用法上看。有些前代产生而且保留到现代汉语中的个体量词，这个时代有些用法萎缩了。如"具"前代称量的范围很广，可以称量一般的日常用具如"匣子"、"席子"、"帐子"等，也可以称量车马器如"鞍"、"勒"、"轮子"、"车毂"等多种器物，到明清时期严重萎缩，只有称量"棺材"、"尸体"的用法还比较常见。再如"尾"，明代以前可以称量"鱼"、"龟"、"豚"、"犍（牛）"、"羊"等"有尾巴"的动物，明代只有称量"鱼"的用法比较常见，其他用法罕见。其他如"床"、"头"、"枚"、"本"等的用法也有不同程度的萎缩。

3. 从分工上看。个体量词在分工方面处在调整阶段。这个时期的系统分工与前一个时代比较，主要向着两个对立的方面发展，一方面是"细化"，另一方面是"个化"。前一种情况，如"头"，汉代、六朝时期有头的动物大多可以用"头"称量，但经过唐、宋、元的发展，到明清时期大部分用法为"口"、"条"、"只"、"尾"等。量词分化，使得系统分工进一步"细化"。所谓的"个化"，在明代也已经很明显了，如明代各种动物都可以用"个"来称量①。本来分工的"细化"同"个化"是两个不同的方向，前者使系统越来越细密、严谨，后者使系统更为简练、虚灵，正是这种对立统一关系促进了个体量词系统向着严密而又简练的方向发展。

---

① 我们举几个有代表性的例子，其他的就不需要证明了，如"马"论"匹"、"牛"论"头"、"猪"论"口"、"鱼"论"尾"，这在明代已经是一种很强的规范了，但也可以用"个"来称量，当然用"个"并不是明代才有，有的唐、宋、元代就可以用"个"，但比较集中的还是在明代。例如：

一行共五个马，飞跑如云，正不知有甚紧事。（《醒世恒言》卷三十）

似此说来，却不是个犀牛？（《三宝太监西洋记》第三十一回）

某亲戚有几个猪，约我去买。（《包公案》卷四）

且说山寨里宰了两头黄牛、十个羊、五个猪，大吹大擂筵宴。（《水浒传》第十九回）

总之，我们认为个体量词系统是一个不断发展变化的系统，其变化是绝对的，其不变是相对的，只有从动态发展的角度观察问题才能更好地看清汉语个体量词的本质。

附表　汉语个体量词历时层次表

		数量	比率1	比率2		量　　　词
萌芽期	西周	3	3%	3%	A	辆（两）、匹。（2个）
					B	乘。（1个）
	春秋战国	11	10%	13%	A	本、封、个、篇。（4个）
					B	等、级、领、枚、挺、章、重。（7个）
发展期	汉代	22	21%	34%	A	处、层、件、间、节、卷、颗（果）、口、片、条、头、张、枝、种。（14个）
					B	编、发、剂、具、首、艘、所、丸。（8个）
	六朝	24	23%	57%	A	部、道、滴、段、顿、幅、根、块、粒、门、面、扇、页（叶）、支、只、座。（16）
					B	柄、床、番、方、竿、味、株、尊。（8个）
	隋唐五代	27	26%	83%	A	场、顶、朵、股、句、类。（6个）
					B	笔、册、点、堵、房、服、管、截、局、缕、贴、团、尾、眼、样、员、则、盏、阵、帧、炷。（21个）
成熟期	宋元	13	12%	95%	A	把、份、家、架、棵、名、盘、位、项。（9）
					B	栋、杆、起、宗。（4个）
调整期	明清现代	5	5%	100%	A	台。（1个）
					B	出、列、码、幢。（4个）

（说明：比率1，各个时代量词占总数（105）的比率；比率2，指累积到本时代占总数（105）的比率。A类，指常用量词；B类，指次常用量词。）

154

第四章　个体量词产生与发展的个案研究

第一节　个体量词"只"的产生与发展

一　个体量词"只"的产生

只，繁体作"隻"，"只"与"隻"在先秦文献中完全是两个词，"只"多用为语气词，表终结或感叹，如《诗·鄘风·柏舟》："母也天只，不谅人只!"用为量词时作"隻"不作"只"，现代简化，量词"隻"也作"只"。本节讨论个体量词"隻"的来源，涉及"隻"的字形及字形义，故写作"隻"，下面几节仍按照简化写法作"只"。

关于个体量词"隻"的来源和最早用例，刘世儒认为[①]：

> "隻"的本义是"一隻鸟"(《说文》："隻，鸟一枚也，从又持隹，持一隹曰隻，持二隹曰雙。")，这是一种"综合称量法"；后来分解，就退而专作量词了。

刘世儒又在上面这段文字下加了注释：

> 当然这不是说到了南北朝时期才开始分解作量词的，事实上它早已分解作量词了，如"载玉万隻"、"乃赐奔戎佩玉一隻"(俱

---

① 刘世儒:《魏晋南北朝量词研究》，中华书局 1965 年版，第 113 页。

见《穆天子传》)，又如“牛肣一隻，母，直六千。”(《居简》卷三页 37)

刘世儒认为“隻，鸟一枚”是一种“综合称量法”，这是对的，认为“后来分解，就专作量词了”也是对的，但在注释中进一步认为在南北朝之前“早已分解作量词”的说法就有问题了。刘世儒注释中举的例子是值得商榷的。我们认为“隻”、“雙”在表达数量概念时秦汉时期并未分化，秦汉时期“隻”、“雙”混用，“隻”在汉代并未产生个体量词用法，只是“雙”字的异体，数词后出现“隻”的场合，“隻”都应看作“雙”，“隻”、“雙”都只能记录集体量词，表示成双成对的两个，六朝时期“隻”、“雙”分化，用“雙”记录集体量词，用“隻”记录“个体量词”。下面我们把收集到的例证排比如下：

第一，秦汉文献中，有“雙”可以作“隻”的确证。

先看传世文献，《穆天子传》卷二：“天子于是攻其玉石，取玉版三乘，玉器服物，载玉万隻。”清代学者陈逢衡《穆天子传补正》认为：“万隻之隻即古省雙字。”在后代的类书中也不作“隻”，《绎史》引作“载玉万雙”，作“雙”不作“隻”，《类说》引作“载玉万瑴”，“瑴”也作“珏”，是“雙玉”，如《左传·庄公十八年》：“皆赐玉五瑴，马三匹，非礼也。”杜预注：“雙玉为瑴。”这都可以证明“隻”就是“雙”①。至于刘世儒提到的第二个例子“乃赐奔戎佩玉一隻”，“隻”当作同样的解释。出土文献中也有“雙”明确写为“隻”的，例如：

(1) 有卑�一隻。(凤凰山汉墓遗策 167.35)

(2) 最凡鸡卌四隻。正月尽十二月丁卯所受县鸡廿八隻一枚，正月尽十二月丁卯置自买鸡十五隻一枚，直钱千二百一十五，唯廷给。(《敦煌悬泉汉简释粹·元康四年鸡出入簿 95》)

例(1)见于凤凰山汉简，《凤凰山一六七号汉墓遣策考释》：“凤凰山一六八号汉墓遣策凡言‘隻’者，出土实物多为雙。‘雙’简省为‘隻’，

① 关于“隻”、“雙”，马叙伦认为“隻”、“雙”本为一字：“隹、雔同为舌面前音……隹、雔亦一字，则隻、雙亦一字也。”(参见《说文解字六书疏证》卷七，上海书店 1985 年版，第 125—126 页。)

盖汉代习俗。以下各简，凡言'隻'者，均当为'雙'。"① 凤凰山 167 号墓出土汉简中，"一隻"共出现三次，对应的出土实物都是成对的器物，可证"隻"正是"雙"之省写。例（2）见于胡平生、张德芳编《敦煌悬泉汉简释粹》中的一个"元康四年鸡出入簿"，账簿前面开列购买鸡的出入清单，后面统计总数时说："最凡鸡卅四隻。正月尽十二月丁卯所受县鸡廿八隻一枚，正月尽十二月丁卯置自买鸡十五隻一枚，直钱千二百一十五，唯廷给。"② 从"十五隻一枚"可以证明"枚"是"隻"的零数单位，"隻"一定是大于 1 的集体单位不可能是"个体量词"，"枚"才是"个体量词"，"隻"仍是"雙"，"十五隻（雙）一枚"就是"十五对零一个（31个）"。这也可以从账簿的细目中找到答案，账簿中"所受县鸡"共有"廿八隻（雙）一枚"，加上"自买鸡""十五隻（雙）一枚"，合在一起正是 43 隻（雙）余两个"一枚"，两个"一枚"为"一隻（雙）"，合计正好是"最凡鸡卅四隻（雙）"，可证这里的"隻"一定时"雙"的省写，账簿中"鸡＋数＋隻"15 见，"隻"都只能这样理解。

第二，虽然不能说是确证，但综合分析我们倾向于将这些"隻"看作是"雙"。例如：

（3）買箸五十隻。（《居延汉简释文合校》237.27）

（4）出二百五十买羊一，出百八十买鸡五隻，出七十二买骆四……（《居延新简》E. P. T51·223）

（5）端君五斗壶一隻。（《长沙汤家岭西汉墓清理报告》）③

（6）张端君斗鼎一隻。（《长沙汤家岭西汉墓清理报告》）

例（3）"买箸五十隻"，"箸"在一般情况下论"雙"，只有在特殊情况下论"隻"，这里将"隻"看作"雙"，可能更合适。例（4）"出二百五十买羊一，出百八十买鸡五隻，出七十二买骆四……"前面有"羊一"，后面有"骆四"，数词后都不用个体量词（这个时代"羊"可以称"头"，"骆"可以称"头"称"匹"），为什么只有"鸡"用个体

---

① 吉林大学历史系考古专业赴纪南城开门办学小分队：《凤凰山一六七号汉墓遣策考释》，《文物》1976 年第 10 期。

② 胡平生、张德芳编：《敦煌悬泉汉简释粹》，上海古籍出版社 2001 年版，第 77—78 页。

③ 湖南省博物馆：《长沙汤家岭西汉墓清理报告》，《考古》1996 年第 4 期。

量词"隻"而称"羊"和"骆"不用个体量词呢？按照语势"隻"本可以省略不说的，之所以不省也不能省的原因是"隻"还不是个体量词，而是集体量词"雙"，如果省掉数量就完全不同了（正好差了一倍）。另外，在汉简中"鸡"还没有专用的个体量词，必要时只用通用型个体量词"枚"，如上例（2）。例（5）（6）为徐正考所引，他认为："'只'只在长沙汤家岭西汉墓出土的壶铭中见到过使用的例子。如：'端君五斗壶一隻。'另有一鼎，铭文是：'张端君斗鼎一隻。'原报告推测末尾泐字为'隻'，当无问题。但同墓出土的沐盘、酒钫、博山炉铭文及墨写的洗文上均只有'一'，而无量词，看来'隻'也应该是表示某种特定器物的量词，因材料所限，我们还得不出确切的结论。"①徐正考认为"'隻'也应该是表示某种特定器物的量词"的判断恐难成立，如果"隻"是"表示某种特定器物的量词"，就应看作是称量"壶"和"鼎"的个体量词了，但"同墓出土的沐盘、酒钫、博山炉铭文及墨写的洗文上均只有'一'而无量词"，为什么同墓出土的器物有的只用数词"一"，有的"一"后面加个体量词"隻"呢？这样无论是文法、句式还是行款都不统一了。我们认为这同例（4）使用"隻"的道理一样，"隻"是"雙"，不用不行，不可省。另外，从系统角度看，"隻"用来称量器物件是隋代的事，秦汉、六朝时期还看不到这样的用法。

第三，还有个别的例证由于语言环境不够明确又缺乏其他佐证，还很难作出准确的判断，似乎可以两解，但根据语言运用的普遍规律推测，"隻"也应是"雙"。例如：

（7）牛肪一隻，母，直六十。（《居延汉简释文合校》217.29）（此例为刘世儒引用，又见上文）

（8）孙并取鸡一隻。（《居延新简》E. P. T43·206）

（9）□一隻，米二斗。（《敦煌汉简》1477）②

这些"隻"用的是本字还是"雙"的省写？也就是用的个体量词用

---

① 徐正考：《汉代铜器铭文中的数量词》，《烟台师范学院学报》1999年第1期。

② 魏德胜认为："此例因上缺，不知用于何物。"（参见《〈敦煌汉简〉中的量词》，《古汉语研究》2000年第2期。）

法还是集体量词用法？单就某个例子来说，是很难断定的，两种用法似乎都可以讲得通，不过，秦汉时期有集体量词"雙"作"隻"的明确例证，这从上文例证中可以确定，但是我们却找不到反方向的表示个体量词"隻"写作"雙"的例证，这一点很关键。下面我们从语言运用的普遍规律来进行推断，我们的推断是秦汉时期数词后面的"隻"都应该是"雙"。因为语言是一个严密的系统，各民族语言在表达数的概念时都要求准确、清楚，这是起码的要求，如果在相同的时段甚至同一种材料中"一隻"既表示"一个"，同时"一隻（雙）"又表示一双两个，这岂不是"一个"等于"二个"，这势必会造成表达系统的混乱，所以这种现象在任何一个民族的语言中都不可能发生，那么，秦汉时"一雙"为什么又可以写作"一隻"，当如何解释呢？为什么秦汉时期"一雙"可以写作"一隻"而不会造成混乱呢？为什么汉代以后"一雙"就不能再写作"一隻"了呢？我们认为这同"隻"是否具备个体量词用法有直接关系，这里唯一的可能就是这个时代数词后面的"隻"尚不具备个体量词用法，人们看到"一隻"直接就认定为"一雙"，这就不会产生混淆，所以才可以用"隻"替换"雙"，由秦汉时期"一雙"可以写作"一隻"，可以逆推这个时期"隻"的个体量词用法并不存在，而从秦汉以后"一雙"就不可以随便写作"一隻"了，可以推断"隻"个体量词用法产生于秦汉以后，语言事实证明"隻"的个体量词用法是魏晋南北朝时期才产生的。

二　个体量词"只"的发展

（一）称量动物

1. 称量鸟禽

刘世儒认为六朝时期"只"可以称"鸠"、"鸡"、"鹤"、"孔雀"[1]，除了刘世儒举证的用法之外，"只"还可以称"鸭"、"鹅"、"雉"、"雀"等。例如：

---

[1]　刘世儒：《魏晋南北朝量词研究》，中华书局 1965 年版，第 113—115 页。

(10) 以一只鹅为后军别。(《俗说》)

(11) 肥鸭一只，净治如糁羹法。(《齐民要术》卷八)

(12) 白雉三只又集于平阳太祖之庙。(《魏书·太武帝纪》)

六朝时期，"只"称量"鸟禽"是较为常见的用法，唐代除了继承前代的用法外，还可以称"鹰"、"鹦鹉"、"吉了鸟"、"鸾"、"鸽子"等，试举几例：

(13) 一只黄鹰薄天飞。(《敦煌词曲子词·浣溪沙》)

(14) 惟有鹦鹉一只在堂前架上。(《开元天宝遗事》卷一)

(15) 得秦吉了鸟雄雌各一只，解人语。(《朝野金载》卷四)

称量"鸟禽"这类用法，发展到唐代应该说已经和现代汉语基本相同了，只是使用频率还不及后代多，后代的例子不烦再举。

2. 称量"非鸟禽"

从称量"鸟类"扩展到称量兽类、畜类等鸟类以外的动物，这种用法是唐、宋时期才发展起来的①，可以称"龙"、"象"、"兔子"、"狗（犬）"、"虎"、"牛"等。例如：

(16) 秦犯夷，输黄龙一只，夷犯秦，输清酒一钟。(《蛮书》卷十)

(17) 文山顿，射獐不隔箭连中二，走狐一，走兔二十一只。(张说《皇帝马上射赞》见《全唐文》卷二百二十六)

(18) 天宝八载，其王卢陀罗使献真珠一百条……驯象二十只。(《唐会要》卷九十八)

(19) 子湖有一只狗。(《五灯会元》卷四)

---

① 刘世儒认为六朝时期就可以称"兽类"，只举《大狗赋》一例为证："于是驱麋鹿之大群，入穷谷之峻厄。走者先死，往者被击。前无子遗，后无一只。"并解释说："这例上承'麋鹿'，就可以说是用于'兽'的。"此赋是三国贾岱宗的作品，收于《全三国文》，三国以及三国以前尚不能称"鸟"、"禽"，又怎么能称量由称量"鸟"、"禽"发展出来的"兽"呢？此为赋体，为求文字之工、韵律之协，使"后无一只"，与前面的"前无子遗"相对为文才这样说的，"子遗"同"一只"对文都是强调统统没有了的意思。"只"与"一"同训，皆有"单"义，如《太平御览》引《风俗通·论数》："夫数，一为特、侯、奇、只，二为再、偶、两、双"；《蘕呬耶经·卷上》："应所奉持弟子等数，或一或三或七乃至二十五只，不得双取。""二十五只"也不是量词用法，后面说"不得取双"，可证"只"为"单"义，又如《海槎余录》："又有鬼哭滩，极怪异，舟至则没头、只手、独足、短秃鬼百十争互为群来赶。"这里的"只手"与"独足"相文，也是"单"义，可以为证。据我们考察称量"兽类"唐代才初见端倪，宋元后才发展起来的，不能仅凭这类的孤证就认为是量词用法。(参见《魏晋南北朝量词研究》，中华书局 1965 年版，第 113 页。)

（20）复云：也好快活。恰似一只虎。莫动着。（《古尊宿语录》卷四十三）

（21）答曰："两只水牯牛，双角无栏设。"（《古尊宿语录》卷十）

元、明时期用"只"称量动物的用法非常活跃，"只"成为称量动物使用频次最多，称量范围最广的量词，大部分动物都可以用"只"，如：

（22）黄门官宣读阿丹国进贡：……麒麟四只，狮子四只，千里骆驼二十只，黑驴一只，花福禄五对，金钱豹三对，白鹿十只，白雉十只，白鸠十只，白驼鸡二十只，绵羊百只……（《三宝太监西洋记通俗演·第九十九回》）

（23）乾明门猫十一只……刺猬五个……羊二百四十七只……西华门狗五十三只，御马监狗二百一十二只……虎三只……狐狸三只……文豹一只……豹房土豹七只。（《涌幢小品》卷二）

明代甚至可以称量水产品，如：

（24）其术用大虾蟆一只，作火字四十九道纳之腹中。（《谈氏笔乘·技馀》）

（25）剖之，中各有小红虾一只。（《菽园杂记》卷十二）

（26）水中端端正正蹲着一只雪白的玉蟹。（《禅真后史》第二十二回）

到明代为止，"只"称量范围之广、使用频次之多已经同现代汉语基本相同了。

（二）称量物体

1. 称成双成对器物中的一个

这种用法始于六朝时期。例如：

（27）举罗张之，但得一只鸟焉。（《水经注·汝水》）

（28）攘兵无所言，寄敬儿马镫一只，敬儿乃为之备。（《南齐书·张敬儿传》）

（29）虎魄钏一只，直百七十万。（《南齐书·东昏侯纪》）

六朝时期还只限于称量"鸟"、"马镫"、"钏"，这些都是成双成对的器物，六朝以后可以称量"靴"、"袜"、"袖子"等都属于此类。由此发展还可以称量动物、人的成双成对器官中的一个，如"眼"、"耳"、"手"、"脚"等。例如：

（30）因出酒一斗，羊脚一只，食尽犹言不饱。（《魏书·京兆王子推传》）

（31）云："许你具一只眼。"洞山代云："若见则似他去。"（《祖堂集》卷十六）

（32）刺史已下面皮一百具，耳二百只。（李商隐《为荥阳公贺幽州破奚寇表》）

（33）空中有一神人，送龙腿一只，可重三十馀斤。（《敦煌变文集新书》卷六）

（34）西平郡贡牸羊角十只……伊吾郡贡阴牙角五只，胡桐泪二十五斤。（《通典》卷六）

（35）三个老婆六只奶，金刚背上烂如泥。（《五灯会元》卷十二）

（36）不敢辜负和尚一只左臂。（《古尊宿语录》卷三十四）

（37）他便伸出一只大拳头打来。（《隋唐演义》第六十八回）

（38）金和甫一面说着，一面早伸出一只巨灵般的手掌来。（《九尾龟》第十九回）

这种用法萌芽于六朝时期，仅见例（30）称"羊脚"，唐、宋时期此类用法渐渐多起来了。再向后发展有些不是成双成对的器官也可以用"只"了，如《孽海花·第二回》："那时候唐卿说到这一句，就伸着一只大拇指摇了摇头。""大拇指"并非成双中的一个，之所以能称"只"很有可能是受了"手"、"脚"等器官可以称"只"的影响"类化"而来，不过这类用法由于缺乏理据性并未发展起来。

2. 称量一般性物体

从称量成双成对的物体进一步扩展，用来称量一般性物体，这些物体是无所谓成双成对的，这就一般化了。这种用法并非始于六朝①，而是在

① 关于"只"什么时段不以称量"双数中的一只"为限，刘世儒认为："'箸'称'只'显然还是双数中的一只；但由此发展，就不再以'双数中的一只'为条件，凡一切坚而长的东西也都可以用'只'量了……"并举"一只箭"、"矢十只"、"一只截"、"金钗子一隻"等六朝用例加以证明。其实，这些例子都不应作为"只"称量一般性物体的例证，这里的"只"应是"支"或"枝"的假借字，中古时期"只"与"支"同音通用，如"一只眼"（《古尊宿语录》卷三十九："方可具得衲僧一只眼"）也作"一支眼"（《禅林僧宝传》卷六："此人只具一支眼"），另外从这些物体都是"坚而长的东西"也不难证明这里的"只"不过是"支"、"枝"的假借字而已，不应将它们同"只"的用法混为一谈。（参见《魏晋南北朝量词研究》，中华书局1965年版，第114页。）

隋唐时期发展起来的。例如：

（39）一切经大藏玉石象一十五驱，鹊尾香炉四十九只，永充供养。（郑辨志《宣州稽亭山妙显寺碑铭》见《全隋文》卷二十八）[①]

（40）银装茶碗四只……盛金花银脚螺杯一只。（崔致远《幽州了可举太保》见《唐文拾遗》卷三十八）

（41）内库每州有铜鱼八只。（崔衍《乞省请左鱼归郡契合奏》）

（42）棚上有阿弥陀佛一尊、圣僧一座、倚子一只、盖一顶。（道清《磁州武安县定晋山重修古定晋禅院千佛邑碑》见《全唐文》卷九百二十一）

（43）三堂使宅有钩仙池，莲子一岁再结实子十只。（《云仙杂记》卷七）

（44）漂损公私船舫一千余只。（《旧唐书》卷八）

唐代以后"只"的用法更为丰富。例如：

（45）又埋金汁锅百二十只于四隅，及五隅官排门率百姓水缸二百只。（《辛巳泣蕲录》）

（46）就中间沈香卓儿一只，安顿白玉碾花商尊。（《武林旧事·乾淳奉亲》）

（47）在汝第几只箱内，权且付还。（《南村辍耕录》卷二十三）

（48）上皇分金钱四十贯，皇后分金钱十一贯，银钱二十二贯，银火炉一百二十只，金火炉四只，金棹子面二十只，银交椅二十只，金合大小四十只，金水桶四只，金盘盏八百副金注碗二十副金银匙箸不计。数金汤瓶二、十只琉璃盏、一千二百只琉璃托子、一千二百只玳瑁托子、一千二百只珊瑚托子、四百只玛屯托子、一千三百只珍珠扇。（《三朝北盟会编》卷九十七）

（49）蒺藜火炮三千只，皮大炮二万只，分五十三座战楼，准备不测。（《辛巳泣蕲录》）

（50）今乃不然，是特被十只冷馒头使耳！（《鹤林玉露》甲编卷四）

（51）桌子三百只，限一日办。从善命于市中取茶桌一样三百只。（《鹤林玉露》乙编卷六）

---

① 此例为刘世儒所引，列在南北朝时期，此为碑铭收在《全隋文》中，视为隋代文献比较准确。（参见《魏晋南北朝量词研究》，中华书局1965年版，第115页。）

（52）五香七宝床一只。（《解醒语》）

（53）王氏向袖中摸出黄柑一只，双手劈开，将一半奉与丈夫。（《喻世明言》卷三十二）

（54）客人若可怜他时，买一只薄薄棺材，焚化了他，便是做好事。（《警世通言》卷二十二）

（55）连着衣袋里的一只打璜金表。（《警世通言》卷二十二）

（56）另外开了一只灯。（《二十年目睹之怪现状》第一百四回）

（57）一时间眼光溜到床前镜台上摆设的一只八音琴，就看住了。（《孽海花》第二十四回）

从上面的例证不难看出，"只"称量一般器物的用法在近代汉语中有明显泛化的趋势。

三　结论

（一）在秦汉时期表达数量概念时"隻"、"雙"不分，"雙"常作"隻"，六朝时期"隻"产生了量词用法，"隻"、"雙"从此分化，分别记录个体量词和集体量词。

（二）量词"只"的用法是从"综合称量法""隻，鸟一枚"中分化出来的，它基本上是按照"鸟"和"一枚"两个方向发展出来的（见下图）。汉代"雙"、"隻"没有分化，个体量词"隻"的用法尚未产生，六朝以后"隻"、"雙"分化，"隻"的个体量词用法产生了。从"鸟"这条线索出发，首先是称量"鸟类"，这是六朝时期的用法，由此扩展，唐代可以称量"非鸟类"（兽畜），近代汉语"只"称量动物，比"条"、"口"、"尾"、"头"等更为常见，称量范围更为广泛。从"一枚"这条线索引申出"单独"义，首先用来称量"成双成对物体中的一个"，这种用法萌芽于六朝，用量不多，范围仅仅限于"鞋"、"脚"、"钏"等，唐宋时期已经成熟了，数量之多，范围之广，与现代汉语大致相同了，由称量"成双成对物体中的一个"再扩展到不以成双成对为限的"一般性物体"，这是个重要的发展，这种用法始于唐代，宋代完全成熟，并有了明显的泛化，从某种程度上可以同通用型个体量词"个"比肩，但到了现代汉语中部分用法被淘汰，不过，在汉语方言中"只"的用法却得到了广泛的继承和发展。

（三）在近代汉语中有明显泛化的趋势，这表现在：

1. 原来没有专用个体量词的可以用"只"。如"香炉"、"茶碗"等日常器物，汉代、六朝都没有专用量词，有必要时就用通用量词"枚"，汉简中这样的用法比较常见，随着通用型量词"枚"的衰退，其大多数用法被"只"取代。

2. 有些新生的事物在没有用专用的个体量词称量之前，可以用"只"。比如，例（35）称量"倚（椅）子"，"椅子"应是唐代或者唐代稍早出现的坐具，唐代还未产生专用的个体量词"把"，就可以临时用"只"过渡一下。例（42）称量"炮"，是宋代用法，"炮"的专门量词"门"是晚到清代才产生的，宋至清的过渡阶段可以称"只"。

3. 很多事物已经有了自己的专用量词，但仍可以用"只"称量。"锅"、"棺材"论"口"，"船"论"艘"，"灯"论"盏"，这些早已有了专用量词的也可以用"只"称量。

4. 有些事物一直没有专用量词，在现代汉语中论"个"的，也可以用"只"来称量。如"馒头"、"柑橘"、"火炉"等。

从以上几个方面可以看出，近代汉语中"只"曾经一度泛化比较严重，有走向"通用性"量词的趋势，某种程度上可以同"个"比肩，但在"个"与"只"的竞争中，"个"最终成为现代汉语的通用型量词，而"只"的有些用法却未能进入现代汉语，不过，在汉语方言中"只"却得到广泛的继承和发展，成为通用型的量词，比如吴语就是这样。

个体量词"只"引申示意图：

$$\text{"隻"(鸟一枚)} \begin{cases} \text{"鸟"} \longrightarrow 鸟 \longrightarrow 非鸟 \\ \text{"一枚"} \longrightarrow 成双之一 \longrightarrow 一般性物体 \end{cases}$$

第二节　个体量词"条"的产生与发展

一　个体量词"条"的产生

"条"，《说文》："小枝也。"这是"条"的本义，刘世儒认为个体量词"条"就是来源于这个本义，可问题是量词"条"在汉代已经萌芽，六朝已经广为使用了，但称量树枝、枝条的用法则是唐代才有①。我们怀疑量词"条"的用法并不直接来源于本义"枝条"，也不是由称量"枝条"的用法扩展到其他的"条状物"。我们认为"条"的个体量词用法是从本义"小枝"的两个引申义"长"和"条理"义中发展出来的。先秦汉语中，"条"有"长"义，如《尚书·禹贡》："厥土黑坟，厥草惟繇，厥木惟条。"传："条，长也。"正义曰："'条'是长之体。""条理"义也是"条"的常用义，如《尚书·盘庚》："若网在纲，有条而不紊。"传："当如网在纲，各有条理而不乱也。"从"长"义出发，引申出称量"条状物"的用法，从"条理"义出发，引申出称量"科条"、"法律"、"诏告"等条然有序事物的用法，这是个体量词"条"发展的两条主线。

那么，"条"最早用为量词是从什么时候开始的呢？在先秦文献中，有一个"一"与"条"连用的例子，《庄子·内篇·德充符第五》："老聃曰：'胡不直使彼以死生为一条，以可不可为一贯者，解其桎梏，其可乎？'"这里的"一条"还不是数量结构，张耿光将此句译为："老子说：'怎么不径直让他把生死看成一样。'"② 陈鼓应译为："老聃说：'你为什么不使他了解生死为一致。'"③ 都将"一条"，译为"一样"、"一致"，这里的"一条"的"一"是"同一"的"一"，并不表数，"条"则有"类别"义，"一条"如果直译的话就是"同类"，显然"条"还是个"名词"。

---

① 唐三藏法师译《佛说虚空藏菩萨能满诸愿最胜心陀罗尼》："并取有乳树叶七枚及枝一条，置在坛边。"

② 张耿光：《庄子全译》，贵州人民出版社 1991 年版，第 91 页。

③ 陈鼓应：《庄子今注今译》（上），中华书局 1983 年版，第 155 页。

在西汉中期、东汉初的《居延汉简》有这样一个例子：

（1）⊠□□其案凡十一条札⊠。（《居延汉简释文合校》227.1）

汉简中我们只发现这样一例，这里的"十一条札"的"札"应指"竹简"，而"条"是否用为量词呢？由于仅此一例，加之这"十一条札"到底指的是有着怎样形制的"简札"，已无可考，这为我们的立论增加了难度，不过分析起来大概有这样三种可能：第一，这里的"条"还是个形容词，"条"仍有"长"义，"条"是修饰"札"的，"条札"就是"长札"，在居延简中，多为所谓的"一尺简"（汉尺合现在的二十三厘米左右），但也有长达五十厘米，甚至七八十厘米的，"条札"可能指这些长的竹简，所以这里的"条"也可能有"长"义，这样"十一条札"，就要分析为"十一/条札"，"条"是形容词。第二，也可能这里的"条"要理解为"条理"的"条"，因为"札"上书写有条分缕析的法律条文、诏书、制度等，所以称"条札"，这同古代"条刺"、"条牒"用法一样，如果是这样，"十一条札"仍要分析为"十一/条札"。第三，这里的"条"已经是真正的个体量词了，"十一条札"，就相当于后世的"十一条竹简"。我们认为将这种存在多种解释的例子看作真正的个体量词用法是危险的，这很有可能还是形容词用法，并且个体量词产生和发展是系统性的，不能仅凭此类不确定的孤证就确定是个体量词用法，这里当存疑为是。

到了东汉时期，真正的个体量词用法诞生了，例如：

（2）条属者通取一条绳，若布内武，垂下为缨。（郑玄注《礼记·杂记》）

（3）纮一条属两端。（郑玄注《仪礼·丧服》）（"纮"古代冠冕上的带子）

（4）又增法五十条，犯者徙之西海。（《汉书·王莽传》）

（5）罪二千五百条，上附下附，刑五而已。（郑玄注《周礼·秋官司寇》）

二　个体量词"条"的发展

（一）称量"典型条状物"

"典型条状物"是同下面的"非典型条状物"相对而言的，"典型条状物"是指该物体本身是一个简单的长条状的物体，一般没有其他附件，即使有也很小，而且在认知上一般不会引起注意。这种用法先是称量长条状的非生命的物体然后扩展到长条状的有生命的动物。

1. 称量"非生命的物体"

东汉时期可以称量"绳"、"纮"，见上面例（2）（3），当时还很少见，六朝时期有了较大的发展，可以称量道路、丝线、针、牙齿、尾巴、小树等。例如：

（6）争攀四照花，竞戏三条术。（顾野王《艳歌行》）（"术"是邑中之道）

（7）乃至一条缕，一寸衲一滴油，不与不应取。（《十诵律》卷四十五）

（8）用童女合线，以二十一条合成一条穿珠。（《佛说持明藏瑜伽大教尊那菩萨大明成就仪轨经》卷二）

（9）悬千条玉佩，声昼夜不绝。（《金楼子·箴戒篇》）

（10）至秋，任为簸箕，五条一钱，一亩岁收万钱。（《齐民要术·种槐》）（"条"，指"树"）

（11）次商迦仙人然灯三盏，施三条针，志心供养而发愿言……（《佛说大自在天子因地经》）

（12）《南越志》曰："蜈蜙，一头，尾有数条，长二三尺……"（《文选·江赋》）

（13）以鼻掘出数条长牙，送还本处。（《异苑》卷三）

例（8）（9）称"穿珠"、"玉佩"，这是因为"穿珠"、"玉佩"都是用线串起的条状物。例（13）称量"牙"，但这是指"象"的"长牙"，一般的"牙"不能论"条"。

唐代进一步发展，使用频次增多，称量对象扩大。可以称量"路"、"街"，还可以称量"缆"、"麻"、"素"、"弦"、"练"、"带"、"皮"、"布"、"手巾"、"长幕"、"水"、"江"、"河"、"溪"、"泉"、"泪"、"银汉"、"虹"、"涧"、"峡"、"寒溜"（冰条）、"竿"、"棒"、"柱"、"枪"、"炭"、"肋骨"、"箸"、"蜡烛"、"气筒"等，到了唐代称量"典型条状物"的用法完全成熟了，现代汉语中大部分"典型条状物"都可以称"条"。这种用法出现的最早也最典型。

2. 称量"有生命的动物"

称量"有生命的动物"是在称量"非生命的物体"的基础上发展来的，两者的差别在于是否有生命，当只关注其外在形体忽视其是否有生命时，动物包括人就同其他的非生命体一样，只要是"长条状"的就可以用"条"来称量。这种用法始于唐代，用例不多，也仅限于"蛇"、"蚯蚓"等，例如：

（14）已失大蛇，但有小蛇数条，尽白，皆杀之而归。（《太平广记》卷四五八引《博异志》）

（15）领蚓数百条，如索，缘树枝干。（《太平广记》卷四七四引《酉阳杂俎》）

唐代以后有所发展，可以称量形体细长的"鱼类"和"昆虫"。

（16）金铜引水龙一条，长二尺六寸。（《虎钤经》卷七）

（17）又取金色鳅一条。（《曲洧旧闻》卷八）

（18）押番却把早间去钓鱼的事说了一遍，道："是一条金鳗……"（《警世通言》卷二十）

（19）乃吐虫一条，赤黄色，长六、七寸。（《子和医集·儒门事亲》）

（20）金殿兽头上落下，摇身一变，变作一条七寸长的蜈蚣。（《西游记》第四十六回）

（21）忽见前面又杀进一条咆哮大虫。（《荡寇志》第一百十八回）

例（21）的"大虫"是指"老虎"，"老虎"本身不能称"条"，只有将"老虎"称为"大虫"时才能称"条"，这显示了名词"虫"与量词"条"已经具备了比较稳定的联系，与"老虎"本体无关。

宋、元、明、清至现代，"条"在称量"典型的条状物"时有很强的能产性，当事物具备"细"、"长"这两个外形特点时，一般都可以使用。

（二）称量"非典型条状物"

"非典型条状物"是指物体（动物的身体也不妨看作"物体"）的形状虽可以归入"条状"，但并不典型，有时要借助主观认知的帮助。如"一条凳子"，凳子有面儿有腿儿，整体看很难说是长条状的，但从长条状的

"凳面"出发，这个"凳面"就成为认知的焦点，这就不妨说"一条凳子"。但同"一条绳子"、"一条棍子"比较起来就不能算作"典型的成员"。再如"狗"，"狗"同"蛇"比较，其形体算不上典型的条状，甚至不如"鱼"典型，但"狗"的身体偏于瘦长，如果算上长长的尾巴，就很容易将"狗"也归入"条"类。

称量"非典型条状物"是从称量"典型长条物"的基础上发展出来的，其产生时代也晚于"典型条状物"，六朝时期还没有这种用法，这种用法是唐、宋时期开始的。"非典型条状物"也包括"非生命的物体"和"有生命的动物"两类。

1. 称量"非生命的物体"

这类事物主要包括"衣物"和"家具"。先看称量衣物的用法。有些衣物如"裙子"、"裤子"等整体上看未尝不可以认为是长条状的物体，但同"绳子"、"棍子"等比较起来，其"长条状"并不显豁，这也是为什么"裙"、"裤"早期不用个体量词"条"而用"腰"的原因。关于称量衣物的用法，刘世儒认为六朝时期可以称"袈裟"和"裙子"，对此游黎持反对意见：

《魏晋南北朝量词研究》所举"条"量服装共三例，然而我们认为有些还不能成立，附列于此讨论：

a. 何以答欢忻？纨素三条裙。（繁钦《定情诗》）

b. 舍其七条袈裟，助费开顶。（《高僧传·兴福篇》）

c. 垂赉郁泥真纳九条、袈裟一缘。（梁简文帝《谢赉纳袈裟启》）

其中，a 例刘世儒先生自注："《太平御览》引此句作'纨素为裙衫'，两存于此。"而 b 例我们则认为不能成立，因为所谓"七条袈裟"，并非量其数量，而是一种僧装，其名就叫"七条袈裟"、"七条衣"或"七条"，亦即佛教"三衣"中之"中衣"，因其袈裟上条纹数为七而得名。同样，c 例中所谓"垂赉郁泥真纳九条、袈裟一缘"，实为"九条袈裟一缘"之误，"九条袈裟"为佛教三种袈裟之一，又名"九条衣"或"九条"，这里称量它的量词实际上是"缘"。可见，上述 b、c 例均不能成立，a 例能否成立，也实在还是一个问题。即使它成立，那么我们也可以说，"条"量服装的用法在南北朝时非常少见的，同样，这样的例子在唐五代也并不多，因为古时服装"条状"并不明显。①

　　我们基本同意游黎的观点，但需要稍作补充。游黎认为 b、c 两例的"七条袈裟"、"九条袈裟"是一种僧装，这是对的，但认为"七条袈裟"是"因其袈裟上条纹数为七而得名"，则有欠准确。丁福保《佛学大词典》："袈裟者，缝缀数条之布帛作长方之幅者也。"故此袈裟也称"割截衣"，有几条布缝缀而成就称几条袈裟，并不是因为有几个条纹就称"几条袈裟"②。关于 a 例，刘世儒举出《太平御览》的异文"纨素为裙衫"，采取"两存"的办法。游黎表示怀疑，认为"a 例能否成立，也实在还是一个问题"。但她并未加以论证。我们认为这个例子仍不能成立。"纨素三条裙"的"三条裙"同"七条袈裟"的用法是一样的，也是由三条布缝缀起来的裙子，而非三件裙子。这可以从文献中得到证明，晋代束晳《近游赋》中说明"三条裙"的形制："帽引四角之缝，裙有三条之杀。""杀"，《论语·乡党》："非帷裳，必杀之。"《正义》："杀谓杀缝。"也就是说"三条裙"是由三幅布缝缀而成，因有三煞缝即三杀，故称"三条裙"。这种"三条裙"也流行于唐代，唐代诗人施肩吾《定情乐》中同样写了一个定情的女子，其中有"著破三条裙，却还双股钗"的诗句，"三条裙"同"双股钗"对文，各是一个整物，而非多个。我们认为以上称量"袈裟"和"裙子"的用法都不是个体量词用法，六朝时期称量"衣物"用法尚未能形成，称量衣物用法是从唐代开始，宋元以后发展起来的。例如：

　　（22）……吴三藏，紫绫袈裟壹条，紫绫庐山帽子一顶……袈裟壹条，紫罗庐山帽子壹顶，覆面绵壹长（张），覆面青纱壹段。（《吐鲁番出土文书·沙州僧崇恩处分遗物凭据》P.3410.840.150）

　　（23）盖为袈裟同肩，一处吃饭，莫是人各披一条，同锅吃饭么？此是分见。还知道三世诸佛共披一条。（《古尊宿语录》卷二十五）

---

　　①　游黎：《唐五代量词研究》，硕士学位论文，四川大学，2002 年，第 18 页。

　　②　"袈裟"用布条缝缀而成，取会田地参差之意，故布幅长短不一，皆取单数如五、七、九，最多至二十五条，条数越多地位越高，故由几幅布缝缀成，就称为几条袈裟。如《西游记·第三十六回》："那三藏光着一个头，穿一领二十五条达摩衣"，这里的"达摩衣"称"领"，"二十五条"是"达摩衣"的"条数"。

（24）拖一条布裙，作尿臭气。（《五灯会元》卷十七）

（25）休想我系一条麻布孝腰裙！（《荆楚臣重对玉梳记》第一折）

（26）夺得番搭袋资粮二袋，番绵袄五条，皮靴、弓箭等物。（《辛巳泣蕲录》）

（27）那花荣……系着一条绯红团花战袍……系一条大红湖绉绣凤战裙，下穿一双盘金凤鞋。（《荡寇志》第一百二十五回）

（28）又从车上拉下一条破军大衣交给韩燕来。（《野火春风斗古城》第四章）

（29）一面蹲下身子去，枕着他一只腿，取过一条裤带儿来，把那话拴住。（《金瓶梅》第二十八回）

（30）下身只穿着一条绢绸的底衣。（《三侠剑》第二回）

唐代以前袈裟论"领"，论"缘"，唐代可以论"条"，例（22）出自《吐鲁番出土文书》，是崇恩法师遗物的清单，前面说"紫绫袈裟壹条"，后面说"紫绫庐山帽子一顶"，"一条"、"一顶"对文，就必是个体量词无疑了。例（23）说"袈裟"，先说"各披一条"，又说"共披一条"，"共披"者定是一件。宋代以前"裙子"一般论"腰"，宋代可以论"条"，如例（24）。宋代还可以称量"袄"，如例（26），"袄"是形体较长的衣服，故而可以称"条"。后来"袍子"、"大衣"也可以称"条"，如例（27）（28），称量"裤子"的用法见于明代，例如（29）。例（30）称量"底衣"也是指"裤子"说的。

再看看称量家具的用法。称量家具的用法是从宋代才开始的，例如：

（31）但有木凳二条而已，亦无灯烛。（《大宋宣和遗事·利集》）

（32）板凳二百条，赁脚价六钱。（《宛署杂记》卷十四）

（33）壁者边便见是条台倚子。（《古尊宿语录》卷二十九）

（34）挨身出去，却是一条备椅。（《七剑十三侠》第二十二回）

（35）就打麦场上放下了一条桌子。（《水浒传》第五回）

（36）见里面一张榻床，一条半桌，便轻轻坐在榻上。（《七剑十三侠》第四十回）

称量"凳子"、"椅子"、"桌子"，都是以这些器物的"使用面"为观察点，加入了认知的成分才产生的用法。现代只有称量"凳子"的用法比较常见。

2. 称量"有生命的动物"

这是指动物形体本身并不是典型的条状或者说根本算不上条状，但也可以用"条"来称量，如"牛"、"狗"等。这类用法出现的时代较晚，见于清代的白话小说中，如：

（37）内中有一条牛见这和尚，把两眼睁睁的只望着他。（《儒林外史》第二十四回）

（38）你这条狗，要多少钱？（《济公全传》第九十八回）

（39）骑著一条驴，走在这庙门口，不想遇见这贼和尚。（《济公全传》第八十八回）

上例中称"牛"、"狗"、"驴"，其中称量"驴"则罕见，称量"牛"在现代汉语中可以用"头"和"条"，但主要用"头"，只有称"狗"的用法最为普遍。

除了称量动物外，还可以称量"人"，但这是有条件的，一般用来称量形体高大，性情刚毅的男人，常说"一条大汉"、"一条好汉"等，成为一种固定的用法。

（40）是一条大汉，拽起衣服，扯出刀来杀了你父亲。（《包龙图智勘后庭花》第四折）

（41）又见一条黑汉，称是熊山君；一条胖汉，称是特处士。（《西游记》第十三回）

（42）道犹未了，五条猛汉，五骑马。（《三宝太监西洋记通俗演》第九十一回）

（43）门内走出一条金刚般大汉。（《绿野仙踪·第十八回》）

这种用法在元代杂剧中较为多见，开始可能是北方方言的用法，在明清时期的白话小说中多有用例①。

---

① "一条好汉"的用法可能来自"好汉"是"光棍"的隐喻。在近代汉语中"光棍"多指"流氓"或者"没有妻子的人"，但也用来指"好汉"和"聪明人"。"一条棍"是"条"的原型用法，将"棍子"与"好汉"的共同属性如"坚"、"硬"、"宁折不弯"等联想到一起的时候，就不妨说"一条光棍"或者"一条好汉"了，这也可以解释为什么"条"只限于称量身体强壮或者性情刚毅的男人了。

（三）称量"本无定型"的事物

以上所称量的对象呈现出的"条形状"虽有"典型"和"非典型"之分，但都是边界清楚、形体固定的事物。唐代可以称量"边界不清"、"本无定型"的事物。拿"烟"来说，"烟"本无固定的形态，其形体往往随着条件的变化而变化，有时呈现弥散一片，有时如丝如缕，为了抓住不断变化的外部形态，描写者往往使用不同的量词来"固定"这些瞬息万变的事物。"条"就是具有这种功能的量词之一。例如：

（44）碛净山高见极边，孤烽引上一条烟。（刘言史《赋蕃子牧马》）

（45）神鼎已乾龙虎伏，一条真气出云端。（殷文圭《送道者朝见后归山》）

（46）两三条电欲为雨，七八个星犹在天。（卢延让《松寺》）

（47）头冠两片月，肩披一条云。（孟郊《送李尊师玄》）

（48）戍楼三号火，探马一条尘。（杜荀鹤《塞上》）

（49）恃赖倾城人不及，檀妆唯约数条霞。（徐凝《宫中曲二首》）

（50）半夜觉来新酒醒，一条斜月到床头。（雍陶《初醒》）

（51）西楼美人春梦中，翠帘斜卷千条人。（《玄怪录》卷一）

（52）万卷图书天禄上，一条风景月华西。（白居易《和刘郎中学士题集贤阁》）

以上称量"烟"、"霞"、"气"、"尘"、"云"等大致可以概括为"气态"，形体会随着条件的变化而变化，有时会呈现为"长条"状，当其呈现为"长条"状时，就可以称"条"。例（50）"一条斜月"，指的是一道月光。例（51）"翠帘斜卷千条人"，这里的"千条人"指的是"千条人影"。这种用法使"本无形体"的物体有了具体可感的形象，增强了表达的效果，但要指出的是这些用法都出自唐诗，明显具有文学语言的语体特点，其他的场合很少用。

（四）称量"非条状物"

在称量"非典型条状物"的基础上进一步扩展，有些"非条状物"也可以称"条"，不过这都是清代及清代以后的用法，如：

（53）将立柜开开，取出一条绸子汗衫。（《三侠剑》第二回）

（54）残余的白雪在潮湿的地上就像一条肮脏的破布衫。（米兰·昆德拉《生活在别处》）

（55）她的一只前臂遮住了双眼，她穿一条牛仔裤和汗衫。（林晓帆译《鹈鹕案卷》）

（56）复以半圆石两条，覆合缝处，所谓覆水者也。（《烟屿楼笔记》卷四）

（57）我和你独坐在一条圆形凳上。（《世界名人情书大全集》）

（58）一条黑色的网眼方巾围在脖子里，那黑网眼上有许多红色和黄色的小花点。（《人之窝》）

例（53）（54）分别称量"汗衫"、"布衫"，都属"上衣"类，同"裤子"和"裙子"、"袍子"不同，并不属于长条状的物体，一般不能称"条"，这可能是受了"裤子"、"裙子"等"类化"的影响才这样说的，这可以在例（55）"一条牛仔裤和汗衫"中体会出来，"牛仔裤"、"汗衫"并称，正是受了"牛仔裤"论"条"的影响，"汗衫"也可以跟着论"条"了。例（56）（57）（58）分别称量"半圆石"、"圆形凳"、"方巾"，这些都不是"长条状"的，但都可以称"条"，这是"条"泛化的结果。由于这种用法缺乏内在的理据性，所以并未得到很好的发展。

（五）称量抽象的事物

上面所称量的事物都是有形物体，"条"进一步发展可以称量抽象的事物。如：

（59）虽其为天地，为人物，各有不同，然其实则有一条脉络相贯。（《朱子语类·卷九十五·程子之书一》）

（60）后来看见儿子会读了书，一发把这条门路绝了。（《二刻拍案惊奇》卷三十三）

（61）逢人弹唱，抄化些资粮糊口，也是一条生计。（《闲情偶寄·演习部》）

（62）贾母听了，又放了一条心，便叫贾政坐着。（《红楼梦·第九十八回》）

（63）我有一条计策，不知中你们意否？（《水浒传》第十六回）

（64）天那！兀的不送了我也这条老命！（《包待制陈州粜米》第一折）

（65）因此悔之不迭，复又想了一条主意出来。（《红楼梦》第六十九回）

（66）两个人在黑风岗能仁寺庙里，双双落难，他的一条命，离见阎王爷就剩了一层纸儿了；我的一条身子，离掉在靛缸里，也只差着一根丝儿了。（《儿女英雄传·第二十六回》）

例（59）（60）（61）分别称量"脉络"、"门路"、"生计"，这都是从"一条路"用法隐喻而成。例（59）所称量的"脉络"，指的是"事物的内在联系"，也就是事物发展的线索、路线。例（60）称"门路"，也可以理解为一种途径。例（61）称"生计"，可以理解为"生活之路"。同样例（63）（64）称量"计策"、"主意"，这也是从"一条路"投射出来的用法。例（65）（66）称"命"、"性命"，"性命"何以论"条"，赵中方认为可能来源于动物称"条"①，但这种解释有个问题，称量动物的量词可以用"头"、"只"等，为什么不称"一只性命"、"一头性命"，而称"条"呢？我们认为这其中可能另有原因，"条"可以称"长条状的物体"，如"线"、"路"，这些物体都可以在一定的空间中延展开来，形成一定的长度，有头有尾，这与人的性命有形似之处，性命有开始和结束，也是有一定长度，所以有人将人生比作旅程，常说"人生道路"，当将具有时间性的性命视为具有空间延展度的道路时，"性命"就不妨称"条"了，这也是为什么在失去生命时常说"断送了一条性命"的原因，这是从原型"断了路"投射而来的。

（六）从"条理"义引申出来的用法

上面谈到的用法都是从"长"义发展出来的，下面是从"条理"义发展出来的用法。

1. 称量有条款的事物

"条"，在东汉、六朝时期可以称量有条款的"法律"、"诏书"、"制度"、"政策"等，如：

---

① 赵中方：《唐五代个体量词的发展》，《扬州师院学报》1991 年第 4 期。

（67）又增法五十条，犯者徙之西海。（《汉书·王莽传》）

（68）又读五条诏书敕，读毕，罢遣，敕曰………（孔光《丞相遣郡国计吏敕》见《全汉文》卷十三）

（69）衡涉猎书史，陈备御之方，便国利民之策，凡五十余条。（《魏书·崔玄伯传》）

（70）甲戌，班乞养杂户及户籍之制五条。（《魏书·孝文帝纪》）

（71）十有二月乙卯，制战陈之法十有余条。（《魏书·文成帝纪》）

以上例句中"条"的称量对象是法律、诏书、制度、政策等，这些都是形式上分条款的，看起来条分缕析的事物，故可称"条"。

2. 称量具有内在层次性和条理性的事物

有些事物不见得在形式上分条，但却具有内在的层次性和条理性，这也可以称"条"。例如：

（72）取张注七百三十一条，杜注七百九十一条。（《南齐书·孔稚圭传》）

（73）俭集学士何宪等盛自商略，澄待俭语毕，然后谈所遗漏数百千条，皆俭所未睹，俭乃叹服。（《南齐书·陆澄》）

（74）案《礼》，天子诸侯之大臣，唯服君之父母、妻、长子、祖父母，其余不服也。唯近臣阍寺，随君而服耳。若大夫之室老，君之所服，无所不从，而降一等。此三条是从服之通旨。（《魏书·礼志》）

例（72），"注（注释）"称"条"，古代注释往往传、笺、疏等都有固定的条例使其条然不杂，故可称"条"。例（73）口里说出来的有条理的话也可以称"条"。例（74）"此三条"，指的是上文所述的三种"情况"，从上文看并未分出条款，但仍可称"条"。

3. 称量一般的事件

在继承上面两种用法的基础上进一步发展，就可以称量一般的事件。这些事件没有形式上的条款，也不需要具有内在的层次和条理，只是一般的事件，例如：

（75）还有一条遗恨事，高家门馆未酬恩。（白居易《重题》）

（76）向有王通叟，考古验今，摭事千余条，效《汴都》以为赋。（《清波杂志》卷四）

（77）云查出水乐中北巡时，有留守事宜数条，事多有相因而行。

（《水东日记》卷六）

（78）我也听见人说过这条事情，我自己却没有顽过。（《九尾龟》第一百五十四回）

以上"条"的用法与现代汉语"件"、"桩"的用法相同，但这些用法后来都为"件"、"桩"取代，未能进入现代汉语。不过下面的用法就不同了，下面可称量"消息"、"意见"，这是现代汉语常见的用法，如：

（79）六条消息心常苦，一剑晶荧敌尽摧。（贯休《蜀王入大慈寺听讲》）

（80）壬寅，天后上意见十二条，请王公百僚皆习老子。（《旧唐书·高宗本纪》）

三　结论

（一）个体量词"条"的用法来源于"条（小枝）"的两个引申义"长"和"条理"，从这两条线索出发，随着时代的推移用法也越来越复杂。从"长"引申出来的用法为主体用法，最早的确切用例见于东汉。

（二）个体量词"条"的发展呈现出不断虚化的趋势。从东汉开始可以称量"典型的条状物"，唐代可以称量"非典型条状物"和"本无定形的事物"；明清时期可以称量"抽象的事物"，从具体的事物到抽象的事物，随着称量范围不断扩大，"条"的虚化程度也越来越高。当然，这其中的发展过程也体现了鲜明的时代层次。

（三）个体量词"条"的泛化。个体量词"条"从称量"典型条状物"到称量"非典型条状物"都是具有内在理据性的，但称量"非条状物"时就不存在内在的理据性了，这是因为个体量词"条"称量范围不断扩大，称量对象不断增加，冲破原有理据限制，这可以归结为"泛化"的结果。

个体量词"条"引申示意图：

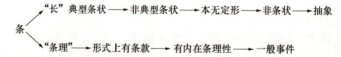

第三节　个体量词"头"的产生与发展

一　个体量词"头"的产生

《说文》："頭，首也，从页，豆声。"《现代汉语词典》："人身最上部或动物最前部长着口、鼻、眼等器官的部分。""头"，不见于甲、金文字，亦不见于《尚书》、《周易》、《诗经》等西周文献，西周文献用"首"不用"头"。"头"始见于战国时代，出土材料最早见于望山楚简和古玺印文字，传世文献最早见于《左传》、《墨子》等书，使用频率远不及"首"，从"头"、"首"出现的语言环境看，"头"是个口语化色彩较强的词。先秦汉语中，"头"还只能作名词用，尚无量词用法，直至西汉中期，"头"才有了量词的用法，最早见于《史记》：

（1）唯桥姚已致马千匹，牛倍之，羊万头，粟以万钟计。（《史记·货殖列传》）

（2）式入山牧十余岁，羊致千余头，买田宅。（《史记·平准书》）

《史记》中仅2见，限于称量"羊"，说明在西汉初期还处于萌芽阶段。

"头"所以由名词发展成为量词，是因为"头"是生命体最为重要、也是最为突出的部分，而且每个生命体一般只有一个，在认知上很容易被突显出来，通过"转喻"方式完成其由名词到称量名词的单位——个体量词的转变。从量词与名词的语义关系上看，"头"与"口"、"尾"的性质是一致的，即是用部分代替整体的"替代型"量词。

二　个体量词"头"的发展

（一）称量"有头的动物"

称量"有头的动物"是个体量词"头"的原型用法，最早见于《史记》，如上面的例（1）（2），在西汉中、晚期以及东汉初的简牍中有了一些发展。例如：

（3）羊二千余头马数十匹。（《敦煌汉简》962）

（4）马一匹八□佗一头□□。（《敦煌汉简》429）①

（5）出牛一头黄特齿八……出一头黑特齿五岁平贾直六十石与交谷。（《居延新简》E. P. F22：22）

（6）作明镜，宜公卿家右（有）马千头羊万……（《汉代镜铭集录·建安二十四年神兽镜》B－586）②

（7）粟君借恩为就载鱼五千头。（《居延新简》E. P. F22：6）

（8）叩头谢滕卿买鹰一头。（《敦煌汉简》849）

"头"，在产生伊始就表现出很强的适应性，这体现在两个方面：第一，称量范围较广。可以称量"大家畜"，如例（3）至例（6）分别称量"羊"、"橐驼"、"牛"、"马"。还可以称量"鱼类"和"鸟类"，如例（7）称"鱼"，例（8）称"鹰"。这个时代"马"已经有了专用量词"匹"，"橐驼"也以称"匹"为主，而称量"鱼"和"鹰"，在后代是不用个体量词"头"的，在这个时代也权且用"头"。第二，使用频次较高。我们考察《居延新简》、《居延汉简甲乙编》、《敦煌汉简》、《敦煌悬泉汉简》四种简牍③，"头"，称量"牛"18 例，称量"鱼"14 例，称量"羊"9 例，称量"橐驼"1 例，称量"鹰"1 例，共计 43 例，在个体量词系统还不发达的汉代，就有如此多用例的量词是不多见的。

六朝时期，继承前代称量"大家畜"、"鱼类"、"鸟类"的用法并有所扩展，概括起来可以称量以下 6 类动物："大兽畜"、"小兽畜"、"禽类"、

---

① 魏德胜认为"此例'佗'前缺字疑为'橐'，'橐佗'，即骆驼"。其说可从。（参见《〈敦煌汉简〉中的量词》，《古汉语研究》2000 年第 2 期。）

② 叶桂郴认为："我们考察历代的 80 多种历代文献中，马用'头'称量只是在和其他动物一起时才可能出现。……还没有发现用'头'单独称量马的例子。"从这个例子看这种看法是值得商榷的。除上例（6）外，《全后汉文·卷三十四》有"牧师诸苑三十六所，分置西北边，分养马三十头。"六朝佛经《文殊师利问经》上有："杀马四千头。"均可证其非，这说明汉魏六朝时期量词分工还不稳定。（参见《量词"头"的历时考察及其他称量动物的量词》，《古汉语研究》2004 年第 4 期。）

③ 参见甘肃省考古研究所、甘肃省博物馆、文化部古文献研究室、中国社会科学院历史研究所合编《居延新简》，文物出版社 1990 年版。甘肃省文物考古研究所编《敦煌汉简》，中华书局 1991 年版。中国社会科学院考古研究所编《居延汉简甲乙编》，中华书局 1980 年版。胡平生、张德芳编《敦煌悬泉汉简释粹》，上海古籍出版社 2001 年版。以上四种简牍材料的年代主要集中在西汉中期至东汉初这一段，据我们考察发现有个体量词"头"出现的材料主要集中在西汉末到东汉初这一段，四种材料大多出自当时下层军士或底层管理者之手，多是日常生活或日常开销的记录，反映的是下层百姓的语言使用情况，同当时通行书面语言比，更能反映当时的语言实际。

"鸟类"、"虫类"、"水产及其他"。

1. 大兽畜

"头"在前代只能称量"牛"、"羊"、"骆驼"等大牲畜，六朝发展出称量"驴"、"狗"、"猪"等新用法，另外称量"兽类"是前代所未见的，这个时代则大量出现。例如：

（9）今禁地广轮且千馀里，臣下计无虑其中有虎大小六百头，狼有五百头，狐万头。使大虎一头三日食一鹿，一虎一岁百二十鹿，是为六百头虎一岁食七万二千头鹿也。使十狼日共食一鹿，是为五。（裴松之注《三国志·魏书·高柔传》引《魏名臣奏》）

（10）昔有驴一头。（《生经》卷一）

（11）若得猪一头，美酒满一瓶。（《杂阿含经》卷五十）

（12）当有老公从东方来，携豚一头，酒一壶。（《三国志·魏书·管辂传》）

（13）大狗一头，买一生口。（《三国志·魏书·蛮獠传》）

（14）六年，蒲涛县亮野村获白獐一头。（《南齐书》卷十九）

（15）蒸熊法：取三升肉，熊一头，净治。（《齐民要术》卷八）

（16）便化作三十六头象。（《大楼炭经》卷四）

2. 小兽畜

"头"，在六朝时期不但可以称"大兽畜"，还可以称"小兽畜"，这也是这个时期的新用法，如称量"兔"、"鼠"、"獭"等，例如：

（17）兔一头，断，大如枣。（《齐民要术》卷八）

（18）建元二年，江陵县获白鼠一头。《南齐书·祥瑞志》

（19）水中有白獭数头。（《续齐谐志》）

3. 鸟类

"头"，称量鸟类的用法在两汉时期还处于萌芽阶段，仅见一例，如上例（8），六朝时期多起来：

（20）始兴郡昌乐村获白鸠一头。（《南齐书·祥瑞志》）

（21）赤白鹦鹉各一头。（《宋书·夷蛮传》）

（22）阳羡县获白乌一头。（《南齐书·祥瑞志》）

（23）尝于南皮一日射雉获六十三头。（裴注《三国志·魏书·武帝纪》）

（24）男子王约获白雀一头。（《南齐书・祥瑞志》）

4. 禽类

六朝时期，"头"由称量"鸟类"扩展出称量"家禽"的用法，这也是汉代所未见的。如：

（25）用小鸭六头，羊肉二斤。（《齐民要术》卷八）

（26）杂以他鸡十二头。（《抱朴子・仙药》）

（27）取极肥子鹅一头。（《齐民要术》卷九）

（28）象、马、杂畜事各百头，猪、豚、犬、鸡各百头。（《众经撰杂譬喻・比丘道略集》）

5. 虫类

"头"，在六朝时期甚至还可以称量"昆虫"，如"蚁"、"蝇"、"蜂"等，例如：

（29）宁杀千头蚁，不杀一头蝇。（《佛说骂意经》）

（30）见有刺虫，大小相生，乃数百头。（《佛说柰女耆婆经》）

（31）忽有蜜蜂数万头，从衣箧出，同时噬螫。（《搜神后记》卷三）

6. 水产及其他

"头"在汉代称量"鱼"的用法得以延续，这个时期还产生称量"龟"、"蛇"、"龙"等新用法。如：

（32）休安陵获玄龟一头。（《南齐书・祥瑞志》）

（33）有白龙三头降于祠所。（《高僧传・神异篇》）

（34）到山中住，思作五色蛇各一头。（《抱朴子・登涉》）

正如刘世儒所说："'头'这个量词，对于兽类来说，是无所不能适用的。"[①] 六朝时期"头"几乎可以称量所有的动物，其范围之广，用量之多，远远超过了前代，不过，魏晋南北朝以后，个体量词"头"称量动物的用法开始萎缩。我们利用《国学宝典》检索了唐代笔记小说 100 种，宋代笔记小说 100 种，元代笔记小说 50 种。我们将检索到的用例大致按照上节所分的 6 类略作调整，排除"大兽畜"中称量"牛、象、猪、骆驼、驴、骡、狮子、熊、鹿"的用例，因为它们古今皆用量词"头"，没有统计的

---

① 刘世儒：《魏晋南北朝量词研究》，中华书局 1965 年版，第 92 页。

必要，我们只统计"虎、狼、犬、羊、狐"这些现代汉语不使用"头"的用例，这样可以更好地显示出其发展变化的情况，我们暂时称之为"大兽畜 B"，其余五类名称不变。统计如下：

	大兽畜 B	小兽畜	鸟类	禽类	虫类	水产其他	总计
唐	8	3	3	5	1	27	47
宋	4	3	2	2	0	13	24
元	0	1	0	0	0	3	4

从上表可以看出，"头"称量以上几类动物时，唐、宋、元呈递减之势。元代笔记小说中还存有个别用例，如称"小兽畜"有 1 例，用来称量"鼠"，在明代的白话小说中已看不到这样的用法。"水产其他"类的 3 例，皆用于称量"鱼"，这在明代白话小说中仅 1 见，可以视为仿古用法①。也就是说从元、明时期开始，量词"头"称量"有头动物"的用法就已经与现代汉语基本相同了，只保留了"大兽畜"中称量"牛"、"象"、"猪"、"骆驼"、"驴"、"骡"、"狮子"、"熊"、"鹿"等用法，其他用法则全部为"个"、"只"、"条"、"尾"、"匹"等个体量词所分化②。

（二）称量"人"

六朝时期，量词"头"可以称量各种动物，由动物扩大到地位低下的"人"，从动物到"人"的转变，使得量词"头"又有了一个新的称量范畴，不过这种用法有一定的限制，持续的时间不长，未能保留到现代汉语，六朝的例子如：

（35）有数头男，皆如奴仆。（虞翻《与弟书》）

（36）告刺史张邵，借健人百头，大船十艘。（《高僧传》卷十三）

（37）饷胡子一头。（《北户录》引梁简文帝文）

---

① 《东周列国志·第七十九回》："夫差喜曰：'不出十日，越兵俱渴死矣。'谁知山顶之上，自有灵泉，泉有嘉鱼，勾践命取鱼数百头，以馈吴王，吴王大惊。……"从用"曰"、"俱"、"亦"、"馈"等古词可见其仿古色彩很浓厚。

② 以上 6 类动物，在后代也偶尔称"头"，但要归结为修辞的需要、文体的仿古或是方言的窜入，皆非正例，不影响结论。

（38）汝八头女，我尽皆取。（《佛本行集经》卷五）

（39）刻木为人，长三尺许，可有二十余头。（谢惠连《祭古冢文》）

（40）叔高使先斫其枝，上有一空处，见白头公，可长四五尺，突出，往赴叔高，高以刀逆格之。如此凡杀四五头，并死。左右皆惊怖伏地，叔高神虑怡然如旧。徐熟视，非人非兽。（《搜神记》卷十八）

（41）然吾州里有千头木奴，不责汝衣食，岁上一匹绢，亦可足用耳。（《三国志·吴志·孙休传》裴松之注引《襄阳记》）

唐、宋也有个别用例，如：

（42）明日往视，山中无燃火处，见髑髅百头，布散山中。（《搜神后记》卷九）

（43）晋太元中，丁零王翟昭后宫养一猕猴，在妓女房前，前后妓女，同时怀妊，各产子三头，出便跳跃，昭方知是猴所为，乃杀猴及子。（《搜神后记》卷九）

（44）若余蓄贼千人以上，不知头数。（《武经总要·前集》卷五）

（45）一曲高歌红一匹，两头娘子谢夫人。（《北里志》）

（46）须臾，门隙中有一面，如猴，即突入，呼其侣数百头，悉从隙中入，皆长二尺余……复见群鬼，悉戏巷中。（《广异记·燕凤祥》）

（47）李衡，江陵种橘千树，岁收其利。谓其子曰："吾有木奴千头，可为汝业，当终身衣食也。"（《独异志》卷下）

"人"称"头"见于六朝时期，沿用到唐、宋时期，宋代以后就很少使用了。"人"论"头"是有条件的，上面的例证可以大致分为三类：第一，称量地位低贱的"人"。例（35）称量"男"，指"奴仆"，例（36）称量"健人"，指体力劳动者，例（37）称量"胡子"，指"盗"，例（44）称量"贼"。例（38）（45）分别称量"女"、"娘子"等家庭成员，古人常将妻子儿女同牛马财物并称，这都不过是主人的私有财产①。第

---

① 游黎认为："分别量'女'和'儿'，看来像是一般化的用法了。"此说欠妥，因为这两个例子都出自佛经材料，而且出自同一篇，并未见于其他材料。从这两个例子很难断定这种称量人的用法是否已经一般化了，在古代社会中，"儿女妻妾"同牛马等一样都是贵族的私有财产，文献中将妻子、儿女、财物、牛马并称的例子不胜枚举。（参见《唐五代量词研究》，硕士学位论文，四川大学，2002年，第14页。）

二，称量似人形的事物。例（39）称量"木人"，例（42）称量人死后的躯壳"骷髅"，例（43）"产子三头"，这里"子"是人与猴所生的怪物。例（46）称量"鬼"，鬼怪皆可视为人的变化形态。第三，称量"橘树"。如例（41）（47），这里的"木奴"指的是"橘树"，"木奴（橘树）"何以能称"头"？这有一个典故，汉末李衡为官清廉，晚年派人于武陵龙阳泛洲种柑橘千株。临死，对他的儿子说："汝母恶我治家，故穷如是。然吾州里有千头木奴，不责汝衣食，岁上一匹绢，亦可足用耳。"（载《三国志·吴志·孙休传》裴松之注引《襄阳记》）"奴"是主人的私有财产，可以供养主人，从这个意义上说"橘树"也具有供养主人的作用，也就有了所谓的"奴性"，所以称"木奴"，因为"奴"可称"头"，"木奴（橘树）"也就可以称"头"了，这是"隐喻"作用的结果。六朝时期只能将"木奴"称"头"，"橘树"还不能直接称"头"。唐宋时期"橘树"可以直接称"头"，如唐·张籍《赠殷山人》："已种千头橘，新开数脉泉。"辛弃疾《水调歌头·舟次扬州和人韵》："倦游欲去江上，手种橘千头。"到了清代，一般的树也可以称"头"，清《绣云阁·第三十六回》："左之红树千头，红光闪灼（约），种于一带长廊之内，不知树为何树，廊为何官所居。"总之，"头"由称量"奴"——"木奴"——"橘树"——"树"，从称量"人"转而称量"树"，这就进入到一个新的范畴，不过称量"树"的用法并未保留到现代汉语。白冰引用辛弃疾《水调歌头·舟次扬州和人韵》"手种橘千头"为证，认为："（头）宋元出现量水果的用法，犹个。"[①] 这是将"橘子树"误解为"橘子"所致。以上三类都是在认知上将所称量的对象等同于"动物"，含有轻蔑的色彩，一般的人不能称"头"，身份高贵者就更不能称"头"了。

（三）称量"头状物"

"头"在唐宋时期发展出称量"头状物"的用法，这是典型的"形状型"量词，属于另一个系统。例如：

---

① 白冰：《宋元时期个体量词的变化和发展》，《山西高等学校社会科学学报》2001年第7期。

（48）至蚕时，有神女夜至，助客养蚕，亦以香草食蚕，得茧百二十头，大如瓮。（《搜神记》卷一）

（49）令担黄白瓜数十头，教令瞑目。（《列仙传》卷下）

（50）纯材大笑，答以象田珠十升、紫弱千余头。（《云仙杂记》卷四）

（51）有人收得虞永兴与圆机书一纸，剪开字字卖之。矾卿一字得麻一斗，鹤口一字得铜砚一枚，房村一字得芋千头，随人好之浅深。（《云仙杂记·虞永兴书》）

（52）初，有木芍药，植于沉香亭前。其花一日忽开，一枝两头，朝则深红，午则深碧，暮则深黄，夜则粉白。（《开元天宝遗事》卷一）

（53）今取蒜一头煮之。（《证类本草》卷二十九）

（54）一夕大雷电，野火数头相逐绕其居。（《括异志》卷九）

六朝时期，"头"可以称量"茧"，如例（48），但这并不是因为"茧"的形状为"头状"才这样用的，这里的"茧"还是指"蚕"而言的，比较《文选·音乐下·琴赋》"徽以钟山之玉"下引《列仙传》作："时有好女夜至，自称我与君作妻，道蚕状。客与俱蚕，得百头，茧皆如瓮。"《文选》所引"百头"与"茧"中间逗断，"百头"指上文的"蚕"来说的，即便例（48）"茧百二十头"是指"茧"来说的，这也很可能是在认知上将"茧"同"蚕"一样，看作有头的生命体，还未必是称量无生命的"头状物"。唐代产生了称量无生命的"头状物"的用法，如例（49）称量"黄白瓜"，例（50）称量"紫弱"①，例（51）称量"芋"，例（52）称量"花"，例（53）称量"蒜"，这些都是边界清楚，形态固定的物体。宋代还可以称边界不清，形态不定的物体，如例（54）称量"火"，用法同"团"。

"头"作为量词，宋代以后似有泛化的趋势，但持续时间很短，很多用法并未进入现代汉语。例如：

（55）其法用半头砖锴脚，安放合瓮。（《酒经》卷下）

（56）他是风流人物，又生得驴子般一头大行货。（《全元曲》）

---

① 这里"紫弱"为何物，不得而知，从白厚与刘纯材互赠之物为"乌珰"（玉器）"象田珠"来看，"紫弱"很有可能是"头状"的珠宝。

（57）匣子里是黄澄澄，两对金镯子，两头赤金手饰。……首饰约有五六两一头。（《济公全传》第一百五十八回）

（58）为何倒要用这头箭，他还是射鸽子呢？（《儿女英雄传》第十一回）

例（55）称量"砖"，例（56）称量"行货"，"行货"一般泛指"东西"，这里特指男性的生殖器官。例（57）称量"首饰"，例（58）称量"箭"，这都超出了"头状物"的范围走向一般化了，但这些用法都未能流传到现代汉语。

（四）称量抽象事物

从唐、宋开始，"头"可以称量抽象事物。例如：

（59）向北进军，每头军事须得蕃兵一二百骑引行。（李德裕《河东奏请留沙陀马军状》）

（60）分政事为十头，悉以其党主之。（《资治通鉴》卷一百八十五）

（61）原所以为祖者，直明第一头事，因缘建立。（《宏智禅师广录》卷九）

（62）第一须具两只眼，照破两头事。（《古尊宿语录》卷二）

唐、宋时期仅可以称量"事"，明、清时期有所发展，可以称量"官司"、"门路"、"婚姻"、"生意"等。例如：

（63）只要证明忏疏，也是了当一头事。（《水浒传》第四五回）

（64）亲事到有一头在我心里。（《二刻拍案惊奇》卷三）

（65）连为几头官司，开封府也治他不下。（《水浒传·第十二回》）

（66）张婆得了贾家这头门路，就去回复大尹。（《醒世恒言》卷一）

（67）深恨父母在时，何不早定了这头婚姻。（《红楼梦（120回）·第八十二回》）

（68）我有一头生意来哚。（《海上花列传·第十四回》）

以上用例中，"头"的用法大致相当于"件"、"桩"、"起"，不过这些用法都未流传到现代汉语。

三 现代汉语和方言中的继承与淘汰

（一）现代汉语中的继承和淘汰

现代汉语中，"头"称量"有头的动物"是其主要用法。六朝、唐代可以称量各种动物，近代汉语中逐渐萎缩，到了现代汉语中只能称量部分形体较大的"野兽"和"牲畜"，如"牛、象、猪、骆驼、驴、骡、狮子、熊、鹿"等，至于称量"小兽畜"、"禽类"、"鸟类"、"虫类"、"水产及其他"等用法，都为"条"、"只"、"尾"、"口"、"匹"等量词取代。称量"头状物"的用法也未能得到很好的发展，类似用法现代汉语中主要用"颗"，一般不用"头"，只有称量"蒜"的用法保留下来，至于称量"人"和"抽象事物"的用法都没能保留到现代汉语。

（二）现代汉语中淘汰而方言中保留的用法

现代汉语中已淘汰的用法，在方言中有所保留，主要集中在闽语和吴语中。称量动物的用法中，称量"马"、"羊"、"狗"等"大家畜"的用法，在吴语中还有所保留。称量"老鼠"、"蚂蚁"和"蜜蜂"等"小动物"的用法，在闽语中还有保留。称量"鱼"和"鸟禽"的用法，在"闽语"和"吴语"都有不同程度地保留。称量"头状物体"用法中，如称量"花"的用法，在闽语中有所保留。称量"抽象事物"的用法，在吴语中有所保留。

附表 个体量词"头"的用法在方言中的遗存

名词	方言及方言地	名词	方言及方言地
马	吴语：江西玉山、浙江嵊县、福建福州、仙游、建阳、福安	老鼠	闽语：福建莆田、福鼎澳腰、大田前路
羊	客话：江西玉山客话、福建永定下洋	蚂蚁	闽语：福州
狗	吴语：浙江温州、江西玉山	蜜蜂	闽语：福建莆田、福鼎澳腰、大田前路
鸡	吴语：浙江温州 闽语：福建福州	花	闽语：福建建瓯
乌鸦	闽语：福建莆田、福鼎澳腰、大田前路	亲事	吴语：上海、浙江金华岩下
鱼	吴语：浙江温州 闽语：福建福州、建瓯 土话：湖南宁远		

（说明：材料主要来自《汉语方言大词典》。）

四　结论

（一）个体量词"头"萌芽于西汉中期，六朝、唐代发展到高峰，进入近代汉语有些用法渐渐萎缩，只有少部分用法流传到现代汉语，大部分用法都被淘汰。

（二）个体量词"头"的用法主要有三种：第一是称量"有头的动物"，第二是称量"头状物体"，第三是称量"抽象事物"。这三种用法的来源不同。称量"有头的动物"的用法直接来自"头"的本义——"人体最上部分或动物身体的最前部分"，是通过转喻的认知方式用最为突显的部分去代替整体的结果，是典型的"替代型"量词用法。称量"头状物体"则是从"头"的本义中的一个义素［＋圆球状］引申而来。"头"可以概括为［＋生命体］［＋最上最前］［＋圆球状］，称量"头状物体"的用法正是从"头"的［＋圆球状］这个义素发展而来，与其他义素无关。如"一头蒜"，是因为"蒜"与"头"同样具有［＋圆球状］特征，通过隐喻的认知方式将二者联系起来，这就是典型的"形状型"量词用法。称量"抽象事物"不是从称量"有头的动物"和称量"头状物体"的用法中扩展出来的，而是从"头"的［＋最上最前］这个义素发展而来，从［＋最上最前］可以很容易引申出"开头"、"起首"义，称量"抽象的事物"主要用于称"婚姻"、"官司"等事件，这些事件都是有"头"有"尾"的，这也是通过"实体隐喻"的认知方式来实现的。

（三）"头"从汉代萌芽到六朝、唐代的高度发展，其适用范围甚广，这与个体量词"头"的限制比较少有关，只要是"有头的"都应在"头"的称量范围之内，不需要其他附属条件，所以在个体量词发展初期得到了很好的发展，但随着量词系统进一步走向细密化，个体量词"头"不能从多角度、多侧面去反映动物的形体特点，致使产生分化，近代汉语中多被其他动物量词如"条"、"尾"、"口"、"只"等分化。

第四节　个体量词"张"的产生与发展

一　个体量词"张"的产生

《说文》："张，施弓弦也。"本义是把弓张开。《诗经·小雅·吉日》"既张我弓，既挟我矢"用的正是本义。在先秦文献中还经常有这样的用法，如：

（1）琴瑟张而不平，竽笙备而不和。（《礼记·檀弓上》）

（2）师、田，则张幕设案。（《周礼·天官冢宰》）

（3）宾入门左，揖让如初，升致命，张皮。（《仪礼·聘礼》）

这里的"张"都是动词，动作涉及的对象可以是"弓"、"琴"、"幕"、"皮"等。当动词"张"与不同的对象结合时，词义有所不同，大致体现两种情况。当"张"的对象是"弓"、"琴"、"幕"时，由于它们都有可开合的特点，限定"张"的动作方式是向前后或四方的引动、撑张，这里"张"是"撑张"义。当"张"的动作对象是"皮"时，对象可以铺张、张设开来，铺张、张设开来的结果往往是有一个平面，这里的"张"是"铺张"义。虽然二者动作方式不同，词义有别，但它们共同的语义特征可以概括为［＋可张］，当人们称量事物时，就可能将这些"可张"的事物归入"张"类，这应是个体量词"张"产生的语义基础。语言事实证明，个体量词"张"的称量对象正是从"弓"、"琴"、"幕"、"皮"等"可张"物开始的，而且，从称量对象的类型看，也正是按照"撑张"和"铺张"两条路线发展的[①]。

那么，个体量词"张"最早是什么时候出现的呢？学者大多举《左传·昭公十三年》中的例子："子产以幄幕九张行，子大叔以四十，既而悔之，每舍，损焉。及会，亦如之。"认为在先秦时期就产生了。杨晓敏[②]、何乐

---

①　刘世儒：《魏晋南北朝量词研究》，中华书局 1965 年版，第 130—133 页。
②　杨晓敏：《先秦量词及其形成与演变》，载《王力先生纪念论文集》，商务印书馆 1990 年版，第 189 页。

士①等都列举此例，确认为个体量词。这种看法单独就这个例子来说，似乎不无道理，可是，从系统发展的角度来看就值得怀疑了。首先，在先秦汉语中，除此例之外再也找不到其他的例子，而其后的确切例证晚见于西汉末东汉初的居延汉简中，从春秋末到西汉末东汉初，少说也有三四百年，如此长的时间跨度，众多的文献中为什么没有见到其他的例证？其次，从个体量词发展的系统看，先秦时期的个体量词系统还处于萌芽阶段，真正的个体量词不过"匹"、"乘"、"两（辆）"、"品"、"等"、"级"、"重"、"层"、"领"、"篇"、"口"等十几个，更重要的是从个体量词产生、发展的小类上看，"形状"类个体量词是相对晚出的，如"条"、"支"、"根"、"颗"等"形状"类个体量词都是汉代及汉代以后才逐渐产生的，先秦尚未出现"形状"类个体量词，"张"作为典型的"形状"类个体量词，不太可能早在先秦时期就产生了。那么，如果此例不是量词的话，又当作何解呢？"张"是后代传抄过程中的衍字？抑或另有别解？贝罗贝认为这里"张"是动词，并将这句解释为："子产带着九个可以被张开的帐幕走了。"②贝罗贝此句解释未必可靠，但他着眼于系统考察，不认为是量词，这一点应是正确的。可以确定的例子见于西汉末东汉初的居延汉简中，共有 20 个例子，全部称量"弩"。例如："承五月余官弩二张、箭八十八枚、釜一口、砲二合。"（《居延汉简释文合校》128.1）此例中"弩"称"张"、"箭"称"枚"、"釜"称"口"，可见"张"为个体量词是没有疑问的。

汉代以后，个体量词"张"得到了较为充分的发展，为了探求其发展变化的线索和规律，我们按照"撑张"、"铺张"两条发展线索进行描写，并对现代汉语和现代汉方言中的使用情况加以说明。

二　个体量词"张"的发展

（一）"撑张"类用法的发展

此类用法始见于《居延汉简》，只能称量"弩"，可见个体量词"张"

---

① 何乐士：《〈左传〉的数量词》，载《古汉语研究论文集》，商务印书馆 2000 年版，第 332 页。
② ［法］贝罗贝：《上古、中古汉语量词的历史发展》，《语言学论丛》1998 年第 21 辑。

在西汉末、东汉初还只是萌芽阶段，东汉、六朝以后有所发展。

1. 称量"可撑张的器物"

称量"可撑张的器物"，东汉时期已有所发展，可以称量"弩"、"弓"、"琴"。例如：

（4）北海国平寿射工徐扬，弩一张。（《秦汉金文录·汉金文录·徐扬镞》）

（5）赐以冠带衣裳，黄金玺戾绶、玉具剑、佩刀，弓一张、矢四发、棨戟十、安车一乘……（《汉书·匈奴传》）

（6）素琴一张，常所自弹也。（秦嘉《重报妻书》）

六朝及六朝以后，还产生了许多新的用法，六朝时期可以称量"屏风"、"伞"、"幕"、"障"，隋唐时期可以称量"旛"、"帱"、"幔"，元、明、清时期可以称量"帐子"、"衣架"、"卵袋"、"网"、"旗"等。例如：

（7）奉教垂赍紫骝马，并银钉乘具紫绸繳一张。（庾信《谢赵王赍马并繳启》）（"繳"，"伞"的异体）

（8）诏赐……百子帐十八具，黄布幕六张。（《魏书·蠕蠕传》）

（9）女郎乘四望车，锦步障数十张，婢子八人夹车前。（《幽明录》）

（10）鸳鸯万金锦一疋，琉璃屏风一张，枕前不夜珠一枚。（《赵飞燕外传》）

（11）五色四十九尺旛二张。（《国清百录》卷二）

（12）乌纱蚊帱一张。（《国清百录》卷二）

（13）时廷尉奏殿中帐吏邵广盗官幔三张。（《晋书·张湛传》）

（14）床上挂着一张帐子。（《白娘子永镇雷峰塔》）

（15）武洗要取一张衣架，一条手巾，脱了衣服。（《西游记》第四十六回）

（16）入舍女婿只带着一张卵袋走。（《二刻拍案惊奇》卷六）

（17）疏篱外晒着一张破鱼网。（《水浒全传》第十五回）

（18）白虎阵上，少了虎眼金锣二面，虎耳黄旗二张。（《杨家将》第三十四回）

2. 称量人体器官

以上是称量一般性可开合的物体，由称量一般性物体引申出称量某些可以开合的人体器官。例如：

（19）腊月三十日，赢得一张口。（《古尊宿语录》卷二十）

（20）又经支佩德先时只顾得自己一张嘴，如今两张嘴……（《型世言》第十九回）

（21）就把两个肉峰，一张牝户，正正的对着窗子。（《肉蒲团》第十四回）

（22）这个中年男子，干瘪着一张下巴，望去一脸烟色。（《汉奸内幕》第一辑）

此类用法始见于宋代，明、清时期进一步发展，并保留至现代汉语。

（二）"铺张"类用法的发展

同"撑张"类用法相比，"铺张"类用法要晚于"撑张"类，就现有的材料看，两汉时期的用法都是"撑张"类的，还未见"铺张"类用法，"铺张"类用法始见于六朝时期[①]。

与"撑张"类不同，"铺张"类用法所称量的物体都有一个明显的平面，有的平面部分虽然只是整体中的一部分，但却是认知的焦点。根据称量对象的外形特征可以分为"典型片状物"、"非典型片状物"、"非片状物"三类。

1. 典型片状物

"典型片状物"是指物体整体呈薄片状，它可以是软体的，如"纸张"、"布帛"、"毛皮"，也可以是固态的，如"瓦"、"饼"。最早的例子见于六朝。例如：

（23）故纸三百张。（《散见简牍合辑》247）[②]

（24）以百张皮覆木笼上。（《佛说观佛三昧海经》卷六）

（25）以绵缠身，复以五百张甑缠身。（《大楼炭经》卷二）（"甑"为

---

① 之所以"铺张"类用法晚于"撑张"类，可能与原型动词的语义密切程度有关。"撑张"类用法不关注动作的结果，也并不关注动作的结果是否形成一个平面，更注重动作本身，动作性更强，与原型动词语义更为密切；"铺张"类用法关注的不是动作本身而是动作所形成的结果，关注的焦点是动作结果所形成的平面，更具有静态感，与原型动词语义的密切程度不及"撑张"类。所以"铺张"类比"撑张"类晚出。

② 此例见于甘肃武威旱坡滩墓葬出土的木牍，属于东晋时期。

棉布之一种）

（26）唤居道著前怀中枚一张文书以示居道。（《金光明经》卷四）

（27）王即赐诸沙门人一张裦袈裟，革屣各一量。（《比丘经》卷上）

（28）复更施绛钦婆罗一张。（《善见律毘婆沙》卷六）

（29）符坚遣使送外国金箔倚像，高七尺，又金坐像、结珠弥勒像、金缕绣像、织成像各一张每讲会法聚。（六朝《高僧传》卷五）

六朝时期可以称"纸张"、"毛皮"、"布帛"，分别见例（23）（24）（25），这些物体还都是原材料性质的，对这些原材料进行简单的加工和处理，其形制不变或基本不变的物体仍可称"张"，如例（26）称"文书"。需要注意的是例（27）（28）（29），分别称"袈裟"、"钦婆罗"、"佛像"，"袈裟"、"钦婆罗"属于衣服类，一般的衣服是不能称"张"的，"佛像"一般是用泥或金属塑造而成的，是立体的，一般称"尊"或"座"，也不能称"张"，但这里之所以能称"张"跟这些物体的形制有关。"袈裟"也称"条衣"，是由布条拼合缝缀而成，呈长方形，单纯从形制上看，与其说是一种衣服不如说是一块长方形的布，故此可以称"张"。"钦婆罗"是一种形制与袈裟相仿的"粗衣"，论"张"也就可以理解了。例（29）从"金缕绣像"、"织成"等词句中可知这些"佛像"都是"绣"、"织"而成，一定是薄片状的，故也可称"张"。

六朝以后得到了较好的发展，主要体现在称量范围的扩大和用量的增多上。例如唐、宋时期可以称量"锦"、"𫄧"、"毡"、"綫"、"锦被"、"帔"，元、明、清时期可以称量"纸牌"、"票"、"钞"、"状子"、"度牒"、"帖子"、"告示"、"榜文"、"券约"、"报单"、"投词"、"诗稿"、"图"、"画"、"树叶"、"羽毛"、"瓦片"，甚至"膏药"、"饼"等，试举几例：

（30）锦被一张，与我为信。（《敦煌变文集新书》）

（31）献大珠钿、金宝璎珞……细白毡四十张。（《唐会要》卷一百）

（32）写下一张词状，到操江御史衙门去出告。（《苏知县罗衫再合》）

（33）佛画塔图一幅，菩提树叶十张，金佛像一尊。（《三宝太监西洋记》第九十九回）

（34）眼上罩着一块青纱，胸前贴着一张膏药。（《绿野仙踪》第八十六回）

（35）忙忙的在店门口要了两张饼，吃了就要回去。（《儿女英雄传》第四回）

称量"典型片状物"的用法最具理据性，故而是最常见、最稳定，也是具有活力的用法。

2. 非典型片状物

与纸张、皮革、布帛等"典型片状物"不同，"非典型片状物"是指那些整体形状不是薄片状，但某部分呈薄片状或者物体的某个部分有个平面，而且这个平面往往是物体的关键部分或者是认知的焦点。此类用法晚于"典型片状物"的用法，始见于唐代，以称量"家具"和"其他日常用具"为主，先举称量"家具"的例子。例如：

（36）于西门外灌顶坛上，着一张床，留一盘食。（《佛说陀罗尼集经》卷四）

（37）丫鬟掌灯过来，抬下一张八仙桌儿。（《醒世恒言》卷三）

（38）堂中挂一幅无名小画，设一张白木卧榻。（《醒世恒言》卷四）

（39）亭子中近后壁放着一张八只脚的板凳。（《西游记》第七十二回）

（40）童子取一张杌坐儿置于下席。（《警世通言》卷一）（杌，小凳）

（41）扯过一张退光漆交椅，叫三藏坐下。（《西游记》第十八回）

唐代可以称量"床"，如例（36），"床"是一种复杂的家具，有支架、床面、床围等几个部分组成，之所以能论"张"，是因为"床面"是主体，而且"床面"是真正起作用的部分，其他的部分是附件，"床面"也是人们认知的焦点，舍弃其他部件，直取焦点，故床可论"张"。与此相类，明代可以称量"卓（桌）"、"榻"、"板凳"、"杌"、"交椅"，而且一直沿用至现代汉语。

下面是称量"其他日常用具"的例子，如：

（42）专以袭胡为业，赀财巨万，家有绫机五百张。（《朝野佥载》卷三）

（43）僧珍独悟其旨，亦私具橹数百张。（《梁书·吕僧珍传》）

（44）陌刀十张，二分。（《神机制敌太白阴经》卷六）

（45）头边有半碗稀粥，一张折柄匙，插在碗中。（《芝田录》）

（46）我有一张犁付与农夫。（《钱塘遗事》卷六）

（47）一个敲铜盆的手倩，一个向柳阴中学舞一张锹。（《柳叶儿》）

（48）苫庄三顷地，扶手一张锄。（《赵氏孤儿》第二折）

（49）只见天师提了一张七星宝剑在于中央。（《三宝太监西洋记》第二十五回）

（50）只说一个矮矬子，不满三尺之长，手里舞一张铁铲。（《三宝太监西洋记》第七十三回）

（51）两个鬼拽着一张锯。（《三宝太监西洋记》第八十八回）

（52）老虎头……使一张大杆豹头刀。（《三宝太监西洋记通俗演》第三十六回）

唐代可以称量"绫机（织布机）"、"橹"、"刀"、"匙"，宋、元可以称量"犁"、"锹"、"锄"，明代可以称量"剑"、"铲"、"锯"，以上物体就整体而言并不是片状物，但是"织布机"在使用时有一个工作面，所以可以称"张"。"刀"、"匙"、"橹"、"锹"、"锄"等的"头"一般是薄片状的，而且就整个物体而言这些物体的"头"都是最为重要的部分，是这种工具的核心部件，也是认知的焦点部分，故也可以称"张"。

另外，明、清时期还产生了这样一些值得注意的用法：

（53）乃是在手筒子清一色，系两张二筒、三张三筒……共十四张。（《海上花列传》第二十六回）

（54）那妇人年约有叁十五六岁，一张半老脸儿，且是俏俪。（《风流和尚》第七回）

（55）来了四人，红黄黑蓝四张脸面。（《小五义》第一百七十六回）

例（53）称量"麻将牌"，"麻将牌"并不是薄片状的，而是有一定厚度的长方体，所以一般称"块"。但这里为什么又可以称"张"呢？这可以从认知上得到解释，当人们打麻将时，麻将牌虽然有一定的厚度，但人们的认知焦点是放在麻将牌的牌面上，牌面成为认知的焦点，而厚度则往往被忽略，在认知上将立体的看作平面的，所以麻将牌也可以称"张"。明清时期产生了将人的脸面称"张"的用法，人的脸面不能说是薄片状的，也很难说是个平面，但是人们在认知上将人的脸看作是一张图画时，也就可以称"张"了，这是通过联想借助隐喻的方式形成的用法。

　　称量"非典型片状物"是在称量"典型片状物"的基础上引申出来的，其理据性不及"典型片状物"，所以无论是使用的频次还是发展的稳定性都不及前者。

　　3. 非片状物

　　有些既不可以"撑张"，也不可以"铺张"，无论是整体还是局部也都找不出一个明显的平面，这样的物体也可以论"张"，其中一部分是由于连类而及的"类化"所造成的，有些就只能归结为一种语言习惯，这种用法唐代还较少见，宋代以后有所发展。

　　(56) 棓：二分，二千五百张。(《神机制敌太白阴经》卷六)("棓"同"棒")

　　(57) 法用木桩一张，竹檐七片，贯桩以檐而成弩，制如猎具。(《翠微先生北征录》卷一)

　　(58) 你这张大卵儿，比了别起已大了一半。(《浪史奇观》第七回)

　　(59) 父亲在日曾做了一张大柜。(《西游记》第八十四回)

　　例 (56) 称量"棓"，"棓"即"棒"，是一种武器，这种用法很可能是从"弓"、"弩"等武器类化而来的。例 (57) 称量"木桩"，例 (58) 称量"大卵"（男性生殖器）可能是从"棒"引申来的。例 (59) 称量"大柜"，应是从"床"、"桌"等家具"类化"而来。

　　称量"非片状物"的用法同前两种用法相比明显缺乏内在的理据性，只是通过事物外部联系即"连类而及"所形成的用法，由于先天理据性不足，所以此类用法不多见也很不稳定，现代汉语中已经见不到这样的用法了。

三　现代汉语和方言中的个体量词"张"

（一）现代汉语中的继承和淘汰

　　个体量词"张"，从汉代产生到今天，经历了两千多年漫长的发展和演变，总体上看，称量范围不断扩大，用量不断增加，汉语史上曾经出现过的用法大多被现代汉语保留了下来，可以说继承主流，但也有些用法在使用的过程中被淘汰或者被其他量词所取代。如"撑张"类用法，现代汉语中保留了"一张弓"、"一张琴"、"一张网"、"一张嘴"、"一张下巴"等用法。而称"伞"、"帐"、"屏风"的用法则被其他量词所取代，现代汉语中"伞"论"把"，"帐"论"顶"，"屏风"论"扇"。"铺张"类用法中，称量"典型片状物"的用法是最具有生命力也是最为核心的用法，古代称量"纸张"、"毛皮"、"布帛"等用法大部分继承下来，不但如此，还有很强的能产性，新出现的事物如"碟片"、"磁盘"等，只要是薄片状的物体一般都可以称"张"。当然也不是没有被淘汰的，如"一张被"现代汉语用"条"、"床"，"一张树叶"现代汉语用"片"，只是这种淘汰和被取代同保留下来的用法相比，只能说是局部的、个别的现象了。"非典型片状物"的用法出现了比较大的分化，其中"家具"类的用法多有保留，如称量"床"、"桌"、"椅"、"凳"等现代汉语常用不衰，而称量"其他日常用具"的用法，除了"一张犁"的用法还保留以外，其他用法基本消失了，大部分为其他量词所取代。如"织布机"称"台"，"刀"、"剑"、"匙"、"锨"、"锄"、"铲"、"锯"称"把"，"橹"称"支"等。"非片状物"的用法只是汉语发展史上阶段性的产物，称"棒"、"木桩"、"柜子"等用法全部淘汰，"棒"、"木桩"称"根"，"柜子"称"个"。

（二）方言中的遗存

有些汉语史上曾经出现的用法并未保留至现代汉语通用语，但却活跃在现代汉语方言中。例如：胶辽官话山东长岛方言可以说"一张橹"，现代汉语说"一支橹"；粤语广州方言可以说"一张蚊帐"、"一张刀"、"一张被"、"一张树叶"；现代汉语则说"一顶蚊帐"、"一把刀"、"一床被"、"一片树叶"；吴语浙江绍兴方言可以说"一张旗"，现代汉语说"一面旗"；晋语山西太原方言可以说"一张铁锨"，现代汉语说"一把铁锨"等等[①]。这些方言中保留的用法正可以和汉语史上出现的各种用法相互印证。

四　结论

（一）个体量词"张"的发展是一个不断发展、壮大的过程，也是不

---

① 参考许宝华、宫田一郎主编：《汉语方言大词典》，中华书局1999年版，第2954页。

断调整、完善的过程。从两汉萌芽经过六朝的发展，其称量范围不断扩大，使用频次不断增多，到隋唐时期发展到最高峰，从宋、元、明、清到现代是系统形成后的局部调整、完善时期，一些用法或被淘汰或被其他量词取代，通过局部的细小的调整使得系统更为严整、细密。

（二）个体量词"张"的发展经历了一个不断"虚化"的过程。量词"虚化"不能从量词本身找到答案，主要从量词所称量的对象中体现出来，其称量的范围越广，说明其概括性就越强，相应的"虚化"程度就越高。从称量"撑张"类事物到称量"铺张"类事物，从称量"典型片状物"到称量"非典型片状物"再到"非片状物"，是一个称量范围不断扩大的过程，同时也是个体量词"张"不断虚化的过程。

（三）个体量词"张"的发展具有很强的历时层次性。从"撑张"类用法到"铺张"类用法，"撑张"类用法汉代就产生了，"铺张"类用法则始于六朝。其次从"铺张"类用法看，从称量"典型片状物"到"非典型片状物"再到"非片状物"，也有时代层次。称量"典型片状物"六朝时期就非常流行了，称量"非典型片状物"是唐代产生的，而称量"非片状物"的用法唐代才开始萌芽，较多的例子是宋以后的。

（四）个体量词"张"的继承与发展、调整与淘汰是有其内在理据性的。各种用法的活跃性、稳定性与理据性的强弱成正比，首先是称量"典型片状物"理据性最强，历代沿用不衰，其次是"非典型片状物"理据性不及前者，现代汉语和现代汉语方言中部分保留，而称量"非片状物"缺乏理据性，在现代汉语和现代汉语方言中基本被淘汰。

第五章　个体量词产生与发展的专题研究

第一节　数量结构的发展

　　数量结构的发展，有两种趋势是最为重要的。第一，"有量结构"的发展，也就是数量表达从不用个体量词到必须使用个体量词的发展过程。第二，数量结构的前置，也就是从"名数量"到"数量名"的发展过程。（本节"量"或者"量词"不加说明都是指"个体量词"）

一　"有量结构"的发展

　　数量结构大致可以概括为："数名"、"名数"、"数量"、"名数量"和"数量名"5种类型，其中"数量"、"名数量"和"数量名"称为"有量结构"，"数名"和"名数"称为"无量结构"。汉语数量表达经历了一个从以"无量结构"为主到以"有量结构"为主的发展过程。为了说明问题我们选取了各个时代的典型材料①，统计了"数名"、"名数"、"数量"、"名数量"、"数量名"5种结构出现的频次和比率，制成"数量结构发展表"（见本节最后），为了方便观察，我们又根据"数量结构发展表"的数据制成下面的简表：

---

　　① 我们在考察"数量结构"的发展时，选用了传世文献中口语化程度高、时代确定的代表性语料进行量化统计。

	无量结构	有量结构
先秦	88%	12%
两汉	78%	22%
六朝	67%	33%
晚唐、五代	51%	49%
宋元	5%	95%
明清	4%	96%

从上表可以看出，随着时代的发展，"有量结构"不断增加，数量表达使用个体量词的比率不断增多。先秦、两汉、六朝时期，"无量结构"占多数，到了晚唐、五代时期，"有量结构"和"无量结构"基本持平，到宋元之际，"有量结构"远远超过了"无量结构"的数量，也就是说宋元时期数词和名词结合使用个体量词已经成为一种强制性的规范。

二　数量结构的前置

数量结构可以居于名词之前，也可以居于名词之后，居于名词之前称为"前置"，居于名词之后称为"后置"。从先秦到现代经历了以后置为规范到以前置为规范的发展变化。下面是利用"数量结构发展表"（见本节后）的数据制成的简表①：

	前置率	后置率
先秦	4%	96%
两汉	13%	87%
六朝	14%	86%
唐五代	86%	14%
宋元	95%	5%
明清	98%	2%

---

①　前置率＝数量名／（数量名＋名数量）×100%。

从这个简表中可以看到，总体上，个体量词的前置率在不断地增加，先秦的前置率是 4%①，到两汉和六朝时期前置率分别为 13%、14%，前置的比率不高，说明其发展的速度相当缓慢，到了晚唐五代时期形成了一个突变，前置率猛增为 86%，这同现代汉语量词系统已经很接近了。

三 "数量名"结构来源

(一)"数量名"结构来源的研究

"数量名"结构的来源问题是学界争论的焦点，至今仍无定论，现在比较有影响的观点大致有"移位说"、"插入说"和"类推说"三种不同观点。下面分别加以介绍，为了方便研究，沿用贝罗贝的称述方法，"量词"特指"个体量词"，"单位词"指"个体量词"以外的"度量衡量词"、"集体量词"、"容器量词"等表实量的量词②。

1. 移位说

这种观点认为"数量名"是"名数量"中"数量"成分从名词后移位到名词前的结果。刘世儒、贝罗贝等学者持这种观点。刘世儒认为在先秦时代数量结构以后置为原则，到了汉代可前可后，南北朝时期以前附为主。他还从功能的角度说明了前置的原因："数量词的移前，这是历史发展的必然结果，因为这样移前可以使汉语语法的规律性更严整，更有助于明确地表达思想。"③ 贝罗贝的阐述最为详细，他将"量词"和"单位词"

---

① 有学者认为先秦时期个体量词没有前置的用法是没有根据的，如太田辰夫认为"数量名"中的"量"只出现计量的，不出现计数的，也就是个体量词不出现在此格式中。(《中国语文法》，北京大学出版社 1987 年版，第 150 页。)郭锡良更明确地说"'数＋量＋名'这种结构，在先秦典籍中除容量单位词外，个体（天然）单位词的用例只发现一个：有人于此，力不能胜一匹雏，则为无力人矣。(《孟子·告子下》)但是朱骏声却认为这个'匹'字是必（读若缀，小也）之误字，'少'误作'疋'，再误作'匹'。"(《从单位名词到量词》，载《汉语史论集》，商务印书馆 2005 年版，第 37—38 页。)这些观点都绝对化了，此类用法虽然不多，但并非没有。例如：《韩非子·初见秦》："不用一领甲，不苦一士民。"《曾侯乙墓》119："君★一乘路车……阳城君三路车，君一乘，旅公三乘路车。"而且在《曾侯乙墓》竹简中称量"一乘车"格式有 12 例，称量"车一乘"格式的有 13 例，两种格式基本持平，这些都说明"数＋个体量词＋名"格式在先秦时期就有了，只是同"名＋数＋个体量词"格式比起来要少。

② ［法］贝罗贝：《上古、中古汉语量词的历史发展》，《语言学论丛》1998 年第 21 辑。

③ 刘世儒：《魏晋南北朝量词研究》，中华书局 1965 年版，第 46 页。

区分开来，认为在上古晚期发生了"名词＋数词＋单位词"＞"数词＋单位词＋名词"的语序变化，与此相似，在中古晚期发生了"名词＋数词＋量词"＞"数词＋量词＋名词"的语序变化。他认为古汉语前期产生的"名词＋数词＋单位词"结构中的"数词＋单位词"是谓语性质的，到上古晚期（公元前 5—3 世纪）"数词＋单位词"被重新分析为名词的修饰语，由名词后移动到名词前形成了"数词＋单位词＋名词"结构，受"名词＋数词＋单位词"结构的影响，汉代早期产生了"名词＋数词＋量词"结构，同样经过重新分析，到中古晚期（公元 7—13 世纪）也从名词后移动到名词前，形成"数＋量＋名"结构①。

2. 插入说

与"移位说"相对立，"插入说"认为汉语史上并不存在"数量"结构的移位。Drocourt 认为"数词＋量词＋名词"来自"数词＋名词"，是"数词"、"名词"之间插入"量词"的结果，与"名词＋数词＋量词"历史上并无关系。他认为"数词＋量词＋名词"与"名词＋数词＋量词"二者在句法、语义、语用等方面存在不同，"名词＋数词＋量词"中的"数量"严格来说表达的是实际的数量信息，往往是新信息，通常出现在"清单"类语境中，强调数量的重要性。"数＋量＋名"结构中的"数量"往往显示已知信息，一般出现在文学性较强的语篇里。正因为功能和限制不同，所以二者一般不能互相替换，相反，它们在语篇里常常同时出现，出现的多寡取决于文献的文本性质。谭慧敏的观点与 Droeourt 相近而略有不同，他认为"名＋数＋量"是由"名₁＋数＋名₂"中"名₂"被量词替换和"名词＋数词"后插入量词演变而来，而"数＋量＋名"则由"数＋量"后面插入名词发展而来②。

3. 类推说

太田辰夫根据功能的不同将汉语名量词分为"计量"和"计数"两类（这里的"计量"和"计数"分别与贝罗贝所说的"量词"和"单位词"所指相同），并进一步说明了"计数"和"计量"量词在以下三种格式中

---

① ［法］贝罗贝：《上古、中古汉语量词的历史发展》，《语言学论丛》1998 年第 21 辑。

② 以上转引自吴福祥等：《汉语"数＋量＋名"格式的来源》，《中国语文》2006 年第 5 期。

的分布情况：

      A 式　名＋数＋名　乱臣十人

      B 式　名＋数＋量　车一两

      C 式　数＋量＋名　一两车

他说："A 式是'数＋名'作为述语用，在古代汉语中有，而在现代汉语中不用。""B 式也是'数＋量'作为述语用，这仅在古代汉语中能见到，在现代汉语中只限于记账时使用，这和计量时的情况相同。""C 式在古代汉语中仅用于计量的时候，计数的时候用 C 式，这在古代汉语中是没有的，它是现代汉语（或白话）的特点。"他在讨论"数量名"（C 式）时着重指出："把 C 式用于计数，当然是根据 C 式很早就用于计量类推而来的。也就是说，人们大概对于古代汉语中计量、计数都用 B 式，而 C 式只在计量时使用感到不合理，因此就用 C 式来计数了。"对于这种类推发生的时间也就是"计数"量词进入 C 式的时间，太田辰夫没有正面阐述，但所举的例证都是六朝时期的，由此可以推断他认为这种类推是从六朝时期开始的①。

吴福祥等借鉴太田辰夫的"类推"说，认为先秦汉语的"数词＋单位词＋（之）＋名词"是描写性的，不是计量的，"数词＋单位词"是名词的修饰成分，而"名词＋数词＋单位词"则是计量性的，其中"数词＋单位词"是句子（或小句）的述谓成分。西汉前后"数词＋单位词＋（之）＋名词"中属格标记"之"的脱落，导致这个格式中的"数词＋单位词"在语义上发生重新分析，即由描写名词的属性、特征变成指称名词的实际量度，即由描写性的重新分析为计量性的，在西汉前后，当"数词＋单位词＋名词"获得计量功能后，它就为后来个体量词进入名词之前的位置建构了一个"模式"，因此当两汉时期个体量词作为一种语法范畴出现后，受"数词＋单位词＋名词"格式的类推，"数词＋量词＋名词"得以产生②。

---

① ［日］太田辰夫：《中国语历史文法》，北京大学出版社 1987 年版，第 146—150 页。

② 吴福祥、冯胜利、黄正德：《汉语"数＋量＋名"格式的来源》，《中国语文》2006 年第 5 期。

（二）我们认为"类推说"不可取

太田辰夫和吴福祥所持"类推说"的重要依据是"数词＋单位词（计量）＋名词"格式的产生远早于"数词＋量词（计数）＋名词"（吴福祥所说的"单位词"和"量词"分别相当于太田辰夫的"计量"和"计数"量词），因为只有二者存在比较大的时间间隔才能说由先产生的格式类推出后产生的格式，可事实并非如此，我们调查的结果是"数词＋单位词（计量）＋名词"同"数词＋量词（计数）＋名词"两种格式几乎是同时代产生的。首先是"数词＋单位词（计量）＋名词"产生的时间，太田辰夫举了一组例证，如"一箪食，一瓢饮"（《论·雍也》）、"一杯水"、"一车薪"（《孟·告子上》）、"二壶酒"（《国语·越语上》）、"一篚锦"（《左传·昭13》）、"十束薪"（《庄子·人间世》）[①]。从他所举的例证的时代可以看出"数词＋单位词（计量）＋名词"格式不会早于春秋末期。吴福祥："……但是西汉前后，随着'数词＋度量衡单位词＋之＋名词'格式里'之'字的脱离，度量衡单位词可以直接进入'数词＋单位词＋名词。'"[②]他所举的例证多集中在《史记》、《汉书》中，由此可见，吴先生认为"数词＋单位词（计量）＋名词"是西汉时期产生的。我们查阅了大量的先秦文献，未见到比太田辰夫所列更早的例子，"数词＋单位词（计量）＋名词"格式应当是春秋末战国初产生的。关于"数词＋量词＋名词"，吴福祥认为萌芽于汉代，六朝时期才兴盛起来。太田辰夫举的都是六朝的例子，在他看来"数词＋量词＋名词"应是六朝时期才产生的。我们调查发现"数词＋量词＋名词"并不是汉代更不是晚到六朝时期才产生的，而是早在先秦汉语中就产生了，不仅见于传世文献也见于出土文献。先看传世文献的例子。如《吕氏春秋·察今》："尝一脟肉，而知一镬之味、一鼎之调。""脟"，杨晓敏认为是个体量词，"脟，表示肉块的单位"[③]。《韩非子·初见秦》："不用一领甲，不苦一士民。"这里"领"为个体量词，用

---

①　［日］太田辰夫：《中国语历史文法》，北京大学出版社1987年版，第148—149页。

②　吴福祥、冯胜利、黄正德：《汉语"数＋量＋名"格式的来源》，《中国语文》2006年第5期。

③　杨晓敏：《先秦量词及其形成与演变》，载《王力先生纪念论文集》，商务印书馆1990年版，第191页。

于称量"铠甲"。再看出土文献的例子,在战国中晚期的《包山楚简》遗策第 271 简有"一辆正车",第 276 简有"一辆羊车","辆"为"乘"的异体,是个体量词用法。在战国早期的《曾侯乙墓》竹简中也有用例,如第119 简:"鄹君帶一乘路车……阳城君三路车,君一乘,旅公三乘路车。"在《曾侯乙墓》竹简中"数词+量词+名词"与"名词+数词+量词"格式并存,用"×乘路车"格式的有 12 例,用"路车×乘"格式的有 13 例,两种格式基本持平。这说明至少在战国早期就产生了"数词+量词+名词"格式,这与太田辰夫举的"数词+单位词(计量)+名词"产生的春秋末期相去不远,也就是说这两种结构几乎是同时产生的。关于"类推",必定是稳定的成熟的结构类推出新的结构,二者必定要有一个较长的时间间隔,否则不可能形成类推。在"数词+量词+名词"出现的战国早期,"数词+单位词(计量)+名词"也只是处在萌芽阶段,本身还不成熟的结构如何能类推出新结构呢?太田辰夫将"数词+单位词+名词"格式上推至春秋末战国初,将"数词+量词+名词"格式误认为是晚到六朝时期才产生的。由于所据的语言事实出了问题,人为地拉大了二者的产生时代,故而导致错误的推论。如果依照吴福祥"数词+单位词+名词"产生于汉代的观点,这种类推就更不可能发生了。这里需要解释一下"数词+量词+名词"比"数词+单位词+名词"略略晚出的原因,我们认为在先秦时期量词系统尚处于萌芽期,数词和名词之间尚不习惯使用量词,量词系统的不发达使得量词进入数名之间形成"数词+量词+名词"的机会相对要少得多。所以,量词不发达造成的例句稀少才是"数词+量词+名词"结构稍晚见于"数词+单位词+名词"的真正原因。从理论上分析,"单位词"能进入到数名之间,"量词"也应该能进入。

（三）我们认为"数量名"结构来源于"移位"和"插入"

"移位说"虽可以成立,但并没有言及"插入"的作用,失之片面。"插入说"只强调"插入"的作用,但是将"数量名"和"名数量"两种结构对立起来,认为是两种功能完全不同的结构,二者不存在移位关系,这种论断与语言事实不符。从语言事实出发,我们认为"数量名"结构的来源是复杂的、多元的,既有"移位"的成分,也有"插入"的成分,

"移位"和"插入"并不是非此即彼互相排斥的，而是相辅相成互相补充的，正是二者的"合力"成就了"数量名"结构的优势地位。这可以从下面例子中得到证明：

（1）a. 三国时，陆逊攻襄阳，于此穴又得马数十匹，送建业。（《水经注》卷二十八）

b. 陆逊攻襄阳，又值此穴中数十匹马出，战还建业。（《太平御览》卷八百九十七）

（2）a. 神马二匹，一白一黑，忽出于河中，去岸百步。（《宋书·符瑞志》）

b. 有两匹马，一白一赤，从西南来，至即取我。（《北史·王早传》）

（3）a.（卢）勇请进观形势，于是率百骑，各拢一马，至大骢山，知西魏将李景和将至……（《北史·卢诞传》）

b.（卢）勇进观形势，于是率百骑，各笼一匹马，至大隗山，知魏将李景和率军将至……（《册府元龟·将帅部·机略第四》卷三百六十四）

（4）a. 晋恭帝之为琅邪王时，好奇戏，尝闭一马于门内，令人射之。（《宋书·五行志》）

b. 恭帝之为琅琊王，好奇戏，闭一匹马于门内，令人射之。（《太平御览·兽部七》卷八百九十五引《晋中兴书》）

以上四组例证特点有二：第一，a 句早于 b 句，二者存在历时关系。第二，a、b 句表述同样内容，不存在 Drocourt 等所说的语境和语体的差别。比较例（1）（2）的 a、b 句，原来说"马数十匹"后来说"数十匹马"，原来说"马二匹"后来说"两匹马"，可以证明这是"移位"的结果。比较例（3）（4）的 a、b 句，原来说"一马"，后来说"一匹马"，可以证明是"插入"的结果。事实上，正是利用了"移位"和"插入"两种手段才确立了"数量名"结构的优势地位。从"数量名"的不断壮大和平行结构"数名"的相对萎缩，可以证明"插入"的作用，从"名数量"的萎缩到"数量名"的发展壮大可以证明"移位"的作用。"数量名"形成和发展背后有两种力量在推动，一种力量是数名之间使用量词成为一种强制性的规范，这使得"数名"结构减少，而"数量名"结构增多。另一种力量是中心词的修饰语从中心词后移动到中心词前成为一种规范，这使得

"名数量"变成"数量名"。虽然"插入"和"移位"的手段不同，但目的只有一个，都是为了使表达更为生动、明晰。

附表　数量结构发展表

	语料	数名	名数	数量	名数量	数量名
先秦	左传	256/76.2%	35/10.4%	13/3.9%	31/9.2%	1/0.3%
	孟子	39/76.4%	4/7.8%	4/7.8%	4/7.8%	0/0%
	韩非子	149/85.1%	12/6.9%	6/3.4%	7/4.0%	1/0.5%
	小计	444/79.0%	51/9.1%	23/4.1%	42/7.5%	2/0.4%
两汉	史记*	141/68.8%	19/9.3%	11/5.4%	31/15.1%	3/1.5%
	风俗通义	56/73.7%	4/5.3%	4/5.3%	9/11.8%	3/3.9%
	小计	197/70.1%	23/8.2%	15/5.3%	40/14.2%	6/2.1%
六朝	抱朴子	185/68%	6/2.2%	15/5.5%	62/22.8%	4/1.5%
	齐民要术	255/61.6%	12/2.9%	25/6.0%	101/24.4%	21/5.1%
	小计	440/64.1%	18/2.6%	40/5.8%	163/23.8%	25/3.6%
唐五代	敦煌变文集书*	181/50.1%	6/1.7%	34/9.4%	22/6.1%	118/32.6%
	祖堂集	177/49.7%	3/0.8%	29/8.1%	16/4.5%	131/36.8%
	小计	358/49.9%	9/1.3%	63/8.8%	38/5.3%	249/34.7%
宋元	南宋话本三种*	12/5.7%	0/0%	32/15.5%	0/0%	163/78.7%
	西厢记	8/4.8%	0/0%	47/28%	15/8.9%	98/58.3%
	小计	20/5.3%	0/0%	79/21.1%	15/4.0%	261/69.6%
明清	金瓶梅*	7/2.8%	0/0%	66/26.6%	3/1.2%	172/69.4%
	红楼梦*	9/5.1%	0/0%	42/24%	2/1.1%	123/69.8%
	小计	16/3.8%	0/0%	108/25.5%	5/1.2%	295/69.6%

（说明：1. 这里的"量"指"个体量词"。2. 书名后加＊表示从中选取部分章节进行量化统计。《史记》选取卷六十一至一百三十的70列传部分，约16万字，采用中华书局百衲本。《敦煌变文集新书》选取前三卷，约17.3万字，采用台北文津出版社1994年新1版。"南宋话本三种"（《碾玉观音》《错斩崔宁》《简贴和尚》）计2.3万字，采用《话本选》（上）人民文学出版社1984年版。《金瓶梅》前三回，约3万字，采用齐鲁书社版《绣像金瓶梅》（崇祯本）。《红楼梦》统计前三回，约2万字，人民文学出版社1981年版。3. "数名"和"名数"是指在现代汉语中数词和名词中间习惯加"个体量词"而古汉语中未加的，如"一马"和"马一"，一些固定用法和现代汉语中不习惯使用量词的不包括在内，如"四海"、"五谷"、"一家"等。4. 在近代汉语中，指示代词"这"、"那"后加"个体量词"的（如"这个"）归入"数量"，出现名词的（如"这个人"）归入"数量名"，一AA、一A一A式重叠归入"数量"，出现中心词的归入"数量名"。）

第二节　汉语量词重叠式的历时发展

一　关于量词重叠式的研究

关于量词的重叠形式，胡附[①]、高更生[②]、黄伯荣、廖序东[③]认为"一A一A"的省略形式是"一AA"。宋玉柱对于量词重叠的语法功能和语法意义作了总结，认为："'一A一A'有它的繁复形式'一A又一A'，'一AA'有它的省略形式'AA'或'一一'。这样，这一系列语法格式的全貌就应该是：一A又一A——一A一A——一AA——AA（或'一一'）。"[④] 以上各家的说法是从现代汉语共时平面来讨论问题的，看似不无道理，但从汉语史的角度来看，以上排列方式就站不住脚，因为它完全颠倒了量词重叠式发生、发展的顺序。这个问题只有从汉语史的角度进行深入研究才能得出正确的结论。关于量词重叠式的历时发展问题，研究成果不多，仅看到郑远汉的《数量词重叠》一文有所涉及[⑤]，有一定的借鉴价值和启发意义，但由于郑文侧重从平面的角度考察数量结构的句法功能和语用特点，并非专门的历时研究，限于语料的调查范围，没能正确揭示AA、一AA和一A一A式（郑文分别记作"BB"、"ABB"、"ABAB"）产生的年代。本节试图从汉语史的角度对这一问题进行梳理和探讨。

二　量词重叠式的历时层次

我们首先对前文的105个常用和次常用量词的重叠情况进行调查，这105个量词的AA、一AA、一A一A三种重叠式在各个时代的分布情况如下[⑥]：

---

① 胡附：《数词和量词》，上海教育出版社1984年版，第55页。
② 高更生：《现代汉语》，山东教育出版社1984年版，第27页。
③ 黄伯荣、廖序东：《现代汉语（下）》，高等教育出版社2002年版，第23页。
④ 宋玉柱：《关于量词重叠的语法意义》，载《现代汉语语法论集》，天津人民出版社1981年版，第1页。
⑤ 郑远汉：《数量词重叠》，《汉语学报》2001年第4期。
⑥ 限于篇幅，本表只统计各个时代可以重叠的量词数目，不标注具体量词，表中的数字表示量词的数目，注意不是频次。笔者2008年中山大学博士学位论文《汉语个体量词的产生与发展》附录3列有《现代汉语个体量词重叠年代表》，对以上105个量词的三种重叠方式产生年代有详细标注，可以参考。

时代＼形式	AA	一AA	一A一A
汉代	1	0	0
六朝	10	0	0
唐代	23	5	0
宋代	8	9	0
元代	2	8	1
明代	10	20	17
清代	15	26	37
现代	7	34	43

经过调查统计，我们发现 AA 式始于东汉末期，只有 1 个量词"处"可以重叠，例如：

（1）自哀平间，郡国处处有豪桀，然莫足数。（《汉书·游侠传·原涉》）

（2）然郡国豪杰，处处皆有。（《前汉纪》）

到了六朝时期，"篇"、"级"、"章"、"重"、"片"、"节"、"层"、"卷"、"种"、"根" 10 个量词可以用 AA 式重叠，到了晚唐五代时期 AA 式成为一种常见的重叠形式。

一 AA 式始于唐代，只有"个"、"重"、"层"、"条"、"点" 5 个量词可以重叠，例如。

（3）自此改名为折柳，任他离恨一条条。（雍陶《题情尽桥》）

（4）魔女者，一个个如花菡萏，一人人似玉无殊。（《敦煌变文集新书》卷二）

一 AA 式在宋元时期有所发展，但真正的兴盛则在明清时期。

一 A 一 A 式始于元代，只见到"个"的重叠例证，例如：

（5）一个一个儿窝的眼又瞎。（《全元散曲·王大学士·元和令》）

一 A 一 A 式明代有所发展，但真正的兴盛则晚至清代和现代。

上面是就量词重叠形式的总体情况而言的，我们可以说量词重叠先有 AA 式后有一 AA 式，最后才发展出一 A 一 A 式，那么，具体到某个量词，尤其是早期产生的量词，其重叠式的历时层次也很明显，例如：

（6）a. 由此四层山王半量，层层所围绕。（《阿毗达磨俱舍释论》卷

八）

b. 从此旧庵遗迹畔，月楼霜殿一层层。（缪岛云《仙僧洞》见《全唐诗补编·补逸》卷十二）

c. 谁想一层一层多是破衣败絮，我们被他哄了。（《二刻拍案惊奇》卷三十九）

（7）a. 但恐莲花七朵一时折，朵朵似君心地白。（齐己《赠念〈法华经〉僧》）

b. 一枝枝艳冶轻盈，一朵朵妖娆窈窕。（《大唐秦王词话》第三十九回）

c. 一朵一朵的堆在线上，顷刻结成了一个大花球。（《品花宝鉴》第三十一回）

"层"的 AA、一 AA、一 A 一 A 重叠式分别出现在六朝、唐代、明代，"朵"的三种重叠式依次出现在唐代、明代和清代，其历时层次明显。

关于以上三种格式的历时层次问题有两种情况需要特别说明。

第一，不同格式虽然同时产生于某一个时代，笼统地说是同时代的，但仔细分析仍可以分出先后。例如：

（8）a. 先将左壁上摹过的纸，一张张对月照看，依旧一字俱无。（《三遂平妖传》第十一回）

b. 要一百张桌子，五十张作一禅台，一张一张迭将起去，不许手攀而上。（《西游记》第四十六回）

例（8）a 句中的"一张张"和例（8）b 句中的"一张一张"，笼统地看都是明代的用法，但细分还是可以分出先后的。例（8）a 句是罗贯中小说《三遂平妖传》的句子，例（8）b 句则是吴承恩《西游记》中的句子，罗贯中是明代早中期的小说家，吴承恩是明末小说家，《三遂平妖传》的成书早于《西游记》一百多年，可以断定两个例子同属于一个时代但前者稍早。

第二，限于材料有些量词的时代层次不够明显，但并未见到反向发展的例子。量词重叠的时代层次表现为越早产生的量词其重叠形式的时代层次越明显，尤其晚唐五代以前产生的量词其重叠形式的时代层次比较清楚，而产生时代比较晚的量词，比如明、清和现代新生的量词，其重叠形式的时代层次往往不够明显，这是因为明清以后三种重叠方式已经成熟，有些新出现的量词可以直接进入到这些格式中，不必也不可能经历一个较长的发展过程，所以这部分晚出量词重叠形式的时代层次就不是很明显，重要的是在我们考察的 105 个量词中还没有看到 AA 式晚于一 AA 式，一 AA 式晚于一 A 一 A 式的反向发展的例证。

基于以上研究我们给出一个量词重叠式的发展序列：AA≥一 AA≥一 A 一 A（≥表示早于或等于）。

三　量词重叠式的句法分布

三种重叠格式共同的句法分布是都可以作"主语"、"定语"和"状语"，在不同的句法位置上可以表 [＋遍指]、[＋逐指]、[＋连续] 等语法意义。下面我们以"个"的重叠式为例来讨论这个问题。

作主语：

（9）a. 邯郸少年辈，个个有伎俩。（贯休《乐府杂曲·鼓吹曲辞·战城南》）

b. 其魔女者，一个个如花菡萏。（《敦煌变文集新书》卷二）

c. 你们这里多少得用的人，一个一个闲着没事办，这会子我又弄个人来。（《红楼梦》第五十六回）

作定语：

（10）a. 纷纷辞客多停笔，个个公卿欲梦刀。（元稹《寄赠薛涛》）

b. 许公推详道："一发是了。梦中道'只看夜明'，夜明不是月郎么？一个个字多应了。但只拿了月郎便知端的。"（《二刻拍案惊奇》卷二十一）

c. 那火头已是望见有丈把高，一个一个的火团子往天井里滚。（《儒林外史》第十六回）

作状语：

（11）a. 一日云："纽半破三针筒。鼻孔里道将一句来。"代云："海里使风山上船。"或云："折半列三针筒。鼻孔在什么处？与我个个拈出来看。"代云："上中下。"或云："分疆列土作么生道？"代云："文殊自文殊。解脱自解脱。"（《古尊宿语录》卷十七）

b. 东坡云："四位小娘子问小官求诗？有有有。一个个说，从，从那

个起?"（吴昌龄《全元杂剧·花间四友东坡梦》）

c. 道人也不慌，也不忙，随将手到袖中去一个一个取将出来。（《隋炀帝艳史》第三十回）

"个个"、"一个个"、"一个一个"都可以作"主语"、"定语"和"状语"，三者的句法分布基本相同，而且各种句法分布的历时层次也比较清楚，无论是作"主语"还是作"定语"和"状语"都是按照"AA"——"一AA"——"一A一A"的时代层次排列下来，这正可以反映三者继承和发展的关系。

三种重叠方式虽然都可以作"主语"、"定语"、"状语"，但有所侧重，因为"AA"式重叠具有很强的指称性，强调［＋遍指］，是静态的，所以常作由体词来充当的"主语"和"定语"，很少用作表动态的状语①。而"一A一A"的独特之处是强调［＋连续］，是动态的，所以常与动词相伴作状语，很少用作表达指称意义的主语和定语。而"一AA"正处在静动之间，"动"不及"一A一A"、"静"不及"AA"，所以它的用法也介于二者之间，既常作"主语"、"定语"，也常作"状语"。

四　量词重叠式的语法意义及其发展

量词重叠后的语法意义同句法位置有关，为了更好地说明问题，我们只取在相同句法位置上的例证加以比较。从语法意义上看，以上三种重叠格式的语法意义既有相同点又有不同之处，我们先比较一下"AA"和"一AA"的用法。例如：

（12）a. 如今都教坏了后生，个个不肯去读书，一味颠蹶没理会处，可惜！（《朱子语类》）

b. 子春心中暗喜道："我终日求人，一个个不肯周济，只道一定饿死。"（《醒世恒言》）

---

① 在"一AA"和"一A一A"格式出现以前也偶用"AA"作状语表达［＋逐指］［＋连续］，如上面的例（11）a出自宋代的《古尊宿语录》，"与我个个拈出来看"，"个个"是指将前面讲的几个话头"一一"参悟出来，这里的"个个"大体具备了［＋逐指］［＋连续］的语义特征，但同"一个个"尤其是"一个一个"比起来其表达［＋逐指］［＋连续］是不明显的，主要依靠动词的意义和相关的语境，所以"个个"作状语表达［＋逐指］［＋连续］的用法很快被淘汰，代替而起的是"一个个"和"一个一个"。

（13）a. 即众将个个都是少年英雄。（《狄青演义》第六十七回）

b. 心想，这些候补小班子时头，一个个都是穷光蛋，靠得住的实在没有。（《官场现形记》第三回）

对比例（12）（13）的"个个"和"一个个"，"个个"所表达的语法意义是"每一"，遍指所有的成员，表示没有例外，是就事物的整体而言的，并不特别强调每一个个体存在的意义，是一种泛指的说法。记作［＋遍指］［－个体］。"一个个"也表示"每一"，遍指所有的成员，这同"个个"是一样的，除此之外，"一个个"还强调所有成员中的每一个个体存在的意义。可以记作［＋遍指］［＋个体］。由于"一个个"比"个个"增加了对于每一个成员（个体）的强调，所以语气更强，这使得"一个个"经常出现在这样的语境中：

（14）想当初狂态，醉乡中放浪形骸。吾侪，尽都是五陵豪迈，都是些阔论高谈梁栋材。一个个安邦定策，一个个剑挥星斗，一个个胸卷江淮。（谷子敬《全元散曲·喜迁莺》

（15）秀才每心肠黑，一个个贫儿乍富，一个个饱病难医。（郑光祖《迷青琐倩女离魂》第三折）

（16）不教你作乡头里正耆长大户，一个个作师子儿去。（《古尊宿语录》卷十）

（17）天下好人也有穷到底的，难道一个个为官不成？（《初刻拍案惊奇》卷十）

例（14）是一个典型的描写句，"一个个"连用三次增强铺排的修辞效果，例（15）表达感叹的语气，例（16）表达祈使的语气，例（17）表达反问的语气。"一个个"经常出现在这种特殊的语境中，而"个个"常在语势比较平缓的叙述说明的语境中出现，如例（12）a（13）a，这可以证明"一个个"比"个个"语气更重、更强，所以我们认为"一AA"式是"AA"式的强势表达，同时这也说明"一AA"式是在"AA"的基础上为了强化表达而发展出来的。

下面谈谈"一AA"和"一A一A"，二者常常出现在状语位置上，都可以表达［＋逐指］［＋连续］的语法意义。"一A一A"式元代萌芽，清代、现代才兴盛起来，在"一A一A"格式出现以前，表达相同的语法意义主要采用"一AA"式，如上例（11）b 出自元杂剧《花间四友东坡梦》："东坡云：'四位小娘子问小官求诗？有有有。一个个说，从，从那个起？'"这里的"一个个"作动词"说"的状语，"从，从那个起"可以证明"一个个"是按顺序逐个进行的，而且是一个接一个地连续进行的，可以记作［＋逐指］［＋连续］。"一AA"虽然可以表达［＋逐指］［＋连续］，但重在表达［＋逐指］，而表［＋连续］则相对较弱，当需要强调［＋连续］时，"一AA"式就显得力不从心了，而后来产生的"一A一A"式正弥补了"一AA"式在表达［＋连续］方面的不足，试比较如下：

（18）a. 只是还认得不真，一个个的取将下来。（《三宝太监西洋记》第八十一回）

b. 道人也不慌，也不忙，随将手到袖中去一个一个取将出来。（《隋炀帝艳史》第三十回）

（19）a. 莫说百十个，就有几千、几万，只要一个个查明白了好打，棍棍无空。（《西游记》第三十一回）

b. 随即在各幕客房里，把童生落卷取来，对着名字、坐号，一个一个的细查。（《儒林外史》第七回）

对比例（18）a、b，我们可以发现例（18）b 的"一个一个"比例（18）a 的"一个个"更强调［＋连续］，表示动作持续的时间更长，这可从例（18）b 的"道人也不慌，也不忙"中体会到。例（19）a 同（19）b 比较，（19）b 更强调按顺序、无一遗漏的"细查"。总体上看"一A一A"是"一AA"的强势表达，同时也可以证明"一A一A"恰好是"一AA"在相同位置因强化表达而发展出来的。

汉语量词重叠式的发展经历了一个由简单到复杂的过程，其历时发展顺序是"AA"——"一AA"——"一A一A"，这一发展历程具有鲜明的时代层次性。从语言形式和语义关系上看，随着语言序列的加长，其所表达的语法意义也随着增加或者增强。这种形式和意义的关系可以从认知语言学的角度加以解释，这恰好体现的是语言的临摹性，正如石毓智先生所言："也就是用语言形式的长表示现实世界的量多。"① 当然，量词重叠

---

① 石毓智：《语法的认知语义基础》，江西教育出版社 2000 年版，第 166 页。

式的不断发展其内部动力还是来自表达的需要，是语言表达不断追求准确和精密的结果。

第三节 《汉语大字典》、《汉语大词典》个体量词编纂疏误

《汉语大字典》和《汉语大词典》（以下分别简称《大字典》、《大词典》，并举时简称"二典"）是目前最大、最全也是最具权威性的两部汉语工具书。关于量词，"二典"的编纂体例有许多可取之处，如都给量词标明了词性，有多种量词用法的一般分列为不同义项，所出例句按时代顺序排列，等等。不过，编纂如此大型的工具书难免会有一些疏漏，以往的学者如曹小云①、李建平②曾对《大词典》中的量词编纂问题做过探讨，现就"二典"中个体量词编纂问题提出自己的意见，以便作为今后修订的参考。

一 漏收量词

在我们考察的 105 个汉语常用和次常用个体量词中，《大字典》漏收了9个，分别是："乘"、"章"、"等"、"条"、"处"、"叶"、"样"、"码"、"类"，占总数（105）的 8.6％。《大词典》漏收了 4 个，分别是："等"、"处"、"章"、"类"，占总数（105）的 3.8％。《大词典》收录而《大字典》未收的有"乘"、"条"、"处"、"叶"、"样"、"码"6 个，这 6 个视为《大字典》漏收应没什么问题，关键是《大字典》和《大词典》均未收录的"等"、"处"、"章"、"类"4 个，它们是不具备量词资格呢？还是编者漏收了呢？我们认为是后者，因为这 4 个都有个体量词用法，下面各举两例：

（1）其十恶中，恶逆已上四等罪，请准律用刑。（《唐会要·定格令》）

（2）破金人拓地主兵官万人以上第一等功，五千人已上奇功。（《建炎以来系年要录》卷九十七）

（3）朱户千家室，丹楹百处楼。（李绅《过吴门二十四韵》）

---

① 曹小云：《〈汉语大词典〉量词补正》，《丹东师范专科学报》1995 年第 2 期。
② 李建平：《从先秦简牍看〈汉语大词典〉量词释义的阙失》，《广西社会科学》2005 年第10 期。

（4）城中毁拆卅三处小寺，条流僧尼，一准敕文也。（《入唐求法巡礼行记》卷四）

（5）吾昨过蓬莱玉楼，因有一章诗曰：……（《太平广记·柳归舜》卷十八）

（6）用白马驮着一幅佛像和四十二章佛经，经过西域，回到了洛阳。（《中华上下五千年·东汉》）

（7）如象马驼牛驴羊鹿水牛猪等，及一类龙、一类妙翅、一类鬼、一类人。（《阿毗达磨集异门足论》卷九）

（8）佛道如斯一类人，生生大不易见如来面。（《敦煌变文集新书》卷二）

以上各例可以证明"等"、"处"、"章"、"类"具有量词用法，另外，我们翻检了权威学者刘世儒的《魏晋南北朝量词研究》①和郭先珍的《现代汉语量词用法词典》②，二书都将"等"、"处"、"章"、"类"列为量词，可以为证。那么，是否是"二典"的收词标准太严格了呢？回答仍是否定的，因为"等"的用法同"级"，"处"的用法同"所"，"章"的用法同"篇"，"类"的用法同"种"，"二典"将"级"、"所"、"篇"、"种"都列为量词，对其量词身份确信不疑，单单把同类的"等"、"处"、"章"、"类"排除在外的理由是不存在的，这显然是漏收。《大字典》漏收的"乘"、"条"、"叶"、"样"、"码"同样具有个体量词用法，此不赘述。

二　分合失度

（一）当分不分

尊，《大字典》：

　　量词。如五百尊罗汉、一尊大炮。唐杜甫《春日忆李白》："何日一尊酒，重与细论文。"宋叶隆礼《契丹国志·岁时杂纪·佛诞日》："京府及诸州县各用木雕悉达太子一尊。"《儒林外史》第五十三回：

①　刘世儒：《魏晋南北朝量词研究》，中华书局 1965 年版。
②　郭先珍：《现代汉语量词用法词典》，语文出版社 2002 年版。

"壁桌上供着一尊玉观音。"

《大字典》将"一尊酒"的用法同"五百尊罗汉"、"一尊大炮"、"悉达太子一尊"、"一尊玉观音"等用法杂糅在一起，值得商榷。"一尊酒"的"尊"是容器量词，表示实际量，来源于名词"酒樽"。"五百尊罗汉"、"悉达太子一尊"、"一尊玉观音"、"一尊大炮"的"尊"则是个体量词用法，表虚量，不表示实际量，由"尊敬"义虚化而来，最初是从佛典开始的，佛经中一般称"佛"为"世尊"、"天尊"，称"阿罗汉"为"尊者"，出于尊敬，称量佛、罗汉等的塑像时也习惯用量词"尊"，后来称量范围扩大，不限于尊者，一般的雕塑也称"尊"，再由一般的雕塑发展到称量有一定体积的物体，"一尊大炮"应是这种泛化的结果，故而"一尊大炮"与"五百尊罗汉"、"悉达太子一尊"、"一尊玉观音"同属个体量词用法。《大词典》将"器物量词"和"个体量词"两类性质完全不同的用法混杂在一起是不恰当的，应当分列开来。

（二）当合却分

乘，《大词典》：

量词。（1）用以计算车子。《左传·成公十八年》："晋栾书、中行偃使程滑弑厉公，葬之于翼东门之外，以车一乘。"……（3）用以计算船只。《宋书·臧质传》："舫千余乘。"《陈书·高祖本纪上》："舟舰二千乘。"……（5）用以计算轿子、梯子等。《红楼梦》第六五回："一乘素轿，将二姐儿抬来。"郭沫若《北伐途次》十五："分成了十人一小队，每小队一乘梯子。"废名《棕榈》："四房的二嫂子端了一乘竹榻先在那里梳。"

这里的（1）（3）（5）项同属于个体量词用法，都来源于动词"乘载"义，"车子"、"船只"、"轿子"、"梯子"、"竹榻"不过是同种用法的不同称量对象，实在没有必要分列三项，统收于一条就足够了。

三 名、量混同

个体量词大多来源于名词而且由名词到个体量词是有一个发展过程的，《大词典》和《大字典》却将早期的名词用法同后代的个体量词用法混同起来。例如：

家，《大词典》：

> 量词。用于住户或企业等。《庄子·徐无鬼》："舜有羶行，百姓悦之，故三徙成都，至邓之虚而十有万家。"《汉书·张安世传》："上追思贺恩，欲封其冢为恩德侯，置守冢二百家。"唐韩愈《出门》诗："长安百万家，出门无所之。"《水浒传》第四九回："且说登州山下有一家猎户，兄弟两个，哥哥唤做解珍，兄弟唤做解宝。"《老残游记》第三回："老残到了次日，想起一千两银子放在寓中，总不放心，即到院前大街上找了一家汇票庄，叫个日升昌字号。"杨朔《征尘》："这其实是家小饭馆。"

《大词典》中共举了六个例子，在前三个例子中"家"是名词，在后三个例子中"家"才是个体量词。前三个例子"至邓之虚而十有万家"、"置守冢二百家"、"长安百万家"中的"家"是"家庭"的意思，是名词而非量词，理由如下：第一，"家"的前后不出现中心词，也补不出中心词，构不成"数量名"或者"名数量"结构，而"家"本身正是数词限制的对象。第二，"十有万家"可以变换为"十有万（个）家（庭）"，"家"的前面可以插入量词"个"而意义不变，余下两例可类推。第三，"家"都不能省略，省略后改变原意。这些都符合数词后面名词的语法特点，可见它们是"数名"结构。比较后面的三个例子则有所不同，"一家猎户"、"一家汇票庄"、"（一）家小饭馆"中，"家"的后面出现了中心词"猎户"、"汇票庄"、"小饭馆"，它们分别是"家"的称量对象，构成了典型的"数量名"结构，而且"家"的前面不能插入"个"一类的量词，不能说"一个家汇票庄"，但可以省略"家"，说成"一汇票庄"而原意基本不变。这些都是个体量词才有的语法特征。编者之所以将名词同个体量词混同起来，可能是受了"家"前面数词的影响，未能详细考辨而将"数名"结构误为"数量"结构，从而使名、量用法混在一条之下，如果编者能从历时发展的角度进行考察就会避免这类问题的发生，因为个体量词"家"最早产生于宋代，元明时期才比较流行，关于个体量词"家"的产生与发展。（详见 3.3 "家"）

味，《大字典》：

> 量词。……2. 菜肴或药物的品种。《左传·哀公元年》："昔阖卢食不二味，居不重席。"宋韩世忠《临江仙》："单方只一味，尽在不言中。"《儒林外史》第十一回："改用一个丸剂的方子，加入几味祛风的药。"

《大字典》后面两例称量药剂，这的确是个体量词用法，但第一例"二味"的"味"则是名词用法。《左传·哀公元年》："昔阖卢食不二味"，孔颖达《正义》："谓与下同其好恶，不别二为美味也。"大意是阖卢与民同甘苦，不另外做好吃的，"味"指"美味"，不是说"菜肴"可以像中药一样论"味"，"菜肴"论"味"，闻所未闻，《大字典》所列条目之"菜肴或药物的品种"，无疑是说"味"不但可以称量"药物"，还可以称量"菜肴"，这显然是因为误解了"食不二味"的原意而造成的错误。

四　例证偏晚

"二典"举证的量词一般是按照时代顺序排列的，每个义项下面的第一个例子一般都是此类用法的最早用例，据此体例，"二典"理应将最早的例证罗列出来，以飨读者，但遗憾的是"二典"例证时代滞后现象比较突出，我们统计前面所列的 105 个个体量词，《大字典》例证晚出的有 53 个，《大词典》例证晚出的有 54 个，都超过了一半以上。下面分类试举几例：

（一）《大字典》晚出而《大词典》年代正确的有"层"、"挺"、"员"等 13 个。例如：

员，《大词典》——六朝

量词。犹个。用于称人。晋无名氏《莲社高贤传·雷次宗》："元嘉十五年，召至京师，立学馆鸡笼山，置生徒百员。"

《大字典》——明代

量词。多用于武将。《三国演义》第十五回："原来那寨后放火的，乃是两员健将。"

（二）《大词典》晚出而《大字典》年代正确的有"个"、"丸"、"面"等8个。例如：

面，《大字典》——六朝

量词。用于有面的扁平的物体。如：一面镜子、一面旗子。《宋书·何天承传》："承天又能弹筝，上又赐银装筝一面。"（按：《宋书》为六朝时期梁之沈约编写）

《大词典》——唐代

量词。表示物体的数量。多用于扁平的或能展开的物件。《隋书·礼仪志三》："后齐定令，亲王、公主、太妃、妃及从三品已上丧者，借白鼓一面，丧毕进输。"

（三）"二典"均晚出的有"级"、"件"、"座"等40个。例如"座"，据我们考察最早出现在六朝时期：

则社稷三座，并应南向。（《南齐书·礼志》）

银塔一座。（《悯忠寺石函题名碑》）

《大字典》——元代

量词。如：一座宝塔。《三国志平话》第一回："行至琉璃殿一座。"

《大词典》——清代

> 量词。《儒林外史》第十四回："马二先生又往前走，走到半里路，见一座楼台盖在水中间。"

上述问题产生的原因是多方面的，有的是因为编者疏忽，有的是因为错误地理解了文本，有的则是没能很好地贯彻编纂条例，这些都属于个别问题，不具有普通性，在今后的修订中也不难解决，我们认为最为关键的应是个体量词理论的认识和在此基础上的运用问题，比如：个体量词性质的认识问题；个体量词的判定标准问题，尤其是历时条件下如何判定个体量词的问题；个体量词同名词（少量动词）、临时量词、准量词的划分问题等，只有厘清这些理论问题并运用这些理论制定出统一的标准，才能从根本上解决量词编纂问题。另外，无论多么完善的工具书都是一定时代的产物，随着学术的发展和研究的深入，吸收现有的研究成果进行修订是完善工具书的必由之路。近年来，汉语个体量词在专书研究、断代研究、利用出土文献等新材料的研究方面取得了不少可喜的成果，利用这些研究成果修订"二典"，可以使其更趋完善。

第四节　说"花朵"兼谈量词"朵"的词尾化

"花朵"为现代汉语常用词，是由名词"花"与量词"朵"构成的合成词。关于"花朵"的构词方式，从事现代汉语的学者大多认为是"补充式"，如黄伯荣、廖序东的《现代汉语》[1]，张斌的《简明现代汉语》[2] 等都将"花朵"与"船只"、"马匹"、"车辆"等视为同类，把"只"、"匹"、"辆"、"朵"都视为量词。邵敬敏《现代汉语通论》将此类结构称为"量补"结构[3]。从事汉语史研究的学者刘世儒将此类结构看作是量词词缀化

---

[1] 黄伯荣、廖序东：《现代汉语（下）》，高等教育出版社 2002 年版，第 207 页。
[2] 张斌：《简明现代汉语》，中央广播电视大学出版社 1995 年版，第 57 页。
[3] 邵敬敏：《现代汉语通论》，上海教育出版社 2001 年版，第 112 页。

构词法①，王力先生认为是单位词词尾化②。以上学者的讨论对我们的研究富有启发，在前人研究的基础上，本书力求从汉语发展的角度考察"花朵"的成词过程和发展途径。

一　说"花"谈"朵"

先说"花"，《现代汉语词典》"花"既可以指"种子植物的有性繁殖器官"，也就是〔花朵〕义，也可以指"可供观赏的植物"，包括花、根、茎、叶等在内的植物整体，也就是〔开花的植物〕义。"花"的〔花朵〕义，在古汉语中早期写作"华"，后来写作"花"，如《诗经》："唐棣之华。"六朝《佛说大乘稻秆经》："从种生芽，从芽生叶，从叶生茎，从茎生节，从节生穗，从穗生花，从花生实。"南宋《五灯会元》："听吾偈曰：'吾本来兹土，传法救迷情。一花开五叶，结果自然成。'"明《蒋兴哥重会珍珠衫》："六年，开花结果。"清《红楼梦》："原来是一个丫鬟，在那里撷花。"下面谈谈"朵"，在先秦汉语中"朵"的出现频次很低，仅在《周易》、《马王堆汉墓帛书》中出现过，《周易·系词》："舍尔灵，观我朵颐，凶。"注："朵颐者嚼也，以阳处下而为动，始不能令物由己养。"马王堆汉墓帛书《十六经·正乱》："我将观其往事之卒而朵焉。"整理小组注："朵，动。"皆用为动词，这与本书所论无关。魏晋南北朝时期"朵"有了名词的用法，如庾信的《春赋》："钗朵多而讶重，髻鬟高而畏风。"这里"朵"为何意，证之字书，《说文·木部》："树木垂朵朵也。"后世的字书沿用《说文》的说法，《玉篇》："朵，木上垂又枝朵也。"《广韵》："朵，木上垂也。"可知"钗朵"的"朵"，是钗上的饰物形如木上之果实，且下垂，故称"朵"。稍后的唐代还出现了这样的用法，般刺蜜帝译《大佛顶如来密因修证了义诸菩萨万行首楞严经》卷四："根元目为清净四大，因名眼体如蒲萄朵，浮根四尘流逸奔色，由动静等二种相击。"与上例相关，唐代的《翻译名义》："楞严，眼如蒲桃朵，或云，眼如秋泉池。""眼如蒲桃朵"就是眼睛如葡萄的籽粒。唐代《酉阳杂俎》："白豆蔻，出加古

---

① 刘世儒：《魏晋南北朝量词研究》，中华书局1965年版。

② 王力：《汉语史稿》，中华书局1980年版，第16页。

罗国，呼为多骨。形如芭蕉。叶似杜若，长八九尺，冬夏不凋，花浅黄色，子作朵，如蒲萄。其子初出，微青，熟则变白。七月采。"从"子作朵，如蒲萄"，可知"朵"指的是如葡萄般颗粒状的果实，这些都是名词用法。花与果实的特征很相似，它们都具有下垂，小而且圆的特点，果实可以称朵，花也应该可以，事实上，"花"与"朵"的结合从唐代就开始了，当然这还不是现代汉语的"花朵"，不是一个词，而是"花"＋"朵"，两个词。

二 唐代的"花"＋"朵"

唐代的"花朵"虽然可以连用，但要看作是"花"与"朵"的组合，是两个单音词的连用，它们还没凝固成词，还不是现代汉语的"花朵"，二者词义不同，构成不同，如：

（1）命谢了永辞浊恶世，莲花朵里托身生。（《敦煌变文集新书》）

（2）上色妙香花，中色香花，下色香花。随事分用，或用取花条，或用花朵。（《苏悉地羯啰经》）

（3）络岸柳丝悬细雨，绣田花朵弄残春。（杜荀鹤《维扬春日再遇孙侍》）

例（1）"莲花朵"的节律是"莲花／朵"，"莲花"是指植物的整体而言，也就是｛开花的植物｝义，而"朵"才指的是"种子植物的有性繁殖器官"——｛花朵｝义，"莲花朵"就是"莲花之朵"也就是"莲花的花"，这里的"朵"是名词用法。例（2）"花条"与"花朵"相对而言，这里的"花"也是指植物的整体而言，即｛开花的植物｝义，"花条"是"花的枝条"，"花朵"是指"花之朵"，"朵"也是指"种子植物的有性繁殖器官"即花朵，仍是名词的用法。例（3）"花朵"与"柳丝"相对，分指"花之朵"，"柳之丝（枝条）"之意。相同时代还产生了这样的用法可资比较：

（4）波拂黄柳梢，风摇白梅朵。（白居易《郡斋暇日》）

（5）无端摆断芙蓉朵，不得清波更一游。（薛涛《鱼离池》）

其中的"白梅朵"、"芙蓉朵"，即"白梅之朵"、"芙蓉之朵"。"花朵"与"白梅朵"、"芙蓉朵"以及上文提到的"钗朵"、"葡萄朵"一样，其中

"朵"皆非量词，更谈不上词尾，是个实指"种子植物的有性繁殖器官"，表〔花朵〕义的名词，因此我们可以说这个时代的"花朵"还不是现代汉语的"花朵"。

三　现代汉语"花朵"的成词

现代汉语"花朵"的形成必须具备一个条件，那就是量词"朵"的产生，因为只有"朵"产生量词的用法以后，才有可能出现现代汉语的"花朵"。关于"朵"的量词用法，最早见于唐代，例如：

（6）脚踏一朵紫色祥云，直诣王宫。（《敦煌变文集新书》）

（7）乘一朵黑云，立在殿前，高声唱喏。（《敦煌变文集新书》）

（8）言莲花忽开者，似秋池碧沼，小浦长溪，有万朵莲花。（《敦煌变文集新书》）

（9）古人为什摩道"枯木上生一朵花"？（《祖堂集》）

（10）花有百朵千朵。（《敦煌变文集新书》）

（11）灼灼百朵红，戋戋五束素。（白居易《买花》）

（12）一朵又一朵，并开寒食时。（曹松《寒食日题杜鹃花》）

唐代量词"朵"虽已经产生，可以用来称量"花"和"云"等"朵状"物体，但只是出现在数量结构中，还未能用于名词后，更谈不上转化成量词词尾，也就是说现代汉语的"花朵"还未产生，现代汉语的"花朵"晚至宋代才有确定例证。比较下面的例证可以得出确切的结论，如：

（13）鬓边斜插些花朵，脸上微堆着笑容。（《宋四公大闹禁魂张》）

（14）至是辄乘醉插花满头。（《靖康纪闻》）

（15）头上插花子。（《五灯会元》）

试比较以上三例，都是表述在头上插花一类事件，语境、语义相同、结构相似，例（13）之"花朵"在例（14）中作"花"，删除了"朵"，说明"朵"已经成为可有可无的词尾。在例（15）中作"花子"，"花子"的"子"是个典型的词尾，与例（13）"花朵"之"朵"处在相同的位置，可证"朵"与"子"一样，也是词尾。我们再试着将例（13）的"花朵"与上文的"花"＋"朵"相比较，用图式可以表示为：

花　　　＋　　　朵

"开花的植物"＋"有性繁殖器官"

花　　　　　　朵

"有性繁殖器官"　"0 意义"

也就是说例（13）的"花"已经不是〔开花的植物〕义，而是指"种子植物的有性繁殖器官"，也就是"花朵"义，而"朵"也并不再指称"花朵"义，词义归零，成了只起构形作用的词尾，这才是现代汉语的"花朵"。宋代以后的用例就非常多了，一直延续到现代汉语。例如：

（16）粉面如花朵，云鬓绾香螺。（《全元曲》）

（17）我今日悔懊迟，先输了花朵般身己。（《全元曲》）

（18）亏着一位小娘子走来，用个妙法，救起许多花朵。（《今古奇观》）

（19）此时头上还戴着花朵，身上还穿着色衣。（《醒世姻缘传》）

（20）吾母可着宫人往琼台采摘花朵，引那贱婢出台观看。（《东周列国志》）

四　余论

（一）量词词尾化的时代。王力《汉语史稿》："单位词还有一种用途，就是用在名词后面，不加数词，当做名词的词尾。这种名词往往是无定的，至少不是单数的。例如：车辆、船只、马匹……"接着又说："这种结构是相当后起的。虽然中古时期有'钗朵'、'钿朵'、'梅朵'、'莲朵'的说法，例如：钗朵多而讶重（庾信春赋）……但是，这些'朵'都是名词，不是单位词。直到宋元时代，单位词才用作词尾。例如：凡写文字，须高执墨锭……"① 王力所说的"单位词"相当于我们所说的"量词"，王力认为中古时期的"钗朵"、"钿朵"、"梅朵"、"莲朵"的"朵"是名词，这是正确的，但认为"直到宋元时代，单位词才用作词尾"的说法则不确切，单位词作词尾在魏晋南北朝时期就萌芽了，到了唐代又有所发展，例如：

_____

① 王力：《汉语史稿》，中华书局 1980 年版，第 243—244 页。

（21）班师，出帝赉马匹。（《魏书·樊子鹄列传》）

（22）车乘万两，军资器械略尽。（《吴志·陆逊传》）

（23）梁朝有名士呼书卷为黄妳。（《金楼子·杂记篇》）

（24）恐滞常侍与诸官员，昧他佛性。（《镇州临济慧照禅师语录》）

（25）绢布匹有尺丈之盈，犹不计其广。（《通典》）

这种单位词作词尾的用法到了宋代则更为多见，而"花朵"的成词不太可能不受此类结构的影响。

（二）"花朵"词汇化途径。关于"花朵"的词汇化途径，以往学者并未涉及，本书尝试做些解释。综合上文所述，其产生途径不外乎两种，一种是虚化，也就是"花"＋"朵"结构中，名词"朵"虚化为量词再虚化为词尾，形成现代的"花朵"。另一种是类化，也就是"朵"的量词用法形成以后，受到"马匹"等同类结构的影响类化而成。前一种说法的问题在于，在这种结构形式和语义条件下，找不到"朵"由名词虚化为量词再虚化为词尾的句法和语义的根据，更无法论证"花"的词义是如何从〔开花的植物〕义转到〔花朵〕义的。后一种情况发生的可能性较大，正如上文所述量词词尾化在魏晋时期已经萌芽，在唐宋时期已经有了较为广泛的应用，当宋代量词"朵"使用开来后，很容易受到"马匹"、"车乘"、"书卷"等结构的类推影响，从而进入到这种现成的"量补"结构中，并非一定要经过虚化的过程。

第五节　从认知的角度看汉语个体量词的产生与发展
——以"口"为例

个体量词是量词次类中最重要也是最有特点的小类，是汉藏语系所独有的语言现象。因为汉语个体量词独特而重要，所以，以往学者比较重视个体量词的研究，但由于受结构主义语言学的影响，认为"一般说来，什么名词用什么量词是约定俗成的"[①]，这种根深蒂固的观念往往阻碍了学者

---

① 朱德熙：《语法讲义》，商务印书馆1982年版，第49页。

的进一步思考和追问。随着认知语言学的发展，人们开始认识到个体量词与名词的搭配有着深厚的历史根源和认知理据，揭示这种历史根源和认知理据，对于汉语量词发展史的研究无疑是有裨益的。鉴于此，本节拟采用个案考察的方式展开研究，以"口"为例，先描写个体量词"口"的产生与发展，然后运用认知语言学理论解释其产生、发展的原因，希望能从个案研究中理出个体量词产生与发展的一般规律。

一　个体量词"口"的产生

先秦时期是否存在个体量词"口"的用法，学者意见不一，诸家常举的是《孟子》中的例子：

（1）百亩之田，匹夫耕之，八口之家足以无饥矣。（《孟子·尽心上》）

（2）百亩之田，勿夺其时，数口之家可以无饥矣。（《孟子·梁惠王上》）

杨晓敏[①]、魏德胜认为以上用法就已经是个体量词用法了。魏德胜说："以'口'为家族成员的量词，起源较早，《孟子·梁惠王上》中即有'数口之家'的说法。"[②] 刘世儒认为这类用法还不是量词[③]，但他并未做详细论证，笔者支持刘先生的意见，论证如下：第一，个体量词同名词的结合不是任意的，而是有着严格的搭配限制。"口"可以称量"人"，主要称量"家庭成员"，但不能称量"家庭"本身，也就是说"家庭成员"可以论"口"，而"家庭"本身是不能论"口"的。反观"八口之家"、"数口之家"的"家"明显是指"家庭"，而非上文魏德胜所说的"家庭成员"，如果将"口"看作个体量词，岂不是用个体量词"口"来称量"家庭"本身了吗？这显然不符合个体量词"口"的搭配规律。其实，从语义上看，"八口之家"不是指"八个（的）家庭成员"，而是指由"八（个）人（构成）的（一个）家庭"。第二，在"数词＋个体量词＋名词"结构中，"个体量词"与"名词"之间，现代汉语不能插入"的"，不能说"一匹的

---

①　杨晓敏：《先秦量词及其形成与演变》，载《王力先生纪念论文集》，商务印书馆 1990 年版，第 190 页。

②　魏德胜：《〈敦煌汉简〉中的量词》，《古汉语研究》2000 年第 2 期。

③　刘世儒：《魏晋南北朝量词研究》，中华书局 1965 年版，第 88 页。

马"，"一口的人"，古代汉语不能插入"之"，不能说"一匹之马"，"一口之人"，反过来说，如果可以插入"的"或"之"，则说明"的"、"之"前面的成分不是个体量词。在"八口之家"和"数口之家"中，"口"与"家"之间出现了"之"，可以反证"口"不是个体量词。第三，检验是否是个体量词还可以使用替换法，看是否能被通用型个体量词"个"替换，能被替换的可以看作个体量词①。如"一张桌子"、"一把椅子"、"一口人"中的"张"、"把"、"口"都可以用"个"替换，说成"一个桌子"、"一个椅子"、"一个人"，这说明"张"、"把"、"口"都是个体量词，反之，不能被"个"替换，也即替换后意义改变的则不能看作个体量词。"八口之家"显然不能说成"八个之家"也不能说成"八个家"，"八口之家"是指由八个家庭成员组成的一个家庭，而非指八个家庭。我们还可以换个角度进行替换，将"八口之家"的"口"替换为实体名词"人"，说成"八人之家"，这恰好符合"八口之家"的原意。综上所述，笔者认为"八口之家"和"数口之家"的"口"还是名词用法，应当是从"食口"义引申而来，特指"吃饭的人"，此处尚不能看作个体量词。稍晚，在出土的战国晚期秦简中，有了以下用法：

（3）丁亡，盗女子也，室在东方，疵在尾□□□，其食者五口，□。（《睡虎地秦墓竹简·日书乙种》255）

（4）甲亡，盗在西方，一于中，食者五口，疵在上得男子矣。（《天水放马滩秦简甲种·日书》22）

上面两个例子用法全同，吉仕梅举例（3）为证②，龙仕平、李建平举例（4）为证③，认为是个体量词用法。笔者认为此类结构中的"口"看似具备了个体量词的特点，但能否作为确证使用仍是个问题。首先，从系统发展的角度看，战国时期此类用法极为少见，而且只有"食者五口"一种表达形式，没有可资比较的例证。其次，"食者五口"看上去很像"名数量"结构，但"名词"部分不是简单名词，而是个"者"字结构，如果将"食者五口"看作"名数量"结构的话，就可以无条件地转换为"数量名"

---

① 马庆株：《数词、量词的语义成分和数量结构的语法功能》，《中国语文》1990 年第 3 期。

② 吉仕梅：《〈睡虎地秦墓竹简〉量词考察》，《乐山师专学报》1996 年第 3 期。

③ 龙仕平、李建平：《秦简中的量词及其历时演变》，《西华师范大学学报》2009 年第 4 期。

结构，即"五口食者"，可是"×口食者"这类用法在汉语史上是见不到的，这可以反证"食者五口"还不是地道的"名数量"结构。如此说来，失去了"名数量"结构的依托，"口"的量词身份也就很难确定了。其实，这类"口"的用法既具有后世个体量词的某些特点，但又很难说已经完全脱离了原有的指称意义，所以，把这类用法看作是从名词向个体量词过渡的用法比较稳妥。到了汉代，情况就有所不同了。例如：

（5）元封四年中，关东流民二百万口，无名数者四十万。（《史记·万石传》）

（6）余官弩二张，箭八十八枚，釜一口，磴二合。（《居延汉简释文合校》128.1）

例（5）（6）中的"口"出现在典型的"名数量"结构中，而且例（5）和例（6）又是两种不同用法，作为个体量词就可以居之不疑了，也就是说，个体量词"口"最迟在西汉时期就产生了。

例（5）和例（6）的用法有所区别，前者邵敬敏称为"替代性"，"即根据事物最有代表性的局部来显示其整体，这主要依赖于事物之间的相联性"。后者邵先生称为"形状型"，"即着眼于事物客观呈现的外在形状，往往以某种具有该种外形特征的典型事物作为参照物，这主要是充分利用事物之间存在的某种相似性"①。后代用法基本沿着这两种不同类型发展下去。

二 个体量词"口"的发展

（一）"替代型"用法

"替代型"用法主要称量"人"和"动物"，称量"人"又可以分为"家庭成员"和"非家庭成员"两类。

1. 称量"家庭成员"

（7）没校妻子皆为敦德还出妻计八九十口，宜遣吏将护续食。（《敦煌汉简》116）

---

① 邵敬敏：《量词的语义分析及其与名词的双向选择》，《中国语文》1993 年第 3 期。

（8）亭长杀妾大小十余口，埋在楼下，夺取衣裳财物。（颜之推《还冤记》）

（9）奴婢五口给一亩。（《魏书·食货志》）

（10）臣门宗二百余口，为孟德所诛略尽。（《三国志·蜀书·马超传》）

此用法始见于西汉中、晚期的简牍，但用例很少，还只是萌芽状态，如例（7）。六朝时期比较活跃，称量对象可以是妻妾、父母、兄弟，甚至可以称量奴婢、童仆等，六朝以后称量"家庭成员"的用法基本保留下来，直至现代汉语。

2. 称量"非家庭成员"

称量"非家庭成员"的用法始于汉代，如上面例（5）称量"流民"，六朝时期仍然沿用，例如：

（11）庐江雷绪率部曲数万口稽颡。（《三国志·蜀书·刘备传》）

（12）遵县应领佃二千六百口。（杜预《陈农要收》见《全晋文》卷二十四）

（13）徙山东六州民吏及徒何、高丽杂夷三十六万，百工伎巧十万余口，以充京师。（《魏书·太祖道武帝纪》）

例（11）称量"部曲"指的是军队，例（12）称量"佃"指的是佃农，例（13）称量"百工伎巧"，指的是手工业者，显然，这都不属于"家庭成员"。称量"非家庭成员"是从称量"家庭成员"的用法中发展而来，六朝以后有所萎缩，近现代汉语中罕见。

3. 称量"动物"

由称量"人"到称量"动物"，这又是一个新的范畴。一般常用来称量"家畜"，有时也称量"鸟兽"。

A. 称量"家畜"

（14）驱牛马七万余口交市。（《三国志·魏书·鲜卑传》）

（15）羊一千口者，三四月中，种大豆一顷杂谷。（《齐民要术》卷六）

（16）（张）举遂取猪二口，一杀一活。（《棠阴比事原编》）

（17）豕一口，重六十斤。（《宛署杂记》卷十四）

称量"家畜"比称量"人"略晚，始见于六朝时期，例（14）用来称量"牛马"，但限于"牛马"并称，单独称量"牛"、"马"时仍不用

"口"，六朝以后此类用法淘汰。例（15）称量"羊"，近代汉语中尚有用例，但现代汉语中比较少见。例（16）（17）用于称量"猪"、"豕"，这是晚到宋代才出现的用法，一直保留至现代汉语，成为称量动物类用法中最为常见的用法。

B. 称量"鸟兽"

（18）诏曰："伙飞督王饶忽上吾鸩鸟一口，云以避恶。"（《晋中兴书》）

（19）吾彦为交州时，林邑王范熊献青白猿各一口。（《殷芸小说》卷八）

（20）用大箭射走鹿四十口。（张说《黄帝马上射赞》见《全唐文》卷二百二十六）

（21）有三口狼入营，绕官舍。（《朝野金载》卷六）

称量"鸟兽"的用法主要集中在六朝、唐代，用例不多。这种用法的出现同当时称量动物的量词系统尚处于初步形成阶段有关，随着系统的发展与完善这些用法很快被淘汰了。

（二）"形状型"用法

"形状型"用法，可以分为"典型的有口器"、"非典型的有口器"和"一般性器物"三类。

1. 称量"典型的有口器"

称量"典型的有口器"最早见于汉代，如上面例（6），但用例很少，六朝时期迅速发展起来。例如：

（22）今促具罂缶数百口澄水。（《三国志·吴书·孙静》）

（23）得古礼器铜罍、铜甄、山罍樽、铜豆、钟各二口，献之。（《南齐书·刘悛传》）

（24）宝器千口宝瓮千口，奉上弥勒。（《佛说弥勒大成佛经》）

例（22）（23）（24）中，分别称量"罂"、"缶"、"铜罍"、"铜甄"、"山罍樽"、"铜豆"、"钟"，这些都是"典型的有口器"。近代汉语中有所扩展，可以称量"锅"、"碗"、"罐"、"瓶"、"盆"、"杯"、"筐"、"棺材"、"皮箱"等，发展至现代汉语，称量对象虽有所减少，但称量"锅"、"钟"、"棺材"等用法仍然常用。

2. 称量"非典型的有口器"

所谓"非典型的有口器"是同"典型的有口器"比较而言的，"非典型的有口器"是指物体本身的"口状"特征并不明显，只是某个不很突出的局部呈现"口状"，或者是呈现"口"的特殊状态——闭合状态，从物体的整体形状出发并不适合用"口"称量，但这些部位在认知上被认为是最重要的部分时，就被凸显出来，这样就可以用个体量词"口"来称量了。这主要包括以下两种类型：

A. 称量"有刃口的器物"

（25）赐绢五十匹、金装刀一口。（《魏书·辛雄传》）

（26）灵太后玺书慰劳，赐骅骝马一匹、宝剑一口。（《魏书·傅竖眼传》）

（27）时有人复于彼山中伐木，得铜斧一口。（江淹《铜剑赞》见《全梁文》卷三十九）

此类用法最早见于六朝时期，可以称量"刀"、"剑"、"斧"等。为什么"口"可以称量"刀"、"剑"、"斧"这类器物呢？这是因为这些器物都有"刃口"，从某种意义上说"刃"也就是"口"，《太平御览·兵部·刀下》引陶弘景《刀剑录》曰："蜀主刘备令蒲元造刀五千口，皆连环及刃口。"这里"刃口"同义连文，可见"刃"也是"口"。从外形上看，刀的"刃口"呈线状，与开放状的"圆口"没什么相似之处，但当器官"口"闭合时，则状如一线，二者的外在相似性就显现出来了。又由于"口"可以理解为出入的通道，是最先与外界接触的地方，刀的"刃口"则是砍斫物体时最先接触外界的部位，从这一点来看，二者又具有内在相似性，由于二者存在外在与内在的相似性，通过隐喻的方式将二者联系起来，就产生了"有刃口的器物"可以论"口"的用法。

六朝以后，"口"称量"斧子"的用法被个体量词"把"替换，而称量"剑"、"刀"的用法虽然不同程度地被量词"把"分流，但在文学色彩较强的语境条件下，"一口刀"、"一口宝剑"仍是近现代汉语中常用的表达方式，可以说这种用法还是有条件地保留了下来。

B. 称量"有口状横截面的器物"

（28）赍臣柏刹柱一口，铜一万斤。（梁简文《谢敕赍柏刹柱并铜万斤启》见《全梁文》卷十）

（29）市令盛馥进数百口材助营宅，恐人知，作虚买券。（《宋书》卷五十三）

（30）献铤数千口为宇之作杖。（《南齐书》卷四十四）

此种用法始见于六朝，上面例（28）（29）（30）分别称量"柱"、"（木）材"、"铤"，这些都是圆柱形物体，着眼于物体的"长度"时，一般论"根"、"条"，但有时在认知上要凸显圆柱体的横截面即"粗度"时，就需要用"口"来称量了，因为圆柱形物体的横截面多呈"圆口"状，这与器官"口"具有外在相似性。刘世儒认为以上这些用法"完全一般化了"①，他的意思是说这些用法已经脱离了原有的搭配理据，泛称一般性的物体。我们认为这些用法仍然存在理据性，并未一般化，不过是认知的角度不同而已。此类用法虽然符合认知规律，但由于比较隐晦、曲折，后世未能保留下来。

3. 称量"一般性的器物"

上面无论称量"典型的有口器"还是称量"非典型的有口器"，都具有一定的理据性，所不同的是有的显豁、明朗，有的曲折、隐晦，下面的用法就很难找到其内在理据了，有的仅能从外部找到联系，可归之为"类化"，有的则连外部联系也找不到，只能说是一种"泛化"后的搭配习惯了。例如：

（31）军门旗二口，色红。（《通典·兵典》卷一百四十八）

（32）又自造棺，稍高大，嫌藏小，更加砖二万口。（《朝野金载》卷五）

（33）以瓦一口造二片。（《营造法式·诸作料例一》卷二十六）

（34）师曰："一口针，三尺线。"（《五灯会元》卷四）

例（31）称量"旗"，"旗"本无"口"可言，可能因为"幡"是有"口"的，而且汉语史上"一口幡"的用法比较常见，"旗幡"又常常并称，由"幡"而及"旗"，"类化"而成。例（32）称量"砖"、例（33）称量"瓦"、例（34）称量"针"，连"类化"的痕迹都很难找到，这就只能看作是一种"泛化"后的习惯用法了。由于这些用法缺乏内在理据性，

---

① 刘世儒：《魏晋南北朝量词研究》，中华书局 1965 年版，第 90 页。

也容易造成量词系统内部的混乱，所以并未得到充分发展，很快就被淘汰了。

　　总体看来，个体量词"口"萌芽于汉代，中古时期比较活跃，进入近代汉语，随着个体量词系统分工的进一步细密，其中不少用法被其他量词替代，萎缩比较严重，只有部分用法保留到现代汉语。

三　个体量词"口"产生与发展的原因

　　（一）"口"成为个体量词的认知解释。个体量词"口"有两种不同的用法，一种是"替代型"，一种是"形状型"，从认知的角度考察，这是两种不同认知方式在语言中的反映。关于"形状型"比较容易理解，主要是着眼于事物的外部相似性，通过隐喻投射，从表示人体器官的名词转化为表示与此器官外部特征存在相似性的事物的单位。下面主要谈谈"替代型"。与"形状型"不同，"替代型"不关注事物的外部相似性，而是凸显事物的局部，用局部代替整体，通过转喻的认知方式完成由名词到量词的转变。"口"之所以能被凸显出来成为"替代型"量词与认知的主观选择性有关。认知语言学研究表明，人类认识事物时，往往大的、高的、鲜艳的、突起的部分容易被凸显出来，可是，相对于头部乃至于整个身体而言，"口"是个很小而且不突起的器官，从外形上看，似乎不具有凸显的价值，但人们还是选择小而不突起的"口"，并未选择与"口"大小相当而且略微突起的"鼻"或"耳"，这是因为人类在认知客观事物时，除了受外部客观条件的限制以外，还受主观因素的影响，具有很强的主观选择性①。"口"的外形虽小也不突起，但从功能上看，却是所以言、食的工具，民以食为天，吃是头等大事，其重要程度是"耳"、"鼻"所不能比的，当注重"口"的这种功能时，其小且不突起的外形就显得不那么重要了，由于主观强调，在客观上本不具有凸显价值的"口"被凸显了出来，通过转喻的方式成为"替代型"量词，这也就不难理解了。

　　（二）个体量词"口"发展变化的理据。从上文的描写中，可以看到

---

　　①　沈家煊：《转指和转喻》，《当代语言学》1999 年第 1 期。

个体量词"口"的发展大致经历了一个由盛转衰的过程，有的用法保留了下来，有的用法则被淘汰，为什么有的用法得以保留而有的用法则被淘汰了呢？这其中的规律和理据是什么呢？通过上文的考察我们发现，量词用法的保留或淘汰其原因是多方面的，但起决定性作用的是量词与名词搭配的理据性的强弱，理据性越强就越容易保留，反之，理据性越弱则越容易被淘汰。如"形状型"用法中，称量"典型的有口器"认知显著度最高，理据性最强，其用法大部分保留了下来，称量"非典型的有口器"认知方式曲折、隐晦，理据性偏弱，所以，其用法既有所保留又有所淘汰，而称量"一般性的器物"则基本不具有理据性，所以很快被淘汰。

（三）个体量词"口"走向萎缩的原因。个体量词"口"的发展基本上经历了一个由盛转衰的过程，其走向萎缩主要有内部和外部两个方面的原因。首先是外部原因，从系统的角度考察个体量词，会发现每个个体量词都处于严密有序的系统之中，新词和新用法的出现以及旧词和旧用法的消亡，使得量词系统始终处于发展变化之中，而这种发展变化主要通过同类量词之间的竞争来实现，"口"在与其他相关量词的竞争中，许多用法被其他量词所替代。如"形状型"用法中有些被"根"、"条"、"把"、"只"、"个"等替代，"替代型"用法中有些被"头"、"只"、"个"等替代，替代的结果就是直接造成个体量词"口"的用法萎缩，这是外部原因。其次是内部原因，个体量词"口"萎缩的内部原因可以从两个方面考虑，第一，"口"作为认知的原型外部显著度不高，这限制了其量词用法的发展。我们以"替代型"用法为例，并与同类量词"头"比较来说明这个问题。"头"的体积大，位于身体的最上或最前端，而"口"则是"头"的一个器官，小且不突起，"头"的显著度远远高于"口"，从理论上看，这种认知显著度的差别会导致在同等条件下往往选择"头"的几率要高于"口"，语言事实也证明无论是古代还是现代，在称量"动物"时，"头"比"口"要活跃得多，大多数情况下，能用"口"的一般可以替换为"头"，如"一口猪"、"一口羊"可以说成"一头猪"、"一头羊"，而能用"头"的地方大多不能替换为"口"，如"一头驴"、"一头牛"，却不能说成"一口驴"、"一口牛"。第二，量词

"口"对其称量对象有条件限制，也可以说量词"口"对所搭配的名词有语义限制。与量词"头"相比，"头"的称量对象只侧重其是否"有头"，一般只要具备"有头"这个条件就可以了，无论是家畜还是野兽，甚至下等的"人"都可以论"头"，而"口"不同，从某种意义上说不只是因为"有口"才论"口"，而是因为"有口"需要"供养"才论"口"，所以"口"的称量对象除了要具备"有口"这个外部条件以外，还隐含着需要"供养"这一内在语义条件。这可以从上文所描写的语言事实中得到证明，比如"口"可称量"家庭成员"，这是因为"家庭成员"既"有口"又需要"供养"，是最适合用"口"称量的对象，"口"还可以称量某些"家畜"，那是因为在古人的认知体系中，羊、猪等常见"家畜"同父母、妻儿一样，都是需要"供养"的"生口"，所以，有的也不妨用"口"称量，而"鸟兽"虽然"有口"但不需要"供养"，这也是为什么"口"称量"鸟兽"的用法转瞬即逝的原因。由于"口"对其称量对象有语义限制，加之原本"口"的认知显著度不高，这些因素限制了"口"的发展，在与其他相关量词的竞争中处于劣势，从而导致其用法的萎缩也是势在必然了。

第六节　汉语个体量词研究中的语料使用问题

语料的考订和梳理是汉语史研究的前提和重要保证，而汉语语料上至殷商卜辞下至现代汉语历时三千多年，可谓汗牛充栋、卷帙浩繁，而且很多传世语料的年代、版本问题都相当复杂，使用时稍有疏忽便可能导致结论性错误，现将我们在研究中发现语料使用方面出现的问题，略陈于下：

一　以孤证立论

个体量词的发展有着严密的系统，只有从系统出发才能看清其发展线索，可是很多学者采用随意举例的方式，甚至使用孤证，这往往得不出正确的结论。如个体量词"把"的产生，黄盛璋曾引此例，将"把"同

"口"、"封"、"只"、"张"等放在一起考察，并将它们称作表性状的量词，黄文所谓"表性状的量词"不过个体量词的不同说法而已①。向熹只举东汉《论衡·感虚》"使在地之火，附一把炬"为证，明确指出"把"为汉代新兴的个体量词，并将"把"看作是汉代产生的个体量词②，这种意见值得商榷。黄、向二位先生只举了上述一个例子，并未举出其他例证。我们检索了大量两汉、六朝以及隋唐时期的语料，都没有发现"把"的个体量词用法，直至宋代才发现个体量词的用例，如《虚堂和尚语录》卷四："先买一把杓头，绾一条手巾。"我们不禁要问：为什么汉代已经产生的个体量词到宋代才见到后续的例证，其间悬隔千年，这不符合语言发展的规律。实际上，问题就出在对孤证的理解上，我们看看这段话的上下文："使在地之火，附一把炬，人从旁射之，虽中，安能灭之？地火不为见射而灭，天火何为见射而去？"细揣原文，我们发现这里的"一把炬"不同于"一把刀"、"一把扇"，从上文的"人从旁射之"可以知道这火炬是射箭的把子，火炬的粗细关乎箭法的精准，所以这里的"把"还是指"一把握"的粗度，所谓"一把炬"就是一把可握之炬，而非火炬可以论"把"，这与《孟子·告子上》中"拱把之桐、梓"中"把"的用法并无二致，表达的仍是一把所握的量，显然不能看作个体量词。黄、向两位先生据此孤证将本来在宋代才出现的个体量词"把"误推至汉代，大概是相信了孤证，忽略历时考察所致。

再如个体量词"张"的产生时代问题，杨晓敏③、何乐士④等众多学者举《左传·昭公十三年》："子产以幄幕九张行，子大叔以四十，既而悔之，每舍损焉。及会，亦如之。"据此认为"张"在先秦时期就出现了个体量词用法，这种意见值得商榷。先秦时期除了此例，其后的例子晚见于西汉末东汉初的简牍中，而且用量很少，从《左传》成书的春秋末战国初到西汉末东汉初这中间悬隔了至少三百年，三百年前出现的用法，三百年

---

　① 黄盛璋：《两汉时代的量词》，《中国语文》1961 年第 8 期。

　② 向熹：《简明汉语史》，高等教育出版社 1993 年版，第 45 页。

　③ 杨晓敏：《先秦量词及其形成与演变》，载《王力先生纪念论文集》，商务印书馆 1990 年版，第 189 页。

　④ 何乐士：《〈左传〉的数量词》，载《古汉语研究论文集》，商务印书馆 2000 年版，第 332 页。

后才有零星的使用①，很难以令人信服。或许是后人传抄过程中出了问题，或许可以另作他解，如贝罗贝就认为这里的"张"是动词，并将这句解释为："子产带着九个可以被张开的帐幕走了。"② 这虽不一定正确，但也可备一说。从系统研究的角度看，不能仅凭这类孤证来论定个体量词的产生。

二　使用语料的版本有问题

语料的流传是相当复杂的，有的语料存在不同版本，有的版本甚至存在来源和年代差别，如果疏于版本的甄别、考订就可能得出错误的结论。如刘世儒认为个体量词"管"产生于六朝时期，仅举了一个《搜神记》的例子："但将取……笔十管，墨五挺，安我墓里。（《搜神记》卷二）"③ 刘先生仅据此例将"管"确定为六朝时期出现的陪伴词（刘先生所称的"陪伴词"基本相当于"个体量词"），这是值得商榷的。问题出在刘先生所用《搜神记》的版本上。据江蓝生考证，《搜神记》大致有两个系统三种版本。二十卷本是一个系统，为晋代干宝所著，流传到宋代散佚，明代学者胡应麟从《法苑珠林》及其他类书中辑录而成，这个二十卷本大致可以看作六朝时期的语料。"八卷本"和"敦煌本"属于另一个系统，其时代晚于"二十卷本"，应出自唐、宋人之手④。本例刘世儒所引恰恰出自"八卷本"，而不见于"二十卷本"。与"八卷本"同样晚出的"敦煌本"作"汝等但买细好纸三百张，笔五管，墨十挺，埋我之时着于我前头，我自申论"。"敦煌本"与"八卷本"引文有些出入，但都用了个体量词"管"，不过，这都不能看作是六朝时期的例证，只能看作是唐宋时期的语料，而"管"也正是唐代新兴的个体量词。刘先生未能详辨《搜神记》各版本的时代差异，将"八卷本"也看作六朝时期的语料来使用，导致结论性错误。

---

① 汉代也不多见，而且汉代的用法主要是称量"弓"和"弩"，还不能称量"幄幕"之类的东西，称量"幄""幕"的用法是六朝的用法，如果这样计算时代的悬隔就更长了。

② ［法］贝罗贝：《上古、中古汉语量词的历史发展》，《语言学论丛》1998 年第 21 辑。

③ 刘世儒：《魏晋南北朝量词研究》，中华书局 1965 年版，第 169 页。

④ 江蓝生：《八卷本〈搜神记〉语言的时代》，《中国语文》1987 年第 4 期。

三　使用了被润色、加工过的语料

语料的纯正与否也会影响到结论的可靠性，如果使用了伪书或者被后人润色、加工过的语料，也可能导致错误的结论。如个体量词"阵"，刘世儒认为："这个量词在南北朝时期也产生了，不是到唐代才渐次产生的。"刘先生仅举《神仙传》中的一个例子："须臾有大雨三阵，从东北来，火乃止。"① 此例出自"栾巴救火"故事，现在通行的四库全书本《神仙传》和《太平广记》、《太平御览》、《册府元龟》也都记载了这则故事，现将4种材料的相关引文排列出来略作比较：

　　《太平广记》卷十一引《神仙传》：

　　已奏言："正旦食后失火，须臾，有大雨三阵，从东北来，火乃止，雨着人皆作酒气。"

　　四库全书本《神仙传》卷五：

　　正旦失火时，有雨自东北来，灭火，雨皆作酒气也。

　　《册府元龟》卷九百六十引《神仙传》：

　　成都答言："正旦，大失火，于时有雨从东北来，火乃息，雨皆酒臭。"

　　《太平御览》卷十引《神仙传》：

　　咸云："是时雨从北来，犹有酒气。"

通过比较不难看出刘先生的例子正是取自宋人李昉编著的《太平广记》所引的《神仙传》，而四库全书本《神仙传》以及《册府元龟》、《太平御览》的引文都没有使用个体量词"阵"。那么，能否将《太平广记》所引的《神仙传》看作六朝时期的语料呢？答案是否定的。将《神仙传》这部书看作六朝时期的语料本身就靠不住，一般认为《神仙传》是西晋葛洪的著作，在《隋书》《旧唐书》《新唐书》的经籍志中都有记载，这个争议不大，但此书在流传的过程中曾经亡佚，余嘉锡认为"今本皆出

---

① 刘世儒：《魏晋南北朝量词研究》，中华书局1965年版，第164页。

于后人所掇拾"①，这已成为学界共识，这种"掇拾"出来的材料，尤其在一些小说、野史中，常见后代加工、润色成分，本例当属于这种情况。为了说明问题，我们将整个故事作了比较，发现《太平御览》、《册府元龟》文辞大同小异，而且都相当简洁，皆不足100字，四库全书本《神仙传》叙述较为详细，大约200字，而《太平广记》所引最为繁复，竟有300字之多，其中润色、渲染成分明显，而个体量词"阵"应该就是后代加工、润色的产物。谨慎的做法是把这个例子看作宋代的语料，但绝不能看作六朝的用例。刘先生根据这个有问题的例证将个体量词"阵"的产生时代上移至六朝，有失严谨。据我们考察个体量词"阵"是唐代新兴的个体量词（详见3.2.3"阵"）。

四　疏于异文的甄别

不同版本的语料，常有异文出现，对于异文的甄别和取舍，是得出确切结论的关键。如刘世儒认为"尊"的个体量词用法在南北朝时期就产生了，仅举了一个梁代慧皎《高僧传·义解篇》的例子："符坚遣使送……金缕绣像，织成像各一尊。"② 不过，这个例子并不能作为确证使用，这里"一尊"的"尊"有异文。刘世儒在引书"附录"中注明所用《高僧传》为金陵刻经处本（一般称作"金陵本"）③，此本的确作"尊"，不过，通行的大正藏本作"张"不作"尊"，汤用彤曾对《高僧传》做过权威的校订，此处校勘也用"张"不用"尊"④。我们支持汤先生的意见，下面略作辨析：第一，六朝时期称量佛像，无论是立体的还是平面的一般用"躯"一般不用"尊"。如《洛阳伽蓝记》卷一："浮图北有佛殿一所，形如太极殿。中有丈八金像一躯，十躯，绣珠像三躯，金织成像五躯，玉像二躯。

---

① 余嘉锡《四库提要辩证》中称："《文苑英华》卷七百三十九梁肃《神仙传论》云：'余尝览葛洪所记《神仙传》，凡一百九十人，予所尚者惟柱史、广成二人而已。'人数与今本皆不合，疑葛洪之原书已亡，今本皆出于后人所掇拾。"
② 刘世儒：《魏晋南北朝量词研究》，中华书局1965年版，第191页。
③ 同上书，第226页。
④ 汤用彤校订《高僧传》是以《大正藏》作为底本，吸收了宋、元、明三本的校勘成果，又以参考了《碛沙藏》、《弘教藏》、《金藏》及金陵刻经处本（简称"金陵本"）。所收版本齐备，是现存最权威的校勘本。（参见《高僧传》，中华书局1992年版，第186页。）

作工奇巧,冠于当世。"第二,若是绣织而成的平面的佛像则还可以用"张",绝不用"尊"。与《高僧传》同时代的《名僧传抄》中有一个与本例内容相同的例子:"符坚遣使,送外国金薄倚像,高七尺一躯,金坐像一躯。结珠弥勒像,金缕绣像,织成像各一张。"这里立体的用"躯",平面的用"张",甚为分明。称量绣、织而成的平面物体习惯用"张",不习惯用"尊",古今无别。

五 误解词义

对于词义的正确解读是语言研究的基础,在个体量词研究中,由于误解词义而产生的错误屡见不鲜。吴福祥等引《论衡·福虚篇》:"楚相孙叔敖为儿之时,见两头蛇,杀而埋之,归对其母泣。"① 吴先生等误把"两头蛇"(蛇名,因尾亦似头,故名)的"头"看作个体量词,此问题已有不少学者指出,不过,此例仅仅是吴文中一组例证之一,对于此例的否定远不足以否定其结论,但以下的误解就影响到结论的正确性了。例如:徐慧文认为"檐"是个体量词②,在《醒世姻缘传》中用来称量"伞",她所举的两个例子是:

(1)狄希陈坐着大轿,打着三檐蓝伞……(85,681)

(2)猴坐上一顶骨花大轿,张上一把三檐翠伞。(85,682)

第一个例子和第二个例子用法相同,但这里的"檐"都不能看作个体量词。第二个例子"一把三檐翠伞",已经明确地告诉我们"伞"论"把","把"才是称量"伞"的个体量词,"檐"自然不能看作个体量词。"三檐蓝伞"、"三檐翠伞"都是专有名词,古代文献中常见"三檐伞"的说法,是指旧时仪仗行列中所用的"三个檐的伞",因分三层故曰"三檐伞","三檐伞"是指一把伞有三个檐,而不是指三把伞,"檐"是指伞的层级来说的,"檐"的多少标示品级高低。事实上,所谓的个体量词

---

① 吴福祥、冯胜利、黄正德:《汉语"数+量+名"格式的来源》,《中国语文》2006年第5期。

② 徐慧文:《〈醒世姻缘传〉量词研究》,硕士学位论文,山东师范大学,2005年,第22页。

"檐"，至少在《醒世姻缘传》中是不存在的。

再如，徐慧文认为《醒世姻缘传》："每人抗了两个肩膀，两合大嘴，都在那里虎咽狼食。"中的"合"可以称量"嘴"，用法同"张"[①]。这个例子的"合"明显不同于"张"，上文交代了"每人"，这是在形容"人"的长相，如果等同于"张"，岂不是"每人"两张嘴了？这里的"合"相当于"片"，是两片嘴唇合成的一张嘴，明显带有描写性，是否是量词是个问题，如将其归为量词也应属于部分量词。

上面的例子只是误解词义，下面的例子则断句错误在先，误解词义在后。叶晓庆引用《居延汉简》"南书二封，封封皆橐佗侯"[②]，认为汉代量词就可以重叠了。叶先生的引文出自《居延汉简释文合校》502.1A，全简为："七月四日南书二封，封封皆橐佗侯印，一诣肩水都尉府，一诣昭武。"这里的"封封"，不是量词重叠用法，前一个"封"是动词，表封缄义，后一个"封"是名词，指封泥[③]，"封封皆橐佗侯印"意思是：封（信）的封泥上都是橐佗侯的印。意在于描述信札的形制，而不当解作每封信都有橐佗侯的印。据我们考察个体量词的 AA 式重叠是从六朝时期才开始的，而汉代个体量词尚不能重叠。叶文误解了词义，将这种六朝时期的语法现象上推至汉代，失之。

六　利用声转、通假为说，难以确信

判断个体量词的产生时代，学者一般都竭力搜求最早的例证，这是没有问题的，但问题是找到的最早例证应当是确切无疑的，如若利用声转、通假等众说不一的例证，所得出的结论往往不能令人信服。如《包山楚墓》中有这样的用法：

元（其）上载：絑（朱）旌，一百条四十条翠之首。（简 269）

元（其）上载：絑（朱）旌，百条四十攸翠之页（首）。（牍 1 正面）

---

① 徐慧文：《〈醒世姻缘传〉量词研究》，硕士学位论文，山东师范大学，2005 年，第 38 页。

② 叶晓庆：《略论两汉量词的研究》，硕士学位论文，吉林大学，2007 年，第 29 页。

③ 秦汉时期书信用简牍写成，其外或用囊笥或用封检（"检"是夹在文书外面的木片，分上下两片，类似今日的信封）加绳捆扎，在绳结处以胶泥加封，也称"封泥"，封泥上钤印，以防泄密、失窃。

　　两条材料表述基本相同，但文字有别，"百"与"十"后字，在269号简和木牍各出现了两次，写法有三种，269号简写法相同，李家浩隶定为翛，木牍前一个隶定作"條"，后一个隶定作"攸"，并将"一百翛四十翛翠之首"连读，认为"翠之首"是指旌旗之杆首饰有翠鸟羽毛，又说："简牍文字'翛''條'等大概是翠羽的个体量词，相当于《尔雅》'一羽谓之箴'的'箴'"，并申说其意为："意思是说朱旌的旗杆之首饰有一百四十根翠鸟羽毛。"①

　　何琳仪将269号简相同二字隶定为"仅"，认为是"攸"的异文，将木牍前字释为"條"，后字认为是"攸"的省写，释"攸"，再利用通假声转之学，将三字并读为"條"，其断句为"絑（朱）旌一百条四十条，翠之首"，认为"均指一百四十条朱色旌旗，'旌'之形制呈长条形，故以条计"。②

　　李建平采用李家浩的释字和断句，采用何琳仪通假声转之说读"条"，并多方论证，认为是个体量词确定无疑③。我们认为此说未必确凿。

　　第一，字形不清。细审原简多处漫漶不清，致使各家字形隶定不一，如269号简李家浩释作"翛"而何琳仪释作"仅"，到底是从"羽"省还是从"又"，连字形都不确定。第二，释读不一。《包山楚简》释文部分整理者均依照原篆摹写，注释未作任何解释，说明整理者不识此字。李家浩不确定此为何字，权且作解，并未坐实。李先生说："此字到底是什么字，目前还不清楚，这里暂且作为'攸'字的省写。"注意李先生用了"暂且"一词，说明李先生并不确定是何字，也就无法进一步释读，只是根据上下文字大致解释了一下此句文意，并不能作为确证来使用。而何琳仪明确释为"攸"并读"條"，李建平从之。这仅仅是根据包山简相关字偏旁所作的推断，证据并不充分。第三，断句不一。何琳仪断作"絑（朱）旌一百条四十条，翠之首"，李家浩断作"絑（朱）旌，一百翛四十翛翠之首"，李建平从李家浩之说。第四，称量对象不一。由于断句不同，何琳仪认为

---

　　① 李家浩：《包山楚简中旌旆及其他》，载《著名中年语言学家自选集：李家浩卷》，安徽教育出版社2002年版，第375—392页。

　　② 何琳仪：《包山楚简选释》，《江汉考古》1993年第4期。

　　③ 李建平：《汉语个体量词研究出土文献二题》，《中国语文》2012年第1期。

称量旌旗，李家浩认为称量翠羽，李建平从李家浩之说。

综上所述，这几个字的"字形"、"释读"、"断句"都存在问题，确如李家浩所说"此字到底是什么字，目前还不清楚"，这应该是个不能确释的字，释"攸"已属勉强，再进一步读"条"并且解释为个体量词其可信度又有多少呢？退一步讲，即使真的释"攸"读"條"也不能解决如下问题。第一，汉语的个体量词与名词搭配是有理据性和约定性的，从理据性上说，旌旗和羽毛都是长条形的，似乎可以用"条"来称量，但这只是理论上的可能，并不等于语言事实，因为量名的搭配还有约定性的一面，在同时代的传世文献和出土文献中均无用"条"称量旌旗或者是羽毛的用法，即使是后代也未见此用法。第二，汉语个体量词的发展具有系统性，如果此说成立就说明在公元前三百多年就有个体量词"条"的用法①，但我们系统考察发现"条"确切的个体量词用法是在东汉（详见 3.2.1"条"），其中悬隔数百年，又当作何解释呢？因而我们主张在没有确切的证据情况下，尤其是缺失系统证据的情况下，当以存疑为是。

另外李明晓将"闄"、"扮"、"扮"、"桨座（墙座）"、"铤"等也看作个体量词，这些是否是个体量词尚待研究。②

七　误断语料的年代

将作者主要的生活时代同文献成书时代混为一谈，致使断定个体量词出现时代产生误差。语料应以成书的时间为准，而不应笼统地以作者主要的生活时代为准，有的作者正值朝代更替的时代，其著述也非一时之作，这就需要特殊注意。比如个体量词"堵"，刘世儒认为魏晋南北朝时期就是量词了，但只举《颜氏家训》中的一个例子："若惧拜扫不知兆域，当筑一堵低墙于左右前后，随为私记耳。"③ 我们检索了大量文献，未发现南北朝时期的其他用例，只在其后的隋唐时期看到一些用法，所以我们认为

---

① 包山楚简整理者认为墓主人下葬时间在公元前 316 年（参见湖北荆沙考古队《包山楚简·序》，文物出版社 1991 年版）。

② 李明晓：《战国楚简语法研究》，博士学位论文，中山大学，2006 年，第 133 页。

③ 刘世儒：《魏晋南北朝量词研究》，中华书局 1965 年版，第 96、168 页。

个体量词"堵"在南北朝时期并未形成。但这就涉及如何看待《颜氏家训》的年代问题，《颜氏家训》作者颜之推（公元 531—约 595 年）生于北魏末年，历北齐、北周政权而入隋，主要生活在南北朝末期，所以一般学者多认为《颜氏家训》是南北朝时期的文献。据王利器考证，《颜氏家训》中多处避隋帝之讳，多言入隋后事，是入隋后的著作。据此我们将《颜氏家训》看作是隋代的语料更为准确，而不应将作者主要生活的时代与成书的时代混同。这样，个体量词"堵"的产生时代就不是南北朝而是隋唐时期了。

八　其他失误

（一）误引文句。如刘世儒在"根"字条下引证"泉中得一根木简。（《南齐书·祥瑞志》)"，这个例子本作"泉中得一银木简"，刘先生将"银"误引作"根"，并将"根"当作称量"木简"的个体量词[①]。下面的例证不仅引文错了，连出处也标错了，如刘世儒在"位"字条下引"从者数位，尽为蒲人"，标注出处为"《搜神记》卷一"，[②] 此例并非出自二十卷本《搜神记》卷一，而是出自《洛阳伽蓝记》卷四，原文作"从者数人，尽化为蒲人"。"数"后作"人"不作"位"，《太平广记》卷三七一、《法苑珠林》卷三十二引《洛阳伽蓝记》作"从者数人，尽为蒲人"，"数"后一字也都作"人"不作"位"。刘先生误记语料出处，又将原文"人"误作"位"。以上两个例子都将没有量词的例子当作有量词的例子来使用，失之。

（二）将注释文字当作正文。如刘世儒引《真诰·阐幽微》："不知此二位与君复各是异职否耳。"[③] 《真诰》确实是梁代陶弘景的著作，不过这例子并不是《真诰》原文，而是《真诰·阐幽微》（第十六卷）中"荀顗为太山君"下的注释语，为《四库全书》整理者所加，刘先生误将注释语当作正文。刘先生据本例和上文《搜神记》"从者数位，尽为蒲人"两个有问题的例子，将宋、元时期产生的个体量词"位"误推到了六朝时期，失之。

---

① 刘世儒：《魏晋南北朝量词研究》，中华书局 1965 年版，第 96 页。
② 同上书，第 165 页。
③ 同上书，第 96、165 页。

　　（三）将序文当作正文。杨晓敏引用的例句"伊尹作《太甲》三篇"，标记出处为"《尚书·商书》"[①]，按照杨先生的引文，是将这个例子看作是《尚书》的正文来处理的，其实不然，这个例子是《尚书·序》中的文字，古本尚书的序文独立成篇，后代编者将序文分成数段列于各篇之首，很容易被误认为原文。关于《尚书·序》，自司马迁以来的学者一般认为是孔子所作，所以这个例子最早只能看作是春秋末期的例子，应标记出处为"《尚书·序》"而不是"《尚书·商书》"，《尚书·序》中量词"篇"出现了六次，都是属于同类情况。如果不将正文和序言分开就会在断定个体量词"篇"的始见年代上出现误差。

---

　　① 杨晓敏：《先秦量词及其形成与演变》，载《王力先生纪念论文集》，商务印书馆 1990 年版，第 191 页。

参考文献

白冰:《宋元时期个体量词的变化和发展》,《山西高等学校社会科学学报》
  2001 年第 7 期。

白冰:《宋元两〈语言词典〉漏收量词考补》,《河南师范大学学报》2002
  年第 3 期。

[法] 贝罗贝:《上古、中古汉语量词的历史发展》,《语言学论丛》1998 年
  第 21 辑。

白少辉:《个体量词的语义特征和对外汉语教学》,硕士学位论文,黑龙江
  大学,2002 年。

白维国:《近三十年日本对近代汉语的研究》,《国外语言学》1989 年第 3 期。

曹小云:《〈汉语大词典〉量词补正》,《丹东师范专科学报》1995 年第 2 期。

陈绂:《谈汉语陪伴性物量词的由来及其应用原则——兼谈对外汉语教学
  中的量词教学》,《语言文字应用》1998 年第 4 期。

陈绂:《从"枚"与"个"看汉语泛指性量词的演变》,《语文研究》2002
  年第 1 期。

陈绂:《〈诗经〉中的物量词研究》,《北京师范大学学报》2003 年专刊。

陈鼓应:《庄子今注今译》(上),中华书局 1983 年版。

陈欢:《器官量词的多视角研究》,硕士学位论文,湖南师范大学,2004 年。

陈近朱:《〈居延新简〉中的物量词和称数法探析》,硕士学位论文,华东
  师范大学,2004 年。

陈练军:《居延汉简量词研究》,硕士学位论文,西南师范大学,2003 年。

陈练军:《〈尹湾汉墓简牍〉中的量词》,《周口师范学院学报》2003 年第 3 期。

陈练军:《居延汉简中名词与量词组合的语义条件》,《漳州师范学院学报》

2004 年第 1 期。

陈练军：《居延汉简中的量词词义演变》，《淮北煤炭师范学院学报》2004
年第 5 期。

陈练军：《居延汉简量词的分布特征》，《伊犁师范学院学报》2005 年第
1 期。

陈梦家：《殷墟卜辞综述》，中华书局 1988 年版。

陈望道：《陈望道语文论集》，上海教育出版社 1980 年版。

陈伟湛：《甲骨文简论》，上海古籍出版社 1987 年版。

陈小明：《形体单位·类别词·个体量词》，《广西师范学院学报》2008 年
第 1 期。

陈玉冬：《隋唐五代量词的语义特征》，《古汉语研究》1998 年第 2 期。

陈跃：《〈红楼梦〉量词研究》，硕士学位论文，贵州大学，2006 年。

程荣：《量词及其再分类》，载胡明扬主编《词类问题考察》，北京语言文
化大学出版社 1996 年版。

储泽祥：《"名＋数量"语序与注意焦点》，《中国语文》2001 年第 5 期。

崔尔胜：《〈水浒全传〉量词研究》，硕士学位论文，广西大学，2003 年。

达正岳：《上古汉语数量词研究》，硕士学位论文，西北师范大学，2004 年。

戴庆厦：《景颇语语法》，中央民族学院出版社 1992 年版。

戴庆厦、蒋颖：《论藏缅语的反响型名量词》，《中央民族大学学报》2005
年第 2 期。

丁安仪：《汉语量词的语用功能探讨》，《修辞学习》2001 年第 5 期。

邓帮云：《元代量词研究》，硕士学位论文，四川大学，2005 年。

丁声树：《现代汉语语法讲话》，商务印书馆 1961 年版。

董为光：《量词义语义源流三则》，《中国语文》2003 年第 5 期。

杜贵晨：《中国古代短篇小说史》，中州古籍出版社 1991 年版。

樊中元：《现代汉语一名多量现象研究》，博士学位论文，湖南师范大学，
2003 年。

范伟：《现代汉语个体量词语法特点的认知解释》，《南京师范大学文学院
学报》2001 年第 2 期。

方琴：《〈史记〉量词用法探析》，《嘉应学院学报》2005 年第 4 期。

房玉清：《现代汉语量词研究》，北京语言文化大学出版社 1992 年版。

甘露：《甲骨文数量、方所范畴研究》，硕士学位论文，西南师范大学，
    2001 年。

高本汉：《中国音韵学研究》，商务印书馆 2003 年版。

高更生：《现代汉语》，山东教育出版社 1984 年版。

高佳：《〈元曲选〉个体量词研究》，《求索》2006 年第 6 期。

高名凯：《汉语语法论》（修订本），科学出版社 1957 年版。

管燮初：《殷墟甲骨刻辞的语法研究》，中国社会科学院出版社 1953 年版。

郭继懋：《再谈量词重叠形式的语法意义》，《汉语学习》1999 年第 4 期。

郭绍虞：《汉语语法修辞新探》，商务印书馆 1979 年版。

郭锡良：《从单位名词到量词》，载《汉语史论集》，商务印书馆 2005 年版。

郭先珍：《现代汉语量词手册》，中国和平出版社 1987 年版。

郭先珍：《谈谈物量词对前搭配数词的语义选择》，《中国人民大学学报》
    1996 年第 3 期。

郭先珍：《现代汉语量词用法词典》，语文出版社 2002 年版。

过国娇：《〈红楼梦〉（前 80 回）量词研究》，硕士学位论文，上海师范大
    学，2005 年。

何宏华：《辖域释义与汉语标记性量词》，《清华大学学报》2002 年第 1 期。

何杰：《现代汉语量词研究》，民族出版社 2001 年版。

何杰等：《现代汉语量词的转义现象》，《南开学报》1996 年第 5 期。

何乐士：《〈左传〉的数量词》，载《古汉语研究论文集》，商务印书馆 2000
    年版。

何琳仪：《包山楚简选释》，《江汉考古》1993 年第 4 期。

贺芳芳：《〈齐民要术〉量词研究》，硕士学位论文，山东大学，2005 年。

洪波：《汉语类别词起源初探》，载《坚果集——汉台语锥指》，南开大学
    出版社 1999 年版。

洪诚：《王力〈汉语史稿〉语法部分商榷》，《中国语文》1964 年第 3 期。

胡附：《数词和量词》，上海教育出版社 1984 年版。

胡继明：《〈吐鲁番出土文书〉中的量词》，《西南民族大学学报》（人文社
    会科学版）2004 年第 12 期。

胡明扬：《现代汉语和现代汉语规范化》，《现代汉语讲座》1983 年第
　　4 期。

胡应麟：《少室山房笔丛》，中华书局 1958 年版。

胡裕树：《现代汉语》，上海教育出版社 1981 年版。

黄伯荣、廖序东：《现代汉语》（增订三版），高等教育出版社 2002 年版。

黄盛璋：《两汉时代的量词》，《中国语文》1961 年第 8 期。

黄载君：《从甲文、金文量词的应用，考察汉语量词的起源与发展》，《中
　　国语文》1964 年第 6 期。

惠红军：《〈水浒传〉量词研究》，硕士学位论文，贵州大学，2006 年。

吉仕梅：《〈睡虎地秦墓竹简〉量词考察》，《乐山师专学报》1996 年第 3 期。

吉仕梅：《汉代简帛量词新论》，《四川大学学报》2004 年第 4 期。

江蓝生：《八卷本〈搜神记〉语言的时代》，《中国语文》1987 年第 4 期。

蒋冀骋：《论近代汉语的上限》（上），《古汉语研究》1990 年第 4 期。

蒋冀骋：《近代汉语词汇研究》，湖南教育出版社 1991 年版。

蒋绍愚：《汉语词汇语法史论文集》，商务印书馆 2000 年版。

蒋颖：《汉语名量词虚化的三种机制》，《云南师范大学学报》2005 年第
　　1 期。

蒋颖：《汉藏语名量词起源的类型学分析》，《中央民族大学学报》2007 年
　　第 2 期。

金立：《江陵凤凰山八号汉墓竹简试释》，《文物》1976 年第 6 期。

金福芬、陈国华：《汉语量词的语法化》，《清华大学学》2002 年第 1 期。

金桂桃：《〈清平山堂话本〉中的个体量词》，《嘉应大学学报》2002 年第 2 期。

金欣欣、金莎莎：《汉英个体量词性质比较》，《淮南师范学院学报》2003
　　年第 6 期。

金珍我：《汉语与韩语量词比较》，《世界汉语教学》2002 年第 2 期。

孔丽华：《捆卷类动词衍生量词的历时过程和现时表现》，硕士学位论文，
　　华中师范大学，2000 年。

龙仕平、李建平：《秦简中的量词及其历时演变》，《西华师范大学学报》
　　2009 年第 4 期。

黎锦熙：《新著国语文法》，商务印书馆 1992 年版。

黎锦熙、刘世儒：《论现代汉语中的量词》，商务印书馆 1978 年版。

李家浩：《包山楚简中旌旆及其他》，载《著名中年语言学家自选集：李家浩卷》，安徽教育出版社 2002 年版。

李建平：《百年来古汉语量词研究述评》，《天水师范学院学报》2005 年第 3 期。

李建平：《从先秦简牍看〈汉语大词典〉量词释义的阙失》，《广西社会科学》2005 年第 10 期。

李建平：《汉语个体量词研究出土文献二题》，《中国语文》2012 年第 1 期。

李明晓：《战国楚简语法研究》，博士学位论文，中山大学，2006 年。

李若晖：《殷代量词初探》，《古汉语研究》2000 年第 2 期。

李天虹：《"隻"字小考》，载《李学勤先生学术活动五十周年纪念文集》，复旦大学出版社 2002 年版。

李先银：《汉语个体量词的产生及其原因探讨》，《保定师范专科学校学报》2002 年第 1 期。

李曦：《殷墟卜辞语法》，陕西师范大学出版社 2004 年版。

李向华：《汉语中"个"的研究》，硕士学位论文，安徽大学，2004 年。

李秀：《外形特征类量词的语义辨析及发展趋势》，《内蒙古师范大学学报》2004 年第 1 期。

李学勤：《秦简与墨子城守各篇》，载《云梦秦简研究》，中华书局 1981 年版。

李宇明：《论数量词语的复叠》，《语言研究》1998 年第 1 期。

李宇明：《汉语量范畴研究》，华中师范大学出版社 2000 年版。

李宇明：《拷贝型量词及其在汉藏语系量词发展中的地位》，《中国语文》2000 年第 1 期。

李宗澈：《〈史记〉量词研究》，博士学位论文，复旦大学，2004 年。

李宗江：《语法化的逆过程：汉语量词的实义化》，《古汉语研究》2004 年第 4 期。

廖名春：《吐鲁番出土文书新兴量词考》，《敦煌研究》1990 年第 2 期。

凌立：《浅析汉藏量词的异同》，《康定民族师范高等专科学校学报》1997 年第 3 期。

刘安春：《"一个"的用法研究》，博士学位论文，中国社会科学院，

2003 年。

刘丹青：《汉语量词的宏观分析》，《汉语学习》1988 年第 4 期。

刘丹青：《语序类型学与介词理论》，商务印书馆 2003 年版。

刘丹青：《语言库藏类型学构想》，《当代语言学》2011 年第 4 期。

刘世儒：《魏晋南北朝量词研究》，中华书局 1965 年版。

刘文正：《〈朱子语类〉量词研究》，硕士学位论文，贵州大学，2006 年。

刘兴均：《〈周礼〉物量词使用义探析——兼论〈说文段注〉的文献词义训
　　释价值》，《古汉语研究》2002 年第 1 期。

柳士镇：《魏晋南北朝历史语法》，南京大学出版社 1992 年版。

吕叔湘：《现代汉语八百词》，商务印书馆 1980 年版。

吕叔湘：《〈近代汉语读本〉序》，上海教育出版社 1985 年版。

吕叔湘：《近代汉语指代词》，学林出版社 1985 年版。

鲁迅：《中国小说史略》，东方出版社 1996 年版。

罗安源：《从量词看苗汉两种语言的关系》，《中央民族大学学报》2002 年
　　第 5 期。

马芳：《〈淮南子〉中的量词》，《临沂师范学院学报》2002 年第 4 期。

马芳：《〈三国志〉量词研究》，硕士学位论文，山东师范大学，2003 年。

马国权：《两周铜器铭文数词量词初探》，《古文字研究》1979 年第 1 辑。

马庆株：《数词、量词的语义成分和数量结构的语法功能》，《中国语文》
　　1990 年第 3 期。

麻爱民：《汉语个体量词的产生与发展》，博士学位论文，中山大学，
　　2008 年。

敏春芳、马有：《敦煌吐鲁番文书中衣物量词例释》，《兰州大学学报》
　　2005 年第 4 期。

潘允中：《汉语语法史概要》，中州书画社 1982 年版。

彭文芳：《元代量词研究》，硕士学位论文，广西师范大学，2001 年。

彭文芳：《元代量词研究札记》，《西华师范大学学报》2004 年第 6 期

戚晓杰：《也谈量词"位"的语义特征》，《修辞学习》2002 年第 1 期。

［日］桥本万太郎：《语言地理类型学》，北京大学出版社 1985 年版。

乔会：《〈儒林外史〉量词研究》，硕士学位论文，长春理工大学，2005 年。

秦彦仕：《〈墨子·备城门〉诸篇综合研究》，博士学位论文，四川大学，
　　2006 年。

屈承熹：《汉语的词序及其变迁》，《语言研究》1984 年第 1 期。

饶宗颐：《殷代贞卜人物通考》，香港大学出版社 1959 年版。

阮氏玉河：《汉越语个体量词语义语法特征比较研究》，硕士学位论文，广
　　西师范大学，2007 年。

邵敬敏：《量词的语义分析及其与名词的双向选择》，《中国语文》1993 年
　　第 3 期。

邵敬敏：《现代汉语通论》，上海教育出版社 2001 年版。

沈家煊：《转指和转喻》，《当代语言学》1999 年第 1 期。

沈培：《殷墟甲骨卜辞语序研究》，文津出版社 1991 年版。

沈阳：《数量词在名词短语移位结构中的作用与特点》，《世界汉语教学》
　　1995 年第 1 期。

盛林：《汉语中"一＋量＋名"结构的语用研究》，《潍坊学院学报》2003
　　年第 1 期。

石毓智：《论"的"的语法功能的同一性》，《世界汉语教学》2000 年第
　　1 期。

石毓智：《语法的认知语义基础》，江西教育出版社 2000 年版。

石毓智：《表物体形状的量词的认知基础》，《语言教学与研究》2001 年
　　第 1 期。

石毓智：《量词、指示代词和结构助词的关系》，《方言》2002 年第 2 期。

宋玉柱：《关于量词重叠的语法意义》，载《现代汉语语法论集》，天津人
　　民出版社 1981 年版。

宋玉柱：《关于数词"一"和量词相结合的重迭问题》，载《现代汉语语法
　　论集》，天津人民出版社 1981 年版。

司徒允昌：《论汉语个体量词的表达功能》，《汕头大学学报》（人文社会科
　　学版）1991 年第 1 期。

苏新春：《汉语释义元语言的结构、词义、数量特征》，《辞书研究》2005
　　年第 3 期。

苏旸：《敦煌契约中的量词》，《江南大学学报》2003 年第 4 期。

孙欣：《明代四大传奇量词研究》，硕士学位论文，广西师范大学，2004 年。

孙常叙：《汉语词汇》，吉林教育出版社 1957 年版。

孙锡信：《汉语历史语法要略》，复旦大学出版社 1992 年版。

［日］太田辰夫：《中国语历时文法》，北京大学出版社 1987 年版。

谭景春：《从临时量词看词类的转变与词性标注》，《中国语文》2001 年第 4 期。

滕一圣：《先秦量词研究》，硕士学位论文，暨南大学，2006 年。

王贵元：《战国竹简遣策的物量表示法与量词》，《古汉语研究》2000 年第 3 期。

王国维：《观堂集林》，中华书局 1959 年版。

王建民：《〈睡虎地秦墓竹简量词〉研究》，《康定民族师范高等专科学校学报》2001 年第 3 期。

王珏：《现代汉语名词研究》，华东师范大学出版社 2001 年版。

王力：《汉语史稿》，中华书局 1980 年版。

王力：《汉语语法史》，商务印书馆 1989 年版。

王绍新：《量词"个"在唐代前后的发展》，《语言教学与研究》1989 年第 2 期。

王绍新：《唐代诗文小说名量词的运用》，载程湘清主编《隋唐五代汉语研究》，山东教育出版社 1992 年版。

王向毅：《名量词在唐代的新发展》，硕士学位论文，西北大学，2007 年。

王远明：《〈五灯会元〉量词研究》，硕士学位论文，西北大学，2006 年。

汪维辉：《从词汇史看八卷本〈搜神记〉语言的时代》，载《汉语史研究集刊》第 3 辑，巴蜀书社 2000 年版。

魏德胜：《〈睡虎地秦墓竹简〉语法研究》，首都师范大学出版社 2000 年版。

魏德胜：《〈敦煌汉简〉中的量词》，《古汉语研究》2000 年第 2 期。

闻广益：《汉语与日语量词对比》，硕士学位论文，北京外国语大学，2007 年。

吴福祥：《敦煌变文口语语法研究》，河南大学出版社 2004 年版。

吴福祥、冯胜利、黄正德：《汉语"数＋量＋名"格式的来源》，《中国语文》2006 年第 5 期。

吴仙花：《中韩量词对比研究》，硕士学位论文，对外经济贸易大学，
    2006 年。

武晓丽：《〈张家山汉简·二年律令〉中的量词》，《江西广播电视大学学
    报》2005 年第 3 期。

向熹：《简明汉语史》，高等教育出版社 1993 年版。

谢新暎：《〈红楼梦〉量词研究》，《福建教育学院学报》2005 年第 7 期。

徐丹、傅京起：《量词及其类型学考察》，《语言科学》2011 年第 6 期。

徐慧文：《〈醒世姻缘传〉量词研究》，硕士学位论文，山东师范大学，
    2005 年。

徐莉莉：《〈马王堆汉墓帛书（肆）〉所见称数法考察》，《古汉语研究》
    1997 年第 1 期。

徐悉艰：《彝缅语量词的产生和发展》，《语言研究》1994 年第 1 期。

徐正考：《汉代铜器铭文中的数量词》，《烟台师范学院学报》1999 年第
    1 期。

徐中舒：《甲骨文字典》，四川辞书出版社 1988 年版。

薛健：《量词"个化"与"个"的语法功能及语法意义问题研究》，硕士学
    位论文，南京师范大学，2003 年。

颜秀萍：《吐鲁番出土随葬衣物疏的物量词例释》，《中国语文》2001 年第
    1 期。

杨伯峻：《春秋左传注》，中华书局 1981 年版。

杨逢彬：《殷墟甲骨刻辞词类研究》，花城出版社 2003 年版。

杨焕典：《纳西语中的数量词》，《民族语文》1983 年第 4 期。

杨露：《谈〈世说新语〉中的数量词》，《吉林师院学报》1986 年第 4 期。

杨娜：《汉语名词、量词匹配问题研究》，硕士学位论文，广西大学，
    2004 年。

杨晓敏：《〈左传〉中的量词》，《中国语言学报》1988 年第 3 期。

杨晓敏：《先秦量词及其形成与演变》，载《王力先生纪念论文集》，商务
    印书馆 1990 年版。

叶桂郴：《量词"头"的历时考察及其他称量动物的量词》，《古汉语研究》

2004 年第 4 期。

叶桂郴：《六十种曲和明代文献的量词》，博士学位论文，湖南师范大学，
    2005 年。

叶松华：《〈祖堂集〉量词研究》，硕士学位论文，上海师范大学，2006 年。

叶晓庆：《略论两汉量词的研究》，硕士学位论文，吉林大学，2007 年。

游黎：《唐五代量词研究》，硕士学位论文，四川大学，2002 年。

游顺钊：《从认知角度探讨上古汉语名量词的起源》，《中国语文》1988 年
    第 5 期。

于冬梅：《〈吕氏春秋〉的量词研究》，硕士学位论文，辽宁师范大学，
    2006 年。

于省吾：《释"两"》，《古文字研究》1983 年第 10 辑。

俞士汶等：《现代汉语语法信息词典详解》，清华大学出版社 2003 年版。

袁晖：《量词札记》，《安徽师范大学学报》1979 年第 1 期。

袁毓林：《汉语量词的描摹性》，《汉语学习》1981 年第 6 期。

曾仲珊：《〈睡虎地秦墓竹简〉中的数词和量词》，《求索》1981 年第 2 期。

张斌：《简明现代汉语》，中央广播电视大学出版社 1995 年版。

张耿光：《庄子全译》，贵州人民出版社 1991 年版。

张国艳：《假设连词"节""即"使用情况研究研究——兼考〈墨子·备城
    门〉以下诸篇的成书时代》，《广西社会科学》2007 年第 1 期。

张家英：《〈史记〉中的数量词》，《绥化师专学报》1993 年第 3 期。

张景霓：《毛南语个体量词的语义语法特征分析》，《广西民族学院学报》
    2006 年第 3 期。

张俊之：《秦汉简帛方剂文献数量词研究》，硕士学位论文，四川师范大
    学，2004 年。

张可任：《关于汉语量词的界线问题——兼评〈汉语量词词典〉》，《辞书研
    究》1994 年第 3 期。

张雷红：《〈长阿含经〉数量结构考察》，硕士学位论文，曲阜师范大学，
    2007 年。

张丽君：《〈五十二病方〉物量词举隅》，《古汉语研究》1998 年第 1 期。

张美兰：《论〈五灯会元〉中同形动量词》，《南京师大学报》1996 年第

1 期。

张美兰：《近代汉语语言研究》，天津教育出版社 2001 年版。

张万起：《量词"枚"的产生及其历史演变》，《中国语文》1998 年第 3 期。

张延成：《新出吐鲁番文书中的若干语言问题探讨》，《新疆大学学报》2000
年第 1 期。

张谊生：《从年量词到助词——量词"个"语法化过程的个案分析》，《当
代语言学》2003 年第 3 期。

张玉金：《甲骨文语法学》，学林出版社 2001 年版。

张帜：《古汉语量词源流概说》，《锦州师范学院学报》1991 年第 4 期。

张志公：《现代汉语》，人民教育出版社 1982 年版。

赵鹏：《春秋战国金文量词析论》，《汉字文化》2004 年第 4 期。

赵鹏：《西周金文量词析论》，《北方论丛》2006 年第 2 期。

赵元任：《汉语口语语法》，商务印书馆 1979 年版。

赵元任：《中国话的文法》，载《中国学术经典·赵元任卷》，河北教育出
版社 1986 年版。

赵中方：《唐五代个体量词的发展》，《扬州师院学报》1991 年第 4 期。

朱德熙：《语法讲义》，商务印书馆 1982 年版。

郑恩姬：《"一 AA"式数量结构的语法功能考察》，硕士学位论文，吉林大
学，2004 年。

郑远汉：《数量词重叠》，《汉语学报》2001 年第 4 期。

周秉钧：《尚书易解》，岳麓书社 1982 年版。

周丽颖：《名词与量词关系考察》，硕士学位论文，广西大学，2004 年。

周一民、杨润陆：《现代汉语》，北京师范大学出版社 1995 年版。

附 调查及引证出土文献目录

郭沫若主编：《甲骨文合集》，中华书局 1999 年版。

中国社会科学院考古研究所编：《小屯南地甲骨》，中华书局 1980 年版。

姚孝遂主编：《殷墟甲骨刻辞类纂》，中华书局 1989 年版。

姚孝遂主编：《殷墟甲骨刻辞摹释总集》，中华书局 1988 年版。

中国社会科学院考古研究所编：《殷周金文集成》，中华书局 1984—1994
　　年版。

湖北省博物馆编：《曾侯乙墓》，文物出版社 1989 年版。

湖北省荆沙考古队：《包山楚简》，文物出版社 1991 年版。

湖北省荆州市周梁玉桥遗址博物馆编：《关沮秦汉墓简牍》，中华书局 2001
　　年版。

湖北省文物考古研究所、北京大学中文系编：《九店楚简》，中华书局 2000
　　年版。

商承祚编著：《战国楚竹简汇编》，齐鲁书社 1995 年版。

睡虎地秦墓竹简整理小组编：《睡虎地秦墓竹简》，文物出版社 1990
　　年版。

甘肃省博物馆、武威县文化馆编：《武威汉代医简》，文物出版社 1975
　　年版。

甘肃省文物考古研究所编：《敦煌汉简》，中华书局 1991 年版。

甘肃省文物考古研究所等编：《居延新简：甲渠候官与第四燧》，文物出版
　　社 1990 年版。

胡平生、张德芳编著：《敦煌悬泉汉简释粹》，上海古籍出版社 2001 年版。

国家文物局古文献研究室编：《马王堆汉墓帛书（4）》，文物出版社 1985

年版。

连云港市博物馆、东海县博物馆等编:《尹湾汉墓简牍》,中华书局 1997
　　年版。

林梅村、李均明编:《疏勒河流域出土汉简》,文物出版社 1984 年版。

中国社会科学院考古研究所编:《居延汉简甲乙编》,中华书局 1980
　　年版。

张家山二四七号汉墓竹简整理小组:《张家山汉墓竹简(二四七号墓)》,
　　文物出版社 2001 年版。

谢桂华、李均明编:《居延汉简释文合校》,文物出版社 1987 年版。

李均明、何双全:《散见简牍合集》,文物出版社 1990 年版。

长沙简牍博物馆、中国文物研究所、北京大学历史学系编:《长沙走马楼
　　三国吴简·嘉禾吏民田家莂》,文物出版社 1999 年版。

国家文物局古文献研究所、新疆维吾尔自治区博物馆、武汉人学历史系
　　编:《吐鲁番出土文书》,文物出版社 1985 年版。

张传玺:《中国历代契约汇编考释》,北京大学出版社 1995 年版。

后　记

在拙作即将付梓之际，已近知天命之年的我，感慨良多，是应该总结一下自己求学经历的时候了。

1967年我出生于吉林省桦甸县的一个普通农民家庭，这是一个由祖父、父母和兄弟六人组成的九口之家。祖父腿疾缠身，无劳动能力；大哥生来身体孱弱，经常打针吃药，严重时要到医院就医，直到18岁时才渐渐好转，全家只有父亲一个劳力，我在饱受饥寒和困顿中度过了童年。小学和初中都是在村里读的，初中毕业后回家务农一年，1984年村里招聘民办教师，喜欢读书的我，报名考试，侥幸得以录取。那段时间，白天上班，下班后要到田里干农活，根本没什么时间读书，只有晚上家人熟睡时，或是田间地头小憩时，或是寒暑假且阴天下雨不能干农活时，方可以读书。那时没什么书可读，就见什么读什么，记得当时背了些唐诗宋词，后来接触到《诗经》《楚辞》《古文观止》等，虽然读不太懂，但总觉得能读上几页是一件很幸福甚至很奢侈的事情，若说今天我还有一点点文献学功底的话，应该和当年的漫读有关。1987年考入吉林省永吉师范学校民师班，经过两年在职学习，1989年毕业转正。这两年中，又同时学了自考，修完了中文专科全部课程。由于1887年在张运成先生指导下获得吉林省小学教师书法比赛一等奖，因此，在民师毕业之际，被破例留校任书法教师。同年考上东北师范大学函授本科，1992年本科毕业后，有些迷茫，不知道人生的路该如何继续下去，后来我的挚友牟秀文考取了东北师范大学研究生，在他的鼓励和帮助下我开始学习外语，侥幸于1999年考取东北师范大学中文系汉语言文字学专业硕士研究生，师从张世超先生学习古文字，张先生是孙常叙（小野）先生高足，苦学出身，治学严谨，长于考证，受教于先生门下，获益良多，张先生最初给我的印象是沉默严肃，不苟言笑，但少见的笑容却令人印象深刻。记得当年张先生要我研读郭沫若《两周金文辞大系》，此书宣纸精装，师大古籍部仅存一套，不可借阅，我就边读边抄，很不方便，后来《大系》再版，我花了380元购买了一套，因为当时每月只有两百元补助，张先生知道后夸我有志于古文字，脸上流露出欣慰的笑容。还有就是当我将写好的硕士论文交给先生时，先生笑了，并说没想到我会写成这样，说我的古文字已经入门了，鼓励我继续走学术道路。是张先生将我领入学术正途，我现有的一点古文字基础多是先生给的。2002年研究生毕业，南下广东，就职嘉应学院，时逢广东省语言学年会，广东各高校语言学家齐聚梅州，开会期间，一位学者的发言打动了我，他侃侃而谈，目光如炬，从语言联系到物理，又扩展到生态，纵横捭阖，妙语连珠，鄙陋的我真不知道枯燥的语言学还能修炼到如此境地。会后才知道这就是中山大学的唐钰明教授，当时很想向先生讨教，但由于自卑而放弃，只是鼓起勇气拉先生照了一张照片，但这却注定了我们的师生缘。2005年我报考了唐先生的博士研究生，考前曾拜会先生，表达想利用古文字材料研究汉语史的想法，唐先生很高兴，原定半小时的谈话持续了一个半小时，至今想来仍然如沐春风。蒙先生不弃，我顺利考取唐先生的博士，在先生的指导下我慢慢地对汉语史有了比较系统的认识。唐先生授课方法独特，汉语词汇史、汉语语法史各开一个学期，先生将课程内容按照时段分成若干部分，每次由一名同学作主题报告，不作主题报告的同学按照先生布置撰写论文一篇并参与主题讨论，课堂几乎就是小型学术研讨会。这种上课方式可以培养思辨能力，积累写作经验，还可以锻炼表达能力和心理素质。一年的专业课结束后，开始进入博士论文的写作阶段，这个阶段我遇到了挑战，虽然定了方向，但进展并不顺利，曾几近中断，我试图去找原因，但都无果，后来在偶读佛经时领悟到应该是自己的内心出了问题，太多执着而少平常心，太想出彩，希望每处都是亮点，而忽略了很多平实自然的东西。正如眼睛固然明亮、迷人，但一双就够了，若全身是眼怎么可能，况且正是因为有很多不亮的地方才能映衬出眼睛之光彩。领悟此理，我不再执着，开始了平实而系统的工作，进展顺利，论文写就虽无什么亮点可言，但从殷商到现代，个体量词从无到有、由简到繁的发展过程并没有人系统描写过，若说每个个体量词的发展是一条小溪，而它们汇集到一起就是一条河流，我在比较平实的研究中，将这些独立的、散在的量词串联到一起的时候，似乎见到了一条涌动的河流，这虽不算什么创造，但也是一种发现，我内心有一种难以言说的快乐，虽然略含苦涩。当我将论文呈给唐先生时，先生给予了肯定，论文顺利通过答辩并获得优秀。

　　毕业后，我一直从事汉语个体量词研究，对博士论文的许多章节进行了修改和补充，并有相关论文发表于《中国语文》、《语言研究》等刊物，且于 2009 年获教育部社科规划项目立项，此次中国社会科学出版社即将出版拙作，这是我阶段性研究的总结，现将它呈现给我的恩师、同学、朋友和我的家人，感谢你们的一路陪伴！

　　恩师张运成先生为本书题写书名，特此叩谢。

麻爱民

2015 年 6 月于嘉园